中等职业教育国家规划教材
全国中等职业教育教材审定委员会审定

Qiche Fadongji Gouzao yu Weixiu
汽车发动机构造与维修

张嫣 苏畅 主编
吴兴敏 主审

人民交通出版社股份有限公司
北京

内 容 提 要

本书是中等职业教育国家规划教材,内容主要包括总论、发动机总体构造与维修、曲柄连杆机构的构造与维修、配气机构的构造与维修、汽油机燃料供给系统的构造与维修、润滑系统的构造与维修和冷却系统的构造与维修。

本书可作为中等职业学校汽车运用与维修专业教材,也可供汽车维修企业的技术人员学习参考。

图书在版编目(CIP)数据

汽车发动机构造与维修/张嫣,苏畅主编. —4 版. —北京:人民交通出版社股份有限公司,2021.8
ISBN 978-7-114-17131-4

Ⅰ.①汽… Ⅱ.①张… ②苏… Ⅲ.①汽车—发动机—构造—中等专业学校—教材②汽车—发动机—车辆修理—中等专业学校—教材 Ⅳ.①U472.43

中国版本图书馆 CIP 数据核字(2021)第 043214 号

书　　名:汽车发动机构造与维修(第 4 版)
著 作 者:张　嫣　苏　畅
责任编辑:时　旭
责任校对:孙国靖　魏佳宁
责任印制:刘高彤
出版发行:人民交通出版社股份有限公司
地　　址:(100011)北京市朝阳区安定门外外馆斜街 3 号
网　　址:http://www.ccpcl.com.cn
销售电话:(010)59757973
总 经 销:人民交通出版社股份有限公司发行部
经　　销:各地新华书店
印　　刷:北京市密东印刷有限公司
开　　本:787×1092　1/16
印　　张:16.75
字　　数:367 千
版　　次:2002 年 7 月　第 1 版
　　　　　2011 年 2 月　第 2 版
　　　　　2016 年 5 月　第 3 版
　　　　　2021 年 8 月　第 4 版
印　　次:2024 年 1 月　第 4 版　第 5 次印刷　总第 46 次印刷
书　　号:ISBN 978-7-114-17131-4
定　　价:42.00 元

(有印刷、装订质量问题的图书由本公司负责调换)

第4版前言

本套中等职业教育国家规划教材自2002年首次出版以来,获得师生的一致好评,被国内多所中等职业院校选为教学用书。人民交通出版社股份有限公司分别于2011年和2016年对教材进行了修订,使之在结构和内容上与教学内容更加吻合,更注重对学生实践能力的培养。

为了更好地体现"以行业需求为导向、以能力为本位"的职业教育理念,促进"教、学、做"更好结合,突出对学生技能的培养,使之成为技能型人才,故人民交通出版社股份有限公司组织相关老师再次对本套教材进行了修订。本次教材的修订,吸收了教材使用院校教师的意见和建议,经过与编者的认真研究和讨论,确定了修订方案。

《汽车发动机构造与维修》的修订工作,是以本书第3版为基础,在修订方案的指导下完成的。修订内容主要体现在以下几个方面:

(1) 更新或删除第3版中陈旧的、过时的内容。

(2) 第3版中涉及的已经废止的技术标准、法律法规等,全部进行了更新。

(3) 增加了中职汽车维修大赛车型以及市场销售量大的主流车型结构和检修的内容。

(4) 更换部分图片,并纠正第3版教材中的错误。

(5) 部分知识点配有二维码链接动画资源,有助于学生更形象地理解相关内容。

本书由张嫣、苏畅担任主编,陈凡主、吴高飘、孟淑娟担任副主编,参加本书编写的还有张立新、孙永江、李培军、王莹、郑宏军、黄宜坤、郭大民、高元伟、侯建党、韩希国、马选刚、郗江月、樊雅双、李红明。辽宁省交通高等专科学校吴兴敏教授担任本书主审。

由于编者水平有限,书中难免有疏漏和错误之处,恳请广大读者提出宝贵建议,以便进一步修改和完善。

编 者
2020年12月

目 录

总论 ... 1
- 小结 ... 14
- 复习思考题 ... 14

第一章 发动机总体构造与维修 ... 16
- 第一节 发动机总体的结构和工作原理 ... 16
- 第二节 发动机总成的维修 ... 27
- 小结 ... 56
- 复习思考题 ... 57

第二章 曲柄连杆机构的构造与维修 ... 59
- 第一节 曲柄连杆机构的结构和工作原理 ... 59
- 第二节 曲柄连杆机构的维修 ... 73
- 小结 ... 95
- 复习思考题 ... 96

第三章 配气机构的构造与维修 ... 98
- 第一节 配气机构的结构和工作原理 ... 98
- 第二节 配气机构的维修 ... 120
- 小结 ... 145
- 复习思考题 ... 145

第四章 汽油机燃料供给系统的构造与维修 ... 147
- 第一节 汽油机燃料供给系统的结构和工作原理 ... 147
- 第二节 汽油机燃料供给系统的维修 ... 184
- 小结 ... 212
- 复习思考题 ... 212

第五章　润滑系统的构造与维修 ····· 214

第一节　润滑系统的结构和工作原理 ····· 214
第二节　润滑系统的维修 ····· 226
小结 ····· 237
复习思考题 ····· 237

第六章　冷却系统的构造与维修 ····· 239

第一节　冷却系统的结构和工作原理 ····· 239
第二节　冷却系统的维修 ····· 248
小结 ····· 258
复习思考题 ····· 258

参考文献 ····· 261

总论

> **学习目标**
>
> 1. 掌握汽车定义及汽车分类方法;
> 2. 熟悉车辆识别代号的基本构成及其含义;
> 3. 掌握汽车基本组成和各部分主要作用;
> 4. 了解汽车主要技术参数的意义;
> 5. 熟悉汽车的总体布置形式;
> 6. 了解汽车行驶的基本原理。

一、汽车定义与分类

1 汽车定义

《机动车运行安全技术条件》(GB 7258—2017)对汽车定义:由动力驱动、具有4个或4个以上车轮的非轨道承载的车辆,包括与电力线相连的车辆(如无轨电车)。主要用于①载运人员和/或货物(物品);②牵引载运货物(物品)的车辆或特殊用途的车辆;③专项作业。

汽车还包括以下由动力驱动、非轨道承载的三轮车辆:①整车整备质量超过400kg、不带驾驶室、用于载运货物的三轮车辆;②整车整备质量超过600kg、不带驾驶室、不具有载运货物结构或功能且设计和制造上最多乘坐2人(包括驾驶人)的三轮车辆;③整车整备质量超过600kg的带驾驶室的三轮车辆。

汽车包括载客汽车(乘用车、旅居车、客车、校车)、载货汽车、专项作业车、气体燃料汽车、两用燃料汽车、双燃料汽车、纯电动汽车、插电式混合动力汽车、燃料电池汽车、教练车和残疾人专用汽车。

2 汽车分类

《汽车和挂车类型的术语和定义》(GB/T 3730.1—2001)将汽车按用途分为乘用车和商用车。

乘用车(图0-1)是指在其设计和技术特性上主要用于载运乘客及其随身行李和/或临时物品的汽车,包括驾驶人座位在内最多不超过9个座位。它也可以牵引一辆挂车。

商用车(图0-2)是指在设计和技术特性上用于运送人员和货物的汽车,并且可以牵引挂车(乘用车不包括在内)。

图0-1　威朗乘用车

图0-2　商用车

乘用车和商用车的详细分类(按用途)见表0-1。

乘用车和商用车的详细分类　　　　表0-1

分类		说明				
		车身	车顶	座位数（个）	侧车门数（个）	侧车窗数（个）
乘用车	普通乘用车	封闭	硬顶	≥4	2或4	≥2
	活顶乘用车	可开启	硬顶或软顶	≥4	2或4	≥4
	高级乘用车	封闭	硬顶	≥4	4或6	≥6
	小型乘用车	封闭	硬顶	≥2	2	≥2
	敞篷车	可开启	硬顶或软顶	≥2	2或4	≥2
	仓背乘用车	封闭	硬顶	≥4	2或4	≥2
	旅行车	封闭	硬顶	≥4	2或4	≥4
	多用途乘用车	多用途				
	短头乘用车	短头				
	越野乘用车	可在非道路上行驶				
	专用乘用车	专门用途(旅居车、防弹车、救护车、殡仪车等)				
商用车	客车	小型客车	载客,≤16座(除驾驶人座)			
		城市客车	城市公共汽车			

续上表

分类		说明				
		车身	车顶	座位数（个）	侧车门数（个）	侧车窗数（个）
商用车	客车 长途客车	长途客车				
	旅游客车	旅游客车				
	铰接客车	由两节刚性车厢铰接组成的客车				
	无轨电车	利用架线由电力驱动的客车				
	越野客车	可在非道路上行驶的客车				
	专用客车	专门用途的客车				
	半挂牵引车	装备有特殊装置用于牵引半挂车的商用车				
	货车 普通货车	敞开或封闭的货车				
	多用途货车	可运载3人以上的货车				
	全挂牵引车	牵引牵杆式挂车的货车				
	越野货车	可在非道路上行驶的货车				
	专用作业车	特殊工作的货车（消防车、救险车、垃圾车、应急车、街道清扫车、扫雪车、清洁车等）				
	专用货车	运输特殊物品的货车（罐式车、乘用车运输车、集装箱运输车等）				

注：表中的前6种乘用车俗称轿车。

二、车辆识别代号（VIN）

车辆识别代号（Vehicle Identification Number，VIN）是为了识别某一辆车，由车辆制造厂为该车指定的一组字码。

1 车辆识别代号（VIN）所在位置

车辆识别代号（VIN）应位于易于看到并且能防止磨损或替换的部位。

威朗乘用车在车辆左侧仪表板前拐角处印有车辆识别代号（VIN），从外部透过风窗玻璃可以看到,如图 0-3 箭头所示;在车辆乘员侧前排车门和座椅之间的地板盖下也印有车辆识别代号(VIN),打开盖子即可看到;在车辆铭牌上也有车辆识别代号(VIN)。

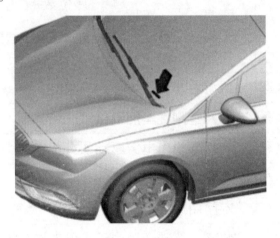

图 0-3　威朗乘用车 VIN 位置

卡罗拉乘用车车辆识别代号(VIN)压印在乘员座椅下方(图 0-4),此号码也压印在仪表板左上方(图 0-5)。

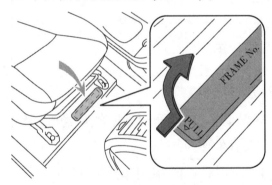

图 0-4　卡罗拉乘用车 VIN 位置(1)　　图 0-5　卡罗拉乘用车 VIN 位置(2)

2 车辆识别代号(VIN)的基本构成

车辆识别代号(VIN)由世界制造厂识别代号(WMI)、车辆说明部分(VDS)、车辆指示部分(VIS)三部分组成,共 17 位字码。

对年产量大于或等于 1000 辆的完整车辆和/或非完整车辆制造厂,车辆识别代号(VIN)的第一部分为世界制造厂识别代号(WMI);第二部分为车辆说明部分(VDS);第三部分为车辆的指示部分(VIS),如图 0-6 所示。

对年产量小于 1000 辆的完整车辆和/或非完整车辆制造厂,车辆识别代号(VIN)的第一部分为世界制造厂识别代号(WMI);第二部分为车辆说明部分

(VDS);第三部分的三、四、五位与第一部分的三位字码一起构成世界制造厂识别代号(WMI),其余五位为车辆指示部分(VIS),如图0-7所示。

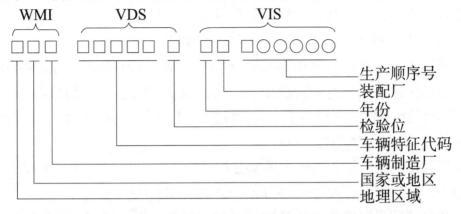

图0-6 年产量大于或等于1000辆的完整车辆和/或非完整车辆制造厂车辆识别代号结构示意图

注:图中□——字母或数字;○——数字。

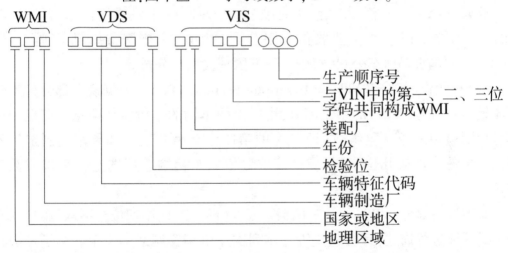

图0-7 年产量小于1000辆的完整车辆和/或非完整车辆制造厂车辆识别代号结构示意图

注:图中□——字母或数字;○——数字。

(1)世界制造厂识别代号(World Manufacturer Identifier,WMI)。世界制造厂识别代号(WMI)是车辆识别代号(VIN)的第一部分,由三位字码组成,用于标识车辆的制造厂,当此代号被指定给某个车辆制造厂时,就能作为该厂的识别标志,世界制造厂识别代号(WMI)在与车辆识别代号(VIN)的其余部分一起使用时,足以保证30年之内在世界范围内制造的所有车辆的识别代号(VIN)具有唯一性。

世界制造厂识别代号(WMI)的第一位字码是由国际代理机构分配的、用以标明一个地理区域的字母或数字字码,根据预期的需求,可以为一个地理区域分配一个或多个字码。例如:1～5代表北美,6和7代表大洋洲,8、9和0代表南美,A～H代表非洲,J～R代表亚洲,S～Z代表欧洲。

世界制造厂识别代号(WMI)的第二位字码是由国际代理机构分配的、用以标明一个地理区域内的一个国家或地区的字母或数字字码,根据预期的需求,可以为一个国家或地区分配一个或多个字码,通过第一位和第二位字码的组合使用可以确保对某个国家或地区的唯一识别。

国际代理机构已经为每一个国家分配了第一位及第二位字码的组合,其中分配给中国的字码组合为L0～L9、LA～LZ、H0～H9、HA～HZ。

世界制造厂识别代号(WMI)的第三位字码是由授权机构分配、用以标明特定车辆制造厂的字母或数字字码,通过第一位、第二位和第三位字码的组合使用可以确保对车辆制造厂的唯一识别。

例如:LFV——一汽-大众汽车有限公司、LSG——上汽通用汽车有限公司、JHM——日本本田技研工业股份有限公司、WDB——德国戴姆勒-奔驰公司、WBA——德国宝马汽车公司、KMH——韩国现代汽车公司等。

(2)车辆说明部分(Vehicle Descriptor Section,VDS)。车辆说明部分(VDS)是车辆识别代号(VIN)的第二部分,用以说明车辆的一般特征信息。车辆说明部分(VDS)由六位字码组成(即VIN的第四位至第九位),如果车辆制造厂不使用其中的一位或几位字码,应在该位置填入车辆制造厂选定的字母或数字占位。

车辆说明部分(VDS)的第一位至第五位(即VIN的第四位至第八位)应对车辆一般特征进行描述,其组成代码及排列次序由车辆制造厂决定。车辆一般特征包括(但不限于)车辆类型、车辆结构特征、车辆装置特征和车辆技术特性参数等。

车辆说明部分(VDS)的最后一位(即VIN第九位字码)为检验位,检验位是单独的一位数字或字母X,用于检验车辆识别代号(VIN)誊写的准确性。

(3)车辆指示部分(Vehicle Indicator Section,VIS)。车辆指示部分(VIS)是车辆识别代号(VIN)的最后部分,由八位字码组成(即VIN第十位至第十七位)。车辆制造厂为区别不同车辆而指定的一组代码,这组代码连同车辆说明部分(VDS)一起,足以保证每个车辆制造厂在30年之内生产的每个车辆的识别代号

(VIN)具有唯一性。

车辆指示部分(VIS)第一位字码(即 VIN 第十位)应代表年份。年份代码按表 0-2 规定使用(30 年循环一次)。车辆制造厂若在此位使用车型年份,应向授权机构备案每个车型年份的起止日期,并及时更新;同时在每一辆机动车出厂合格证和产品一致性证书上注明使用了车型年份。

年 份 代 码 表　　　　　　　　　　　表 0-2

年份	代码	年份	代码	年份	代码	年份	代码
1991	M	2001	1	2011	B	2021	M
1992	N	2002	2	2012	C	2022	N
1993	P	2003	3	2013	D	2023	P
1994	R	2004	4	2014	E	2024	R
1995	S	2005	5	2015	F	2025	S
1996	T	2006	6	2016	G	2026	T
1997	V	2007	7	2017	H	2027	V
1998	W	2008	8	2018	J	2028	W
1999	X	2009	9	2019	K	2029	X
2000	Y	2010	A	2020	L	2030	Y

车辆指示部分(VIS)的第二位字码(即 VIN 的第十一位)代表装配厂,即车辆制造厂标示车辆识别代号(VIN)的生产厂或生产线。

如果车辆制造厂生产年产量大于或等于 1000 辆的完整车辆和/或非完整车辆,车辆指示部分(VIS)的第三位至第八位字码(即 VIN 的第十二位至第十七位)用来表示生产顺序号;如果车辆制造厂生产年产量小于 1000 辆的完整车辆和/或非完整车辆,由车辆指示部分(VIS)的第三、四、五位字码(即 VIN 的第十二位至第十四位)应与第一部分的三位字码一同表示一个车辆制造厂,车辆指示部分(VIS)的第六、七、八位数字(即 VIN 的第十五位至第十七位)用来表示生产顺序号。

3 汽车车辆识别代号(VIN)举例说明

上汽通用汽车有限公司生产的汽车车辆识别代号(VIN)说明见表 0-3。

上海通用汽车有限公司生产的汽车车辆识别代号(VIN)　表0-3

位置	说　　明
1～3	代表世界制造厂识别代号(WMI),即上汽通用汽车有限公司(LSG)
4～5	代表车辆品牌和车型
6	代表车身类型
7	代表约束系统类型
8	代表发动机类型
9	检验位
10	代表年份,指制造车辆的历法年份或车辆制造厂决定的车型年份
11	代表装配厂
12～17	代表生产顺序号

三、汽车的组成

汽车通常由发动机、底盘、车身和电气设备4部分组成,汽车总体构造如图0-8所示。

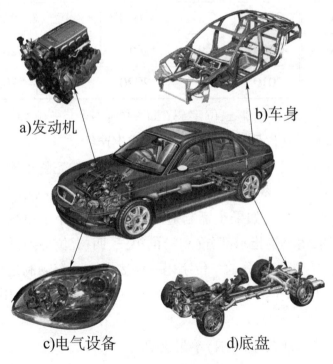

a)发动机　　b)车身　　c)电气设备　　d)底盘

图0-8　汽车总体构造

(1) 发动机。发动机是汽车的动力源,其功用是使供入其中的燃料燃烧而发出动力。现代汽车发动机主要采用的是往复活塞式内燃机,它一般由曲柄连杆机构、配气机构、燃料供给系统、冷却系统、润滑系统、点火系统(汽油发动机采用,柴油机没有)和起动系统等组成。

(2) 底盘。底盘的功用是支撑、安装汽车发动机及其各部件、总成,形成汽车的整体造型,并接受发动机的动力,使汽车产生运动,保证汽车正常行驶。底盘由传动系统、行驶系统、转向系统和制动系统组成。

(3) 电气设备。电气设备包括电源组(蓄电池、发电机和调节器)、照明系统与信号装置、组合仪表与报警装置、刮水器和洗涤器系统以及汽车空调系统等。在现代汽车上,汽车电子化、智能化的程度越来越高。汽车的电子控制已从单一项目的控制,发展到多项内容复合的集中控制,逐渐形成一个整车电子控制系统。

(4) 车身。车身是驾驶人工作的场所,也是装载乘客和货物的场所。汽车车身不仅要为驾驶人提供方便的操作条件、为乘客提供舒适安全的乘车环境或保证货物完好无损,还要求其外形精致,给人以美的享受。

四、汽车的总体布置形式

为满足不同的使用要求,汽车的总体布置可有不同的形式。现代汽车按发动机相对于各总成的位置,有下列几种布置形式。

(1) 发动机前置后轮驱动(FR)。发动机前置后轮驱动的布置形式如图 0-9 所示,这是传统的布置形式,大多数货车、部分乘用车和部分客车都采用这种形式。

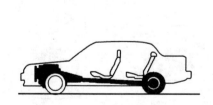
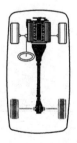

图 0-9　发动机前置后轮驱动布置示意图

(2) 发动机前置前轮驱动(FF)。发动机前置前轮驱动的布置形式如图 0-10 所示,这是现代大多数乘用车盛行的布置形式,具有结构紧凑、整车质量小、地板低、高速时操纵稳定性好等优点。

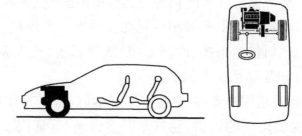

图 0-10　发动机前置前轮驱动布置示意图

（3）发动机后置后轮驱动（RR）。发动机后置后轮驱动的布置形式如图 0-11 所示，这是目前大、中型客车盛行的布置形式，具有室内噪声小、空间利用率高等优点。少数乘用车也采用这种布置形式。

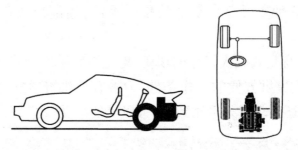

图 0-11　发动机后置后轮驱动布置示意图

（4）发动机中置后轮驱动（MR）。发动机中置后轮驱动的布置形式如图 0-12 所示，这是方程式赛车和大多数跑车采用的布置形式。将功率和尺寸很大的发动机布置在驾驶人座椅与后轴之间，有利于获得最佳轴荷分配和提高汽车的性能。少数大、中型客车也采用这种布置形式，把卧式发动机安装在地板下面。

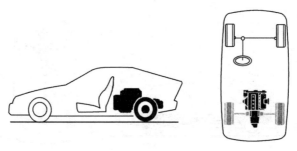

图 0-12　发动机中置后轮驱动布置示意图

（5）四轮驱动（4WD）。四轮驱动的布置形式如图 0-13 所示，四轮驱动是指汽车 4 个车轮都是驱动车轮，这是越野汽车特有的布置形式。通常发动机前置，在变速器之后的分动器将动力分别输送给全部驱动车轮。

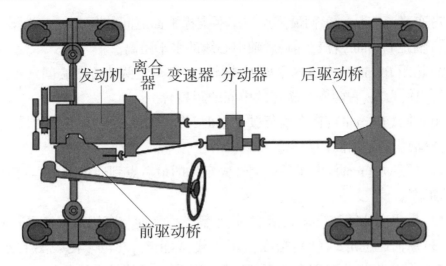

图 0-13　四轮驱动布置示意图

五、汽车主要技术参数

为了说明汽车的主要技术性能,经常用下列参数来表示,如图 0-14 所示。

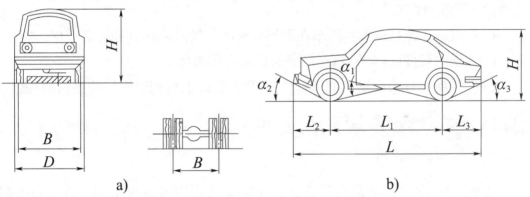

图 0-14　汽车常用主要技术参数

(1) 整车整备质量(kg):汽车完全装备好的质量,包括润滑油、燃料、随车工具、备胎等所有装置的质量。

(2) 最大总质量(kg):汽车满载时的质量。

(3) 最大装载质量(kg):最大总质量和整车整备质量之差。

(4) 最大轴载质量(kg):汽车单轴所承载的最大总质量。

(5) 车长 L(mm):垂直于车辆纵向对称平面并分别抵靠在汽车前、后最外端突出部位的两垂直面间的距离。

(6) 车宽 D(mm):平行于车辆纵向对称平面并分别抵靠车辆两侧最外固定突出部位(除后视镜、侧面标志灯、示廓灯、转向指示灯等)的两平面之间的距离。

(7) 车高 H(mm):车辆最高点与车辆支撑平面之间的距离。

(8) 轴距 L_1(mm):汽车前、后轴中心线的水平距离。

(9) 轮距 B(mm):在支撑平面上,同轴左、右车轮两轨迹中心间的距离(轴两端为双轮时,为左、右两条双轨迹的中间的距离)。

(10) 前悬 L_2(mm):在直线行驶位置时,汽车前端刚性固定件的最前点到通过两前轮轴线的垂面间的距离。

(11) 后悬 L_3(mm):汽车后端刚性固定件的最后点到通过最后车轮轴线的垂面间的距离。

(12) 最小离地间隙(mm):满载时,车辆支撑平面与车辆最低点之间的距离。

(13) 纵向通过角 α_1(°):指在汽车空载、静止时,在汽车侧视图上分别通过前、后车轮外缘做切线交于车体下部较低部位所形成的最小锐角。

(14) 接近角 α_2(°):汽车前端突出点向前轮引的切线与地面的夹角。

(15) 离去角 α_3(°):汽车后端突出点向后轮引的切线与地面的夹角。

(16) 转弯直径(mm):转向盘转到极限位置,外侧转向轮的中心平面在车辆支撑面上的轨迹圆直径。

(17) 最高车速(km/h):汽车在平坦公路上行驶时能达到的最高速度。

(18) 最大爬坡度(%):汽车满载时的最大爬坡能力。

(19) 平均燃料消耗量(L/100km):汽车在公路上行驶时平均的燃料消耗量。

六、汽车行驶原理

1 汽车行驶阻力

要想使汽车行驶,必须对其施加一个驱动力以克服各种阻力。汽车行驶阻力包括滚动阻力、空气阻力、上坡阻力和加速阻力。

(1) 滚动阻力(F_f)。车轮滚动时,轮胎与地面的接触区域会产生轮胎与支撑路面的变形(当弹性轮胎在硬路面上滚动时,轮胎的变形是主要的),由此而引起的地面对轮胎的行驶阻力,就是滚动阻力。滚动阻力等于滚动阻力系数与车轮负荷的乘积。滚动阻力系数由试验确定,滚动阻力系数与路面性质、汽车行驶速度以及轮胎的构造、材料、气压等有关。

(2) 空气阻力(F_w)。汽车直线行驶时受到的空气作用在行驶方向上的分力称为空气阻力。空气阻力与汽车的形状、汽车正面投影面积有关,与汽车和空气的相对速度的二次方成正比。当汽车高速行驶时,空气阻力的数值将显著增加。

(3) 上坡阻力(F_i)。当汽车上坡时,汽车重力沿坡道的分力为汽车上坡阻力。

(4) 加速阻力(F_j)。汽车加速行驶时,需要克服其质量加速运动的惯性力,就是加速阻力。

2 汽车的驱动力

为克服上述阻力,汽车必须有足够的驱动力。汽车驱动力的产生原理如图 0-15 所示。发动机经由传动系统在驱动车轮上施加一个驱动力矩 M_t,力图使驱动车轮旋转。在 M_t 作用下,在驱动车轮和路面接触处对路面施加一个圆周力 F_0,其方向与汽车行驶方向相反,大小为:

$$F_0 = \frac{M_t}{R}$$

式中:F_0——驱动车轮对路面施加的圆周力,N;

M_t——驱动力矩,N·m;

R——驱动车轮的滚动半径,m。

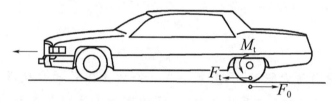

图 0-15 汽车驱动力的产生原理

由于驱动车轮与路面的附着作用,在驱动车轮向路面施加力 F_0 的同时,路面会对驱动车轮施加一个大小相等、方向相反的反作用力 F_t,F_t 就是汽车行驶的驱动力(又称牵引力)。

3 驱动力与行驶阻力的关系

当驱动力逐渐增大到足以克服汽车所受到的阻力时,汽车便开始起步行驶。汽车起步后,其行驶情况取决于驱动力和行驶阻力之间的关系。当驱动力等于行驶阻力时,汽车将匀速行驶;当驱动力大于行驶阻力时,汽车将加速行驶;当驱动力小于行驶阻力时,汽车将减速行驶或静止不动。

但是汽车并不是在任何情况下都能产生足够的驱动力。驱动力的最大值固然取决于发动机的最大转矩和传动系统的传动比,而实际上驱动力还要受到轮胎与路面附着条件的限制。由附着作用所决定的阻碍车轮打滑的路面反力的最大值称为附着力,用 F_φ 表示。附着力与驱动车轮所承受垂直于地面的法向力 G 成正比,即:

$$F_\varphi = \varphi G$$

式中：φ——附着系数，其数值与轮胎的类型及地面的性质有关；

G——汽车总重力 G_0 分配到驱动车轮上的分力。

由此可见，附着力限制了驱动力的发挥，即：

$$F_t \leq F_\varphi = \varphi G$$

在冰雪、泥泞等不良路面上行驶时，因 φ 值很小，附着力很小，汽车的驱动力受到附着力的限制而不能克服较大的行驶阻力，导致汽车减速甚至不能前进。此时，即使加大节气门开度或换入低速挡，车轮也只会原地滑转而驱动力仍不能增大。因此，普通载货汽车在冰雪路面上行驶时，往往在驱动车轮上绕装防滑链，以增大附着系数和附着力。全轮驱动的越野汽车为了提高附着系数，采用特殊花纹轮胎、镶钉轮胎等。另外，普通载货汽车的附着力只与分配到驱动车轮上的那部分汽车重力有关；而全轮驱动的越野汽车，其附着力则与全车的总重力有关，因而其附着力比普通载货汽车显著增大。

小 结

1. 汽车是指由动力驱动、具有 4 个或 4 个以上车轮的非轨道承载的车辆，包括与电力线相连的车辆（如无轨电车）。主要用于①载运人员和/或货物（物品）；②牵引载运货物（物品）的车辆或特殊用途的车辆；③专项作业。

2. 汽车按用途分为乘用车和商用车。

3. 车辆识别代号（VIN）由世界制造厂识别代号（WMI）、车辆说明部分（VDS）、车辆指示部分（VIS）三部分组成，共 17 位字码。

4. 汽车通常由发动机、底盘、车身和电气设备 4 部分组成。

5. 汽车的总体布置有发动机前置后轮驱动、发动机前置前轮驱动、发动机后置后轮驱动、发动机中置后轮驱动和四轮驱动等形式。

6. 汽车行驶阻力包括滚动阻力、空气阻力、上坡阻力和加速阻力。

7. 汽车驱动力的最大值固然取决于发动机的最大转矩和传动系统的传动比，而实际上驱动力还要受到轮胎与路面附着条件的限制。

复习思考题

一、简答题

1. 车辆识别代号（VIN）由哪几部分组成？

2. 汽车由哪几部分组成？

3. 发动机的作用是什么？它由哪几大机构和系统组成？

4. 汽车底盘的作用是什么？它由哪几部分组成？

5. 汽车的总体布置形式有哪些？各有何特点？

6. 简述汽车行驶的基本原理。

二、选择题

1. 车辆识别代号(VIN)足以保证(　　)之内在世界范围内制造的所有车辆的识别代号(VIN)具有唯一性。

　　A. 10 年　　　　B. 20 年　　　　C. 30 年　　　　D. 50 年

2. (　　)是汽车的动力源。

　　A. 发动机　　　B. 底盘　　　　C. 电气设备　　　D. 车身

3. 方程式赛车和大多数跑车总体布置形式为(　　)。

　　A. 发动机前置后轮驱动　　　　　B. 发动机前置前轮驱动

　　C. 发动机后置后轮驱动　　　　　D. 发动机中置后轮驱动

4. 汽车行驶阻力中,与汽车行驶速度二次方成正比的阻力是(　　)。

　　A. 滚动阻力　　　　　　　　　　B. 空气阻力

　　C. 上坡阻力　　　　　　　　　　D. 加速阻力

三、判断题

1. 汽车按用途的不同,可分为轿车、货车和客车。　　　　　　　(　　)

2. 车辆识别代号(VIN)由世界制造厂识别代号(WMI)、车辆说明部分(VDS)、车辆指示部分(VIS)3 部分组成,共 18 位字码。　　　　　(　　)

3. 车身是驾驶人工作的场所,也是装载乘客和货物的场所。　　　(　　)

4. 大多数乘用车采用发动机前置后轮驱动布置形式。　　　　　　(　　)

5. 最小离地间隙(mm)是指汽车空载时,车辆支撑平面与车辆最低点之间的距离。　　　　　　　　　　　　　　　　　　　　　　　　　　(　　)

6. 汽车高速行驶时,空气阻力的数值将显著增加。　　　　　　　(　　)

第一章

发动机总体构造与维修

> **学习目标**
>
> 1. 掌握发动机的作用;
> 2. 了解发动机的分类方法;
> 3. 掌握发动机基本术语的含义;
> 4. 掌握四冲程汽油机和四冲程柴油机的工作原理;
> 5. 了解发动机工作循环的特点,了解多缸四冲程发动机的工作原理;
> 6. 掌握发动机总成的构造特点;
> 7. 了解发动机主要性能指标与特性;
> 8. 了解发动机总成维修的基本方法。

第一节 发动机总体的结构和工作原理

一、发动机的作用

图1-1 威朗乘用车发动机

发动机是将某一种形式的能量转换为机械能的机器。

发动机(图1-1)是汽车的动力源。汽车发动机一般是将液体燃料或气体燃料和空气混合后直接输入机器内部燃烧产生热能,热能再转变为机械能,因此又称内燃机。现代汽车用发动机应用最广、数量最多的是水冷式四冲程往复活塞式内燃机,常见的车用发动机有汽油发动机和柴油发动机两种。

二、发动机的分类

汽车发动机可以按不同特征进行分类,常用分类方法有以下几种:

(1)按使用燃料分类。按使用燃料不同,汽车发动机可分为汽油机、柴油机、单燃料燃气发动机、两用燃料发动机、混合燃料发动机等。

(2)按点火方式分类。按点火方式不同,汽车发动机可分为点燃式发动机和压燃式发动机。

点燃式发动机是利用高压电火花点燃汽缸内的混合气来完成做功的,如汽油机,它所使用的燃料一般是点燃温度低、自燃温度高的燃料。

压燃式发动机是利用高温、高压使汽缸内的混合气自行着火燃烧来完成做功的,如柴油机,它所使用的燃料一般是点燃温度较高,但自燃温度较低的燃料。

(3)按活塞运动方式分类。按活塞运动方式不同,汽车发动机可分为往复活塞式发动机和旋转活塞式(转子式)发动机。现代汽车发动机多采用往复活塞式发动机。

往复活塞式发动机按完成一个工作循环所需活塞的行程数不同,又可分为四冲程发动机和二冲程发动机。活塞上、下往复四个行程完成一个工作循环的发动机称为四冲程发动机。活塞上、下往复两个行程完成一个工作循环的发动机称为二冲程发动机。现代汽车发动机多采用四冲程发动机。

(4)按冷却方式分类。按冷却方式不同,汽车发动机可分为水冷式发动机和风冷式发动机。现代汽车发动机绝大多数采用水冷式发动机。

(5)按汽缸数目分类。按汽缸数目不同,汽车发动机可分为单缸发动机和多缸发动机。现代汽车发动机多采用四缸发动机、六缸发动机和八缸发动机。

(6)按汽缸布置方式分类。按汽缸布置方式不同,汽车发动机可分为直列式发动机、V型发动机和水平对置式发动机。

(7)按进气方式分类。按进气方式不同,汽车发动机可分为自然吸气(非增压)式发动机和强制进气(增压)式发动机。

三、单缸发动机结构及基本术语

单缸四冲程汽油机的基本结构如图1-2所示,单缸四冲程柴油机的基本结构如图1-3所示。汽缸体内圆柱形腔体称为汽缸,内装有活塞。活塞通过活塞销、连杆与曲轴相连接。活塞在汽缸内作往复直线运动,通过连杆推动曲轴做旋转运动。

在汽缸盖上装有进、排气门,通过凸轮轴控制进、排气门开启和关闭,实现向汽缸内充入新鲜可燃混合气(汽油机)或纯空气(柴油机),并将燃烧后的废气排出汽缸。

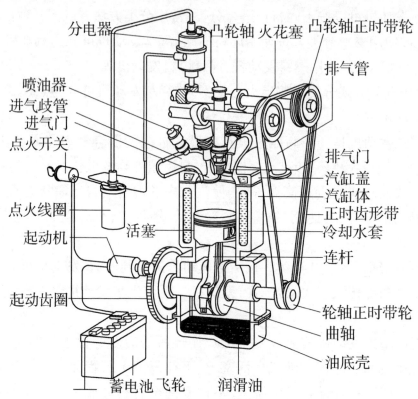

图 1-2　单缸四冲程汽油机结构示意图

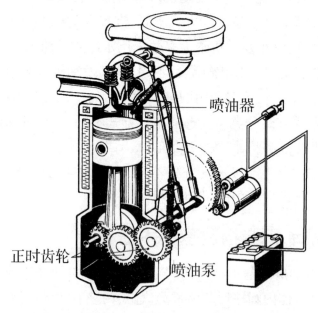

图 1-3　单缸四冲程柴油机结构示意图

发动机基本术语如图1-4所示。

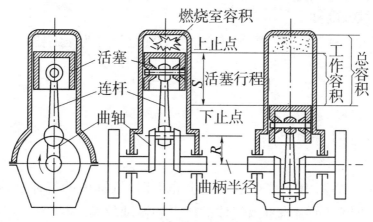

图1-4　发动机基本术语

(1)上止点。上止点是指活塞离曲轴回转中心最远处,即活塞的最高位置。

(2)下止点。下止点是指活塞离曲轴回转中心最近处,即活塞的最低位置。

(3)活塞行程(S)。上止点与下止点之间的距离称为活塞行程。

(4)曲柄半径(R)。曲轴与连杆下端的连接中心至曲轴中心的距离(即曲轴的回转半径)称为曲柄半径。活塞行程为曲柄半径的两倍,即:$S=2R$。

(5)汽缸工作容积(V_h)。活塞从一个止点运动到另一个止点所扫过的容积称为汽缸工作容积或汽缸排量,即:

$$V_h = \frac{\pi D^2 S}{4} \times 10^{-6}$$

式中:D——汽缸直径,mm;

　　　S——活塞行程,mm。

(6)燃烧室容积(V_c)。活塞在上止点时,活塞顶与汽缸盖之间的容积称为燃烧室容积。

(7)汽缸总容积(V_a)。活塞在下止点时,活塞顶上方的容积称为汽缸总容积。显然,汽缸总容积是汽缸工作容积与燃烧室容积之和,即:

$$V_a = V_h + V_c$$

式中:V_h——汽缸工作容积,L;

　　　V_c——燃烧室容积,L。

(8)发动机排量(V_L)。多缸发动机各汽缸工作容积的总和称为发动机排量。即:

$$V_L = V_h i = \frac{\pi D^2 S i}{4} \times 10^{-6}$$

式中：V_h——汽缸工作容积，L；
　　　i——汽缸数目。

(9) 压缩比（ε）。汽缸总容积与燃烧室容积之比称为压缩比。

$$\varepsilon = \frac{V_a}{V_c} = \frac{V_h + V_c}{V_c} = 1 + \frac{V_h}{V_c}$$

式中：V_a——汽缸总容积，L；
　　　V_h——汽缸工作容积，L；
　　　V_c——燃烧室容积，L。

压缩比表示活塞由下止点运动到上止点时，汽缸内的气体被压缩的程度。压缩比越大，压缩终了时汽缸内气体的压力和温度越高。目前，一般车用汽油机的压缩比为 6～11，柴油机的压缩比一般为 16～22。

(10) 工作循环。在汽缸内进行的每一次将燃料燃烧的热能转变成机械能的一系列连续过程（进气、压缩、做功、排气）称为发动机的一个工作循环。

四、发动机的基本工作原理

1 四冲程汽油机的工作原理

四冲程汽油机每一个工作循环包括 4 个活塞行程，即进气行程、压缩行程、做功行程和排气行程，如图 1-5 所示。

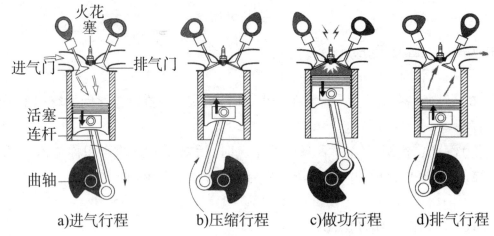

图 1-5　四冲程汽油机工作原理示意图

(1) 进气行程。在进气行程中，活塞在曲轴和连杆的带动下由上止点向下止点运行，这时进气门开启，排气门关闭。在活塞由上止点向下止点运动过程中，由于活塞上方汽缸容积逐渐增大，形成一定的真空度。这样，可燃混合气通过进气歧管、进气门被吸入汽缸。当活

汽油发动机工作原理（四冲程）

塞到达下止点时,进气门关闭,停止进气。由于进气系统有阻力,进气终了时汽缸内的气体压力略低于大气压力,为 0.074~0.093MPa。由于汽缸壁、活塞等高温机件及上一循环残留的高温残余废气的加热,气体的温度上升到 80~130℃。

(2) 压缩行程。活塞在曲轴和连杆的带动下由下止点向上止点运动,此时进、排气门处于关闭状态。由于活塞上方汽缸容积逐渐减小,进入汽缸内的可燃混合气被压缩,温度和压力不断升高,直到活塞到达上止点为止,此时,可燃混合气被压缩到活塞上方的很小空间,即燃烧室中。压缩终了时,可燃混合气的压力为 0.6~1.5MPa,可燃混合气的温度为 330~430℃。

压缩终了时,可燃混合气的压力和温度取决于压缩比。压缩比越大,燃烧速度越快,因此发动机发出的功率越大,经济性越好。但压缩比过大时,不仅不能进一步改善燃烧,反而会出现爆燃和表面点火等不正常燃烧现象。

爆燃是由于气体压力和温度过高,在燃烧室内离点火中心较远及具有高温处(如排气门头部、火花塞电极和积炭处等)可燃混合气自燃而造成的一种不正常燃烧。爆燃时,火焰以极高的速率向外传播,由于温度和压力急剧升高,形成压力波,以声速向外推进。这种压力波撞击燃烧室壁时便发出尖锐的敲击声。爆燃还会引起发动机过热、功率下降、工作不稳定、燃油消耗率增加等一系列不良后果,严重时会造成气门烧毁、轴承破裂、火花塞绝缘体击穿等机件损坏现象。

表面点火是由于燃烧室内炽热表面与炽热处(如排气门头部、火花塞绝缘体、零件表面炽热的沉积物等)点燃混合气的现象。表面点火发生时,会伴有沉闷的金属敲击声音,所产生的高压会使发动机机件负荷增加,活塞和连杆损坏及气门、火花塞、活塞等零件过热而导致发动机寿命降低。

(3) 做功行程。当活塞运动到接近压缩行程上止点附近时,火花塞跳火点燃汽缸内的可燃混合气。这时由于进气门和排气门均处于关闭状态,使缸内气体温度和压力同时升高,高温高压的气体膨胀,推动活塞由上止点向下止点运动,并通过连杆带动曲轴旋转输出机械能,直到活塞到达下止点时,做功行程结束。做功行程中,瞬时最高压力可达 3~5MPa,瞬时最高温度可达 1930~2530℃。做功行程终了时,由于活塞下移,汽缸内容积增加,气体压力和温度都在降低,压力降低到 0.3~0.5MPa,温度则降到 1030~1330℃。

(4) 排气行程。在做功行程结束后,汽缸内的可燃混合气通过燃烧转变为废气。此时排气门开启,进气门处于关闭状态,活塞在曲轴和连杆的带动下由下止点向上止点运动,废气在自身残余压力和活塞的推力作用下从汽缸内经排气门排出,直到活塞到达上止点时,排气行程结束。由于排气系统存在排气阻力,所以在排气终了时,汽缸内压力稍高于大气压力,废气温度为 630~930℃。

因燃烧室占有一定容积,故排气终了时,不可能将废气全部排尽,留下的这一部分废气称为残余废气。

排气行程结束后,进气门再次开启,又开始下一个工作循环。如此周而复始,发动机就连续运转了。发动机工作时,需要连续不断地进行循环,在每个循环中都是依次完成进气、压缩、做功、排气 4 个活塞行程。

2 四冲程柴油机的工作原理

四冲程柴油机工作原理如图 1-6 所示。与四冲程汽油机一样,四冲程柴油机每个工作循环也是由进气、压缩、做功和排气 4 个活塞行程组成。但由于柴油和汽油使用性能的不同,柴油机在可燃混合气的形成方式、着火方式等方面与汽油机有着较大的区别。这里主要介绍四冲程柴油机与四冲程汽油机工作原理的不同之处。

四冲程柴油机工作原理

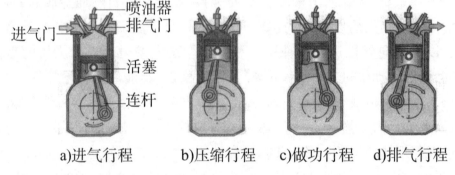

图 1-6 四冲程柴油机工作原理示意图

(1)进气行程。柴油机在进气行程中进入汽缸的是纯空气,而不是可燃混合气。

(2)压缩行程。柴油机在压缩行程中压缩的是进气行程进入汽缸内的纯空气。由于柴油机压缩比高,压缩终了时缸内气体的温度和压力均高于汽油机,汽缸内空气压力为 3.5~4.5MPa,温度为 480~730℃。

(3)做功行程。柴油机做功行程与汽油机做功行程有很大区别。在压缩行程接近上止点时,喷油泵泵出的高压柴油(10MPa 以上)经喷油器呈雾状喷入汽缸内的高温空气中,柴油迅速吸热、蒸发、扩散与空气混合形成可燃混合气。由于此时汽缸内的温度远高于柴油的自燃温度(约 220℃),形成的可燃混合气自行着火燃烧,随后的一段时间内边喷油、边混合、边燃烧,汽缸内气压急剧上升到 6~9MPa,温度也升至 1730~2230℃。在高压气体推动下,活塞向下运动并带动曲轴旋转而做功。

(4) 排气行程。柴油机与汽油机的排气行程基本相同。

与汽油机相比,柴油机压缩比高,燃油消耗率低,故燃油经济性较好,环保性也较好,且柴油机没有电气和点火系统的故障。但柴油机转速低、质量大、制造和维修费用高。柴油机的这些缺点已逐渐得到克服,其应用也越来越广。

3 工作循环的特点

由上述单缸四冲程汽油机和单缸四冲程柴油机的工作原理可知,四冲程发动机工作循环具有以下特点。

(1) 每完成一个工作循环曲轴旋转2圈(720°),活塞每完成一个行程曲轴旋转半圈(180°)。进气行程中进气门开启,排气门关闭;排气行程中排气门开启,进气门关闭;其余两个行程进、排气门均关闭。

(2) 在4个活塞行程中,只有做功行程产生动力,其余3个活塞行程则是为做功行程做准备的辅助行程,都要消耗动力。虽然做功行程是主要的,但其他3个行程也是必不可少的。

(3) 发动机起动时(第一个工作循环),必须借助外力带动曲轴旋转以完成进气、压缩行程,在混合气着火做功行程开始后,依靠曲轴和飞轮储存的能量,使发动机转入正常运转状态。

4 多缸四冲程发动机的工作原理

单缸四冲程发动机每个工作循环所经历的4个活塞行程中,只有做功行程为有效行程,其他3个行程为消耗机械功的辅助行程。这样,发动机曲轴在做功行程中的转速快,在其他行程中转速慢,所以,一个工作循环中曲轴的转速是不均匀的。为了保证发动机运转平稳,现代汽车发动机都采用多缸四冲程发动机,应用最多的是四缸、六缸和八缸发动机。

多缸四冲程发动机每个汽缸所经历的工作循环与单缸四冲程发动机相同,但各缸的做功行程并非同时进行,而是按一定顺序进行。因此,对多缸四冲程发动机来说,曲轴每转两周,各缸分别做功一次,且各缸做功间隔角(曲轴转角)保持一致。对于缸数为 i 的四冲程直列式发动机而言,做功间隔角为 $720°/i$。汽缸数越多,发动机工作越平稳,但结构也越复杂。

五、发动机的总体构造

发动机总体构造如图1-7和图1-8所示。汽油发动机通常由两大机构、五大系统组成,而柴油机由两大机构、四大系统组成。两大机构是指曲柄连杆机构和配气机构,五大系统是指燃料供给系统、冷却系统、润滑系统、点火系统(柴油机无此系统)和起动系统。

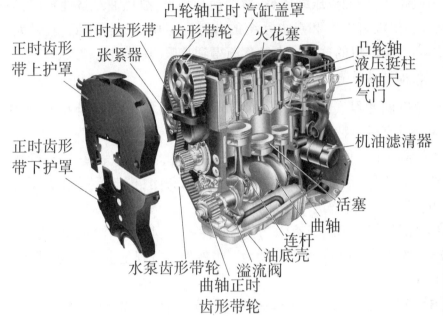

图1-7 发动机总体构造(1)

发动机总体构成

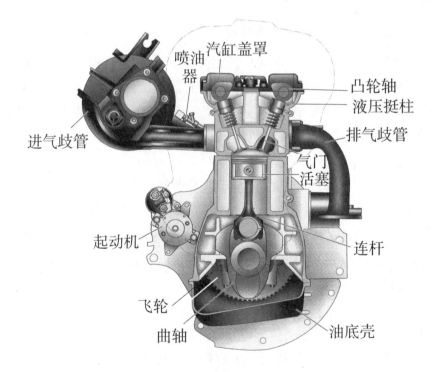

图1-8 发动机总体构造(2)

(1)曲柄连杆机构。曲柄连杆机构是发动机借以产生动力,并将活塞的往复直线运动转变为曲轴的旋转运动而输出动力的机构。

曲柄连杆机构主要由汽缸盖、汽缸体、活塞、连杆、曲轴和飞轮等组成。

(2)配气机构。配气机构的功用是根据发动机的工作需要,适时地打开进气门或排气门,使可燃混合气及时地充入汽缸,或使废气及时地从汽缸内排出;而在发动机不需要进气或排气时,则利用气门将进气通道或排气通道关闭,以保持汽缸密封。

配气机构主要由气门、气门弹簧、液压挺柱、凸轮轴、正时齿形带轮(或正时链轮)等组成。

(3)燃料供给系统。汽油机燃料供给系统的功用是向汽缸内供给可燃混合气,并控制进入汽缸内的数量,以调节发动机的输出功率和转速,最后将燃烧后的废气排出汽缸。

汽油机的燃料供给系由燃油箱、燃油滤清器、燃油泵、节气门体、喷油器、空气滤清器、进气歧管、排气歧管和排气消声器等组成。

(4)点火系统。汽油机点火系统的功用是按一定时刻向汽缸内提供电火花,及时点燃汽缸中被压缩的可燃混合气。

点火系统通常由电源(蓄电池和发电机)、点火开关、点火线圈、火花塞等组成。

(5)冷却系统。冷却系统的功用是利用冷却液冷却高温零件,并通过散热器将热量散发到大气中去,以保证发动机正常工作。

水冷式冷却系统通常由水泵、散热器、风扇、节温器、水套等组成。

(6)润滑系统。润滑系统的功用是将清洁的润滑油分送至各个零部件的摩擦表面,以减小摩擦和磨损,并清洗、冷却摩擦表面,从而延长发动机的使用寿命。

润滑系一般由机油泵、机油滤清器、集滤器、限压阀、润滑油道、油底壳等组成。

(7)起动系统。起动系统的功用是带动飞轮旋转以获得动能和起动转速,使静止的发动机起动并转入自行运转状态。

起动系统包括起动机及其附属装置。

六、发动机的主要性能指标与特性

1 发动机的主要性能指标

发动机的主要性能指标有动力性指标(有效转矩、有效功率和转速等)和经济性指标(燃油消耗率)。

(1)有效转矩。发动机通过飞轮对外输出的转矩称为有效转矩,以 T_e 表示。有效转矩与外界施加于发动机曲轴上的阻力矩相平衡。

(2)有效功率。发动机通过飞轮对外输出的功率称为发动机的有效功率,用P_e表示,它等于有效转矩与曲轴转速的乘积。即:

$$P_e = \frac{T_e \cdot n}{9550}$$

式中:T_e——有效转矩,N·m。

　　　n——曲轴转速,r/min。

(3)燃油消耗率。发动机每发出 1kW 有效功率,在 1h 内所消耗的燃油质量(以 g 为单位),称为燃油消耗率,用g_e表示。很明显,燃油消耗率越低,经济性越好。

发动机的主要性能指标

2 发动机特性

发动机的性能是随着许多因素而变化的,其变化规律称为发动机特性。

(1)发动机转速特性。发动机转速特性是指发动机的有效功率P_e、有效转矩T_e和燃油消耗率g_e三者随曲轴转速n变化的规律。当节气门开到最大时,所得到的是总功率特性,又称发动机外特性(图1-9),它代表了发动机所具有的最高动力性能,而把在节气门其他开度(部分开启)情况下得到的特性称为部分特性。

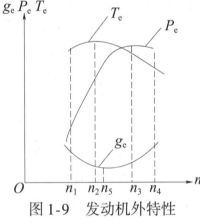

图1-9　发动机外特性

由图1-9可以看出,当曲轴转速为n_2时,发动机发出最大有效转矩T_e。当转速达到n_3时,有效功率P_e达到最大值。发动机最小燃油消耗率g_e的相应转速为n_5,它的数值一般是介于最大转矩时的转速和最大功率时的转速之间。

要根据汽车实际工作情况来选择合适的发动机转速n。如超车时一般选择发动机有效功率P_e最大值所对应的发动机转速,爬陡坡时选择发动机最大有效转矩T_e所对应的发动机转速,而一般情况下尽量选择最小燃油消耗率g_e所对应的发动机转速,以提高燃油经济性。

(2)发动机工作状况。发动机工作状况(简称发动机工况)一般是用其有效功率与曲轴转速来表征,有时也可用负荷与曲轴转速来表征。

发动机在某一转速之下的负荷,就是当时发动机发出的有效功率与同一转速下所可能发出的最大有效功率之比,以百分数表示。

图1-10所示为某发动机的一组特性曲线,其中,Ⅰ表示相应于节气门全开时的外特性曲线,Ⅱ、Ⅲ分别表示节气门保持在开度依次减小时的部分特性。

由图 1-10 得知,在 $n = 3500 \text{r/min}$ 时,若节气门全开,可得到该转速下所可能发出的最大有效功率为 45kW。但如果节气门不全开而开到 Ⅱ 或 Ⅲ 的位置,则同样的转速下只能发出的有效功率为 32kW 或 20kW。根据上述定义,可求出 a、b、c 和 d 这 4 个工况下的负荷值。

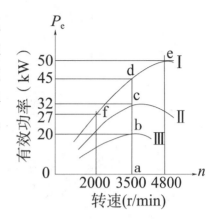

图 1-10 发动机的负荷

① 工况 a:负荷为零(称为发动机空转工况);
② 工况 b:负荷 = 20/45 × 100% = 44.4%;
③ 工况 c:负荷 = 32/45 × 100% = 71.1%;
④ 工况 d:负荷 = 45/45 × 100% = 100%(即发动机全负荷)。

应当注意的是,不要把负荷和有效功率的概念相混淆。如某一转速时,全负荷(如 d 点)并不意味是发动机的最大有效功率。发动机的最大有效功率,应是工况 e 点的功率。又如在工况 f 点,虽然有效功率比工况 c 点时小,但却是全负荷。就是说,有效功率大小并不代表负荷的大小。

此外,在外特性曲线上,各点都表示在各转速下的全负荷工况,但在同一部分特性曲线上,各点的负荷值却并不相同。在同一转速下,节气门开度越大表示负荷越大,但两者并不成比例。

第二节 发动机总成的维修

本节以卡罗拉(1.6L)乘用车发动机总成的维修为例进行说明。

一、发动机总成的拆装

拆装发动机总成相关部件分解图如图 1-11 ~ 图 1-18 所示。

Ⅰ 实训器材

(1)车辆:卡罗拉(1.6L)乘用车。
(2)普通工具:举升机、磁力护裙、转向盘护套、换挡杆手柄套、脚垫和座椅套、组合扳手、螺丝刀、钳子、扭力扳手、棉丝抹布或一块布。
(3)专用工具:SST 09213-58013 曲轴传动带轮固定工具、09330-00021 结合凸缘固定工具、SST 09301-00110 离合器导向工具、09051-1C110 塑料锤 420g、"TORX"套筒扳手(E8)。

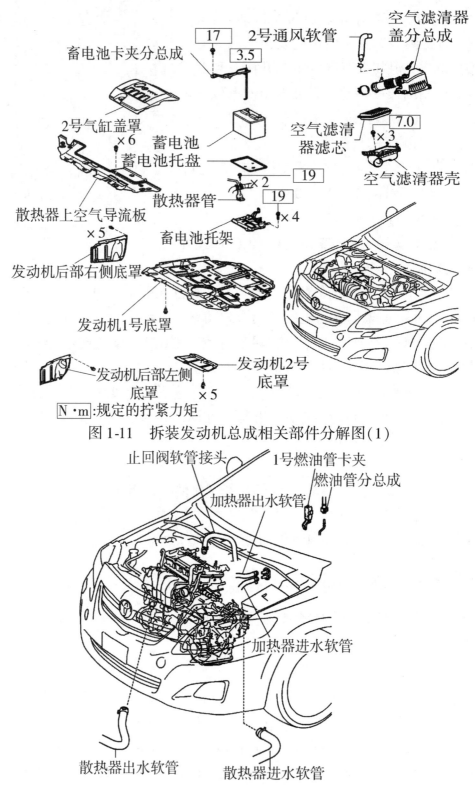

图 1-11 拆装发动机总成相关部件分解图(1)

图 1-12 拆装发动机总成相关部件分解图(2)

第一章　发动机总体构造与维修

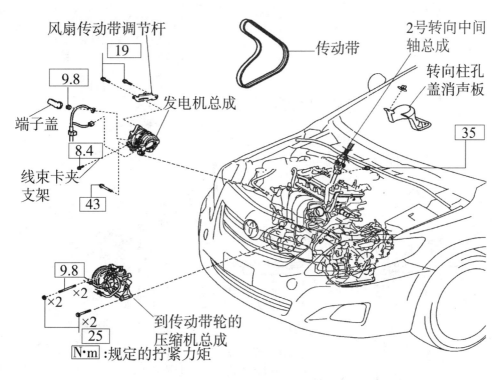

图 1-13　拆装发动机总成相关部件分解图（3）

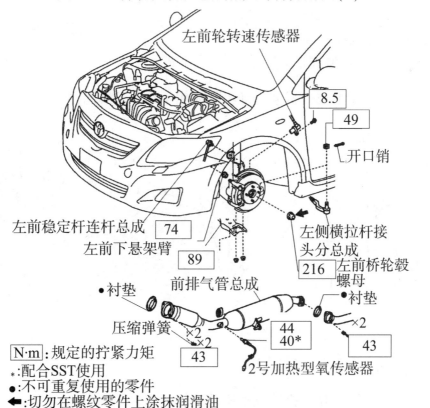

图 1-14　拆装发动机总成相关部件分解图（4）

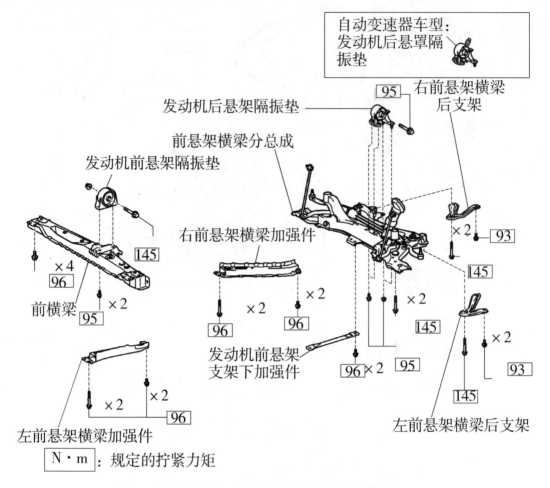

图 1-15　拆装发动机总成相关部件分解图(5)

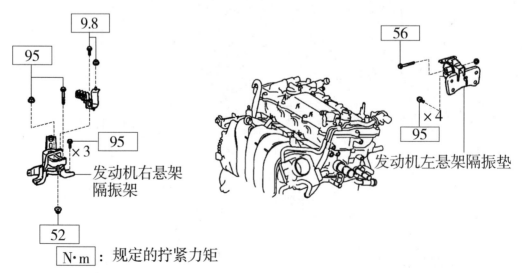

图 1-16　拆装发动机总成相关部件分解图(6)

C50手动变速器车型：

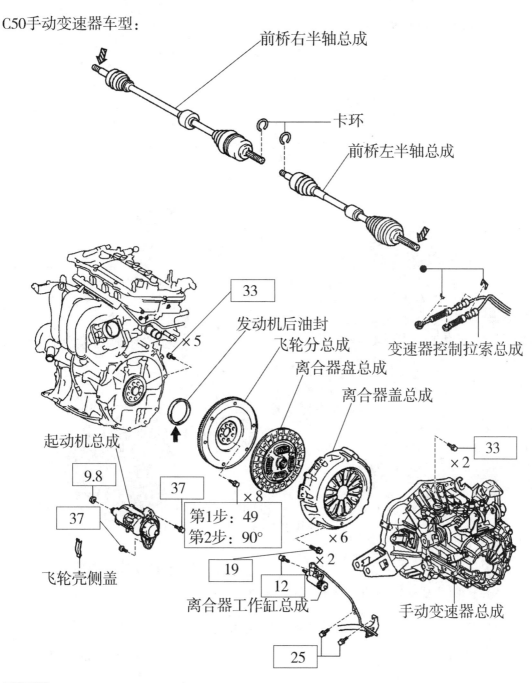

N·m：规定的拧紧力矩
●：不可重复使用零件
←：润滑脂
⚠：切勿在螺纹零件上涂抹润滑油

图1-17 拆装发动机总成相关部件分解图(7)

U340E 自动变速器车型：

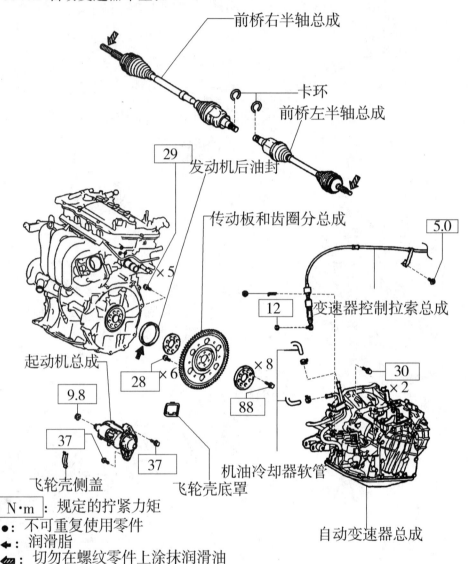

图1-18　拆装发动机总成相关部件分解图(8)

(4)其他：丰田原厂黏合剂(1324、Three Bond 1324 或同等产品)、丰田原厂 ATF WS(自动变速器车型)、丰田超长效冷却液(SLLC)。

2 作业准备

(1)汽车进入工位前，将工位清理干净，准备好相关的器材。

(2)将汽车停放在举升机中央位置。

(3)拉紧驻车制动器操纵杆，并将换挡杆置于空挡或驻车挡(P位)位置(图1-19)。

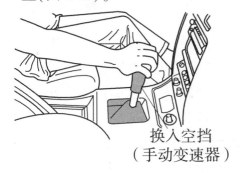

换入空挡
（手动变速器）

换入P位
（自动变速器）

图1-19 换入空挡或驻车挡

(4)套上转向盘护套、换挡杆手柄套和座椅套,铺设脚垫。

(5)在车内拉动发动机舱盖开启手柄,在车外打开并支撑发动机舱盖(图1-20)。

(6)粘贴翼子板和前脸磁力护裙。

3 操作步骤

1)发动机总成的拆卸

(1)燃油系统卸压。

注意:拆下任何燃油系统零件之前,执行下列程序以防止燃油溅出。即使执行下列程序之后,压力仍保留在燃油管路内,断开燃油管路时,用棉丝抹布或一块布盖住,以防燃油喷出或涌出。

①拆下后排座椅坐垫总成。

②拆下后底板检修孔盖。

③如图1-21所示,从燃油泵总成上断开连接器。

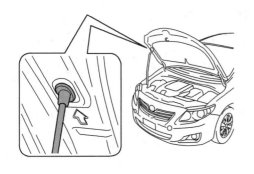

图1-20 支撑发动机舱盖

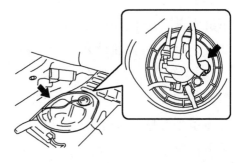

图1-21 发动机总成的拆卸(1)

④起动发动机,在发动机自然停止后,将点火开关置于"OFF"位置。

注意:在等待发动机自然停止时,不要提高发动机转速或行驶车辆。

⑤再次起动发动机,确认发动机不能起动。

⑥拆下燃油箱加油口盖并释放燃油箱中的压力。

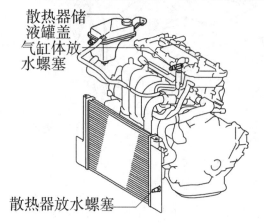

图1-22 发动机总成的拆卸(2)

⑦从蓄电池负极端子上断开电缆。

⑧连接燃油泵总成连接器。

(2)定位前轮,使其面向正前位置。

(3)拆卸前轮。

(4)拆卸发动机后部左侧底罩。

(5)拆卸发动机后部右侧底罩。

(6)拆卸发动机1号底罩。

(7)拆卸发动机2号底罩。

(8)排空发动机冷却液。

①如图1-22所示,松开散热器放水螺塞。

注意:将冷却液收集到容器中,根据所在地区的法规进行冷却液报废处理。

②拆下散热器储液罐盖。

注意:在发动机和散热器还没有冷却下来时,不要拆下散热器储液罐盖,加压的发动机冷却液和蒸汽可能会释放出来并导致维修人员严重烫伤。

③松开汽缸体放水螺塞,放出冷却液。

注意:汽缸体放水螺塞在排气歧管侧的发电机后面。

(9)排空手动变速器润滑油(手动变速器车型)。

①拆下注油螺塞和衬垫。

②拆下放油螺塞和衬垫,排净手动变速器润滑油。

(10)排空自动变速器传动液(自动变速器车型)。

①拆下放油螺塞和衬垫,并排空自动变速器油(ATF)。

②安装衬垫和放油螺塞,拧紧力矩:49N·m。

(11)拆卸散热器上空气导流板。

(12)拆卸2号汽缸盖罩。如图1-23所示,握住汽缸盖罩的后端并提起,以脱开汽缸盖罩后端的2个卡子。继续提起汽缸盖罩,以脱开汽缸盖罩前端的2个卡子并拆下汽缸盖罩。

注意:同时脱开前、后卡子可能会使汽缸盖罩破裂。

(13)拆卸空气滤清器盖分总成。

①如图1-24所示,断开空气流量传感器连接器,断开2个卡夹。

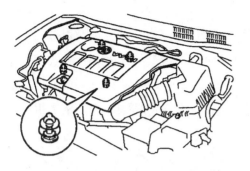

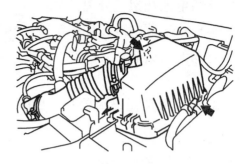

图1-23　发动机总成的拆卸(3)　　图1-24　发动机总成的拆卸(4)

②如图1-25所示,断开箍带和通风软管,并拆下空气滤清器盖分总成。

(14)拆卸空气滤清器壳。

①将空气滤清器滤芯从空气滤清器上分离。

②如图1-26所示,从空气滤清器壳上拆下3个固定螺栓。

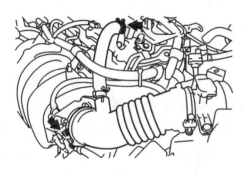

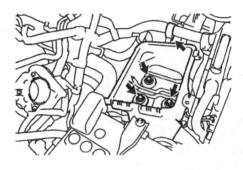

图1-25　发动机总成的拆卸(5)　　图1-26　发动机总成的拆卸(6)

(15)拆卸蓄电池。断开蓄电池端子,拆下螺栓并松开螺母,拆下蓄电池。

注意:断开电缆时,重新连接电缆后需要对某些系统进行初始化。

(16)拆卸蓄电池托架。

①如图1-27所示,从蓄电池托架上分离2个线束卡夹。

②如图1-28所示,拆下2个螺栓。

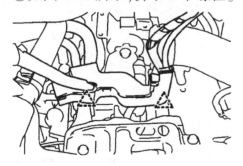

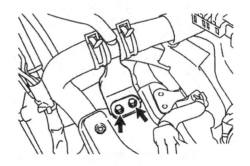

图1-27　发动机总成的拆卸(7)　　图1-28　发动机总成的拆卸(8)

③从蓄电池托架上分离散热器管。

④拆下4个蓄电池托架固定螺栓和蓄电池托架。

(17)分离散热器进水软管。如图1-29所示,将散热器进水软管从汽缸盖上分离。

(18)分离散热器出水软管。如图1-30所示,将散热器出水软管从进水软管上分离。

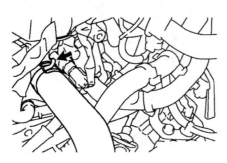

图1-29 发动机总成的拆卸(9)　　图1-30 发动机总成的拆卸(10)

(19)断开变速器控制拉索总成(手动变速器车型)。如图1-31所示,拆下图左侧2个卡子,并从手动变速器上断开2条拉索。拆下图右侧2个卡子,并从控制拉索支架上断开2条拉索。

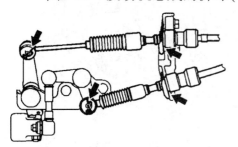

(20)断开变速器控制拉索总成(自动变速器车型)。如图1-32所示,从控制拉索支架上断开控制拉索。拆下螺母,并将控制拉索从控制杆上断开。拆下卡子并从控制拉索支架上断开控制拉索。拆下螺栓,并断开控制拉索的卡夹。

图1-31 发动机总成的拆卸(11)

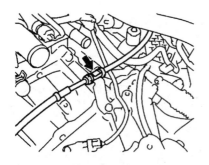

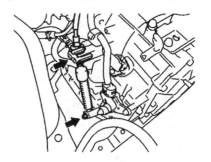

图1-32 发动机总成的拆卸(12)

(21)断开自动变速器传动液冷却器软管(自动变速器车型)。如图1-33所示,从自动变速器上断开2根自动变速器油冷却器软管。

(22)断开加热器出水软管。如图1-34所示,从加热装置上断开加热器出水软管。

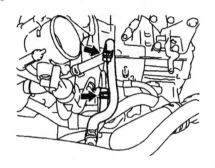 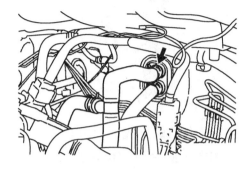

图1-33 发动机总成的拆卸(13)　　图1-34 发动机总成的拆卸(14)

(23)断开加热器进水软管。如图1-35所示,从加热装置上断开加热器进水软管。

(24)断开燃油管分总成。

①如图1-36所示,松开卡爪并拆下1号燃油管卡夹。

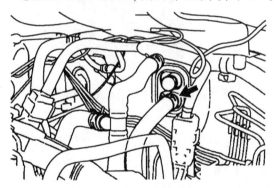 

图1-35 发动机总成的拆卸(15)　　图1-36 发动机总成的拆卸(16)

②如图1-37所示,捏住挡片,然后将燃油管连接器从燃油管上拉出。

注意:进行操作前,清除燃油管连接器上的污垢和异物;由于燃油管连接器有用以密封油管的O形圈,所以在断开时不要刮伤零件或让任何异物进入;用手进行该操作,不要使用任何工具,不要用力使软管弯曲、打结或扭曲;断开燃油管后,用塑料袋套上断开连接的燃油管以对其进行保护;如果燃油管连接器和油管粘在一起,推拉使其松开。

(25)拆卸传动带。

(26)拆卸发电机总成。

①如图1-38所示,拆下端子盖,拆下螺母并将线束从端子B上断开,断开连接器和线束卡夹。

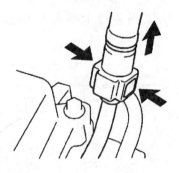 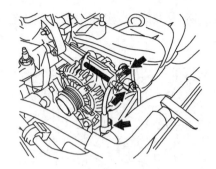

图1-37　发动机总成的拆卸(17)　　　图1-38　发动机总成的拆卸(18)

②如图1-39所示,拆下2个发电机固定螺栓和发电机总成。

③如图1-40所示,拆下螺栓和线束卡夹支架。

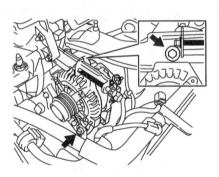

图1-39　发动机总成的拆卸(19)　　　图1-40　发动机总成的拆卸(20)

(27)分离带传动带轮的空调压缩机总成。

①断开线路连接器。

②如图1-41所示,拆下2个螺栓和2个螺母。

③如图1-42所示,用"TORX"套筒扳手(E8)拆下2个双头螺柱和带传动带轮的空调压缩机总成。

注意:将压缩机和软管移至一旁,以避免空调系统排放。

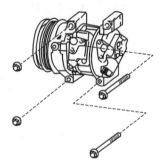 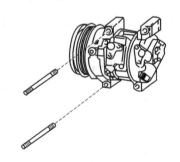

图1-41　发动机总成的拆卸(21)　　　图1-42　发动机总成的拆卸(22)

(28)分离离合器工作缸总成(手动变速器车型)。如图1-43所示,拆下5个螺栓和离合器管支架,并分离离合器工作缸总成。

(29)断开发动机控制计算机(ECU)的连接线束。

①如图 1-44 所示,将杆向上拉,并断开发动机控制计算机的连接器。

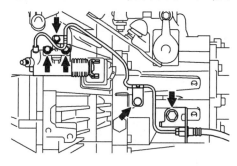
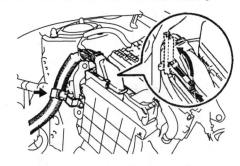

图 1-43　发动机总成的拆卸(23)　　图 1-44　发动机总成的拆卸(24)

②如图 1-45 所示,拆下 2 个螺母,将连接器和 2 个卡夹从发动机舱接线盒上拆下,并断开线束。

③如图 1-46 所示,拆下螺栓和卡夹(手动变速器车型)。

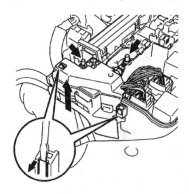

图 1-45　发动机总成的拆卸(25)　　图 1-46　发动机总成的拆卸(26)

④如图 1-47 所示,拆下螺栓和卡夹(自动变速器车型)。

⑤断开所有线束和连接器,确保车身和发动机之间没有连接任何线束。

(30)固定转向盘。

(31)拆卸转向柱孔盖消声板。

(32)分离 2 号转向中间轴总成。

(33)断开 1 号转向柱孔盖分总成。

(34)断开 2 号加热型氧传感器。

(35)拆卸前排气管总成。

(36)拆卸左前桥轮毂螺母。

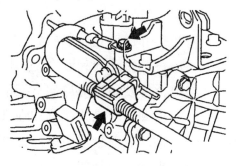

图 1-47　发动机总成的拆卸(27)

(37) 拆卸右前桥轮毂螺母。

注意：与左侧执行相同的操作程序。

(38) 断开左前轮转速传感器。

(39) 断开右前轮转速传感器。

注意：与左侧执行相同的操作程序。

(40) 分离左侧横拉杆接头分总成。

(41) 分离右侧横拉杆接头分总成。

注意：与左侧执行相同的操作程序。

(42) 分离左前稳定杆连杆总成。

(43) 分离右前稳定杆连杆总成。

注意：与左侧执行相同的操作程序。

(44) 分离左前下悬架臂。

(45) 分离右前下悬架臂。

注意：与左侧执行相同的操作程序。

(46) 分离带左侧车桥轮毂的转向节。

① 如图 1-48 所示，在半轴和车桥轮毂上做装配标记。

注意：不要使用冲头做标记。

图 1-48　发动机总成的拆卸(28)

② 使用塑料锤断开左前桥总成。

注意：不要损坏防尘套和转速传感器转子；不要将半轴从车桥总成上过度推出。

(47) 分离带右侧车桥轮毂的转向节。

注意：与左侧执行相同的操作程序。

(48) 拆卸前桥左半轴总成。

(49) 拆卸前桥右半轴总成。

(50) 拆卸飞轮壳底罩（自动变速器车型）。

(51) 拆卸传动板和液力变矩器固定螺栓（自动变速器车型）。

(52) 拆卸发动机前悬架支架下加强件。

(53) 拆卸左前悬架横梁加强件。

(54) 拆卸右前悬架横梁加强件。

(55) 拆卸左前悬架横梁后支架。

(56) 拆卸右前悬架横梁后支架。

注意：与左侧执行相同的操作程序。

(57)拆卸前悬架横梁分总成。

(58)拆卸前悬架横梁。

①如图1-49所示,拆下连接螺栓和螺母。

②将发动机前悬架隔振垫从发动机前悬架支架上拆下。

③如图1-50所示,拆下4个固定螺栓和前悬架横梁。

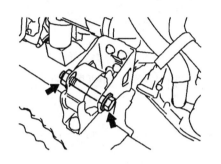 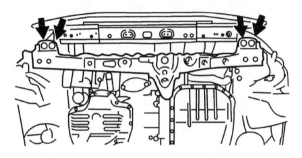

图1-49　发动机总成的拆卸(29)　　图1-50　发动机总成的拆卸(30)

(59)拆卸带变速器的发动机总成。

①如图1-51所示,固定发动机升降机。

注意:将发动机放置在木块或同等物品上,使发动机水平放置。

②如图1-52所示,拆下2个螺栓和螺母,分离发动机右侧悬架隔振垫。

 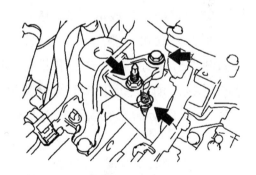

图1-51　发动机总成的拆卸(31)　　图1-52　发动机总成的拆卸(32)

③如图1-53所示,拆下螺栓和螺母,分离发动机左侧悬架隔振垫,小心地将带变速器的发动机从车辆上拆下。

(60)拆卸发动机前悬架隔振垫。如图1-54所示,拆下2个螺栓和发动机前悬架隔振垫。

注意:仅在发动机悬架隔振垫需要更换时执行该程序。

 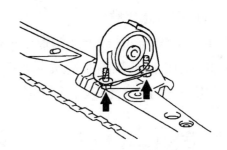

图 1-53　发动机总成的拆卸(33)　　图 1-54　发动机总成的拆卸(34)

（61）拆卸发动机后悬架隔振垫。如图 1-55 所示，拆下螺栓和螺母，分离发动机后侧悬架隔振垫。

（62）拆卸发动机左侧悬架隔振垫。如图 1-56 所示，拆下 4 个螺栓和发动机左侧悬架隔振垫。

注意：仅在发动机悬架隔振垫需要更换时执行该程序。

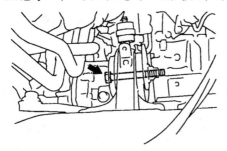 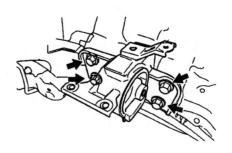

图 1-55　发动机总成的拆卸(35)　　图 1-56　发动机总成的拆卸(36)

（63）拆卸发动机右侧悬架隔振垫。

①如图 1-57 所示，拆下螺栓和螺母，并分离空调支架。

②如图 1-58 所示，拆下 3 个螺栓和发动机右侧悬架隔振垫。

注意：仅在发动机悬架隔振垫需要更换时执行该程序。

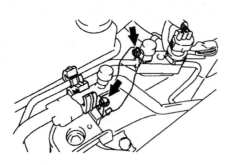 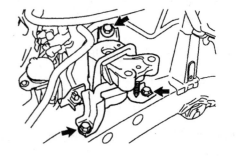

图 1-57　发动机总成的拆卸(37)　　图 1-58　发动机总成的拆卸(38)

(64)安装发动机吊架。

①拆下空气流量传感器支架。

②如图1-59所示,用2个螺栓安装2个发动机吊架,拧紧力矩:43N·m。

注意:1号发动机吊架零件号为12281-37020,2号发动机吊架零件号为12282-37010,螺栓零件号为91552-81050。

(65)拆卸飞轮壳侧盖。

(66)拆卸起动机总成。如图1-60所示,分离2个线束卡夹,拆下螺栓和线束支架,拆下端子盖,拆下螺母并断开端子30。断开连接器,拆下2个螺栓并拆下起动机总成。

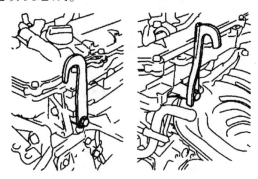 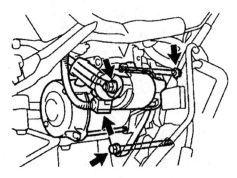

图1-59　发动机总成的拆卸(39)　　图1-60　发动机总成的拆卸(40)

(67)拆卸手动变速器总成(手动变速器车型)。如图1-61所示,拆下7个螺栓和手动变速器总成。

(68)拆卸自动变速器总成(自动变速器车型)。如图1-62所示,拆下7个螺栓,从发动机上拆下自动变速器总成。

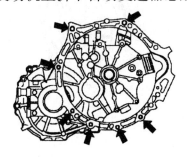 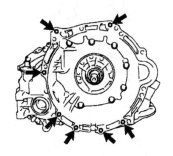

图1-61　发动机总成的拆卸(41)　　图1-62　发动机总成的拆卸(42)

(69)拆卸离合器盖总成(手动变速器车型)。如图1-63所示,在离合器盖总成和飞轮分总成上做好装配标记。每次将各固定螺栓拧松一圈,直至弹簧张力被完全释放。拆下固定螺栓并拉下离合器盖。

(70)拆卸离合器盘总成(手动变速器车型)。

(71) 拆卸飞轮分总成(手动变速器车型)。

①如图1-64所示,用 SST 09213-58013、09330-00021 固定住曲轴。

注意: 安装 SST 09213-58013、09330-00021 时要检查其安装位置,以防止 SST 09213-58013、09330-00021 安装螺栓接触正时链条盖分总成。

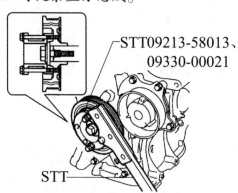

图1-63　发动机总成的拆卸(43)　　图1-64　发动机总成的拆卸(44)

②如图1-65所示,拆下飞轮8个固定螺栓和飞轮。

(72) 拆卸传动板和齿圈分总成(自动变速器车型)。

①用 SST 09213-58013、09330-00021 固定住曲轴(图1-64)。

注意: 安装 SST 09213-58013、09330-00021 时要检查其安装位置,以防止 SST 09213-58013、09330-00021 安装螺栓接触正时链条盖分总成。

②如图1-66所示,拆下飞轮8个固定螺栓、后隔垫、传动板和前隔垫。

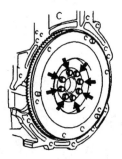
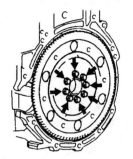

图1-65　发动机总成的拆卸(45)　　图1-66　发动机总成的拆卸(46)

(73) 拆卸发动机线束。

2) 发动机总成的安装

(1) 安装发动机线束。

(2) 安装飞轮分总成(手动变速器车型)。

①用 SST 09213-58013、09330-00021 固定住曲轴(图1-64)。

注意: 安装 SST 09213-58013、09330-00021 时要检查其安装位置,以防止 SST

09213-58013、09330-00021 安装螺栓接触正时链条盖分总成。

②如图 1-67 所示,在新螺栓的 2 个或 3 个螺纹上涂抹黏合剂。黏合剂:丰田原厂黏合剂 1324、Three Bond 1324 或同等产品。

③按图 1-68 所示顺序,分几个步骤,均匀地安装和紧固 8 个螺栓,拧紧力矩:49N·m。

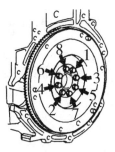

图 1-67　发动机总成的安装(1)　　图 1-68　发动机总成的安装(2)

1、2、3、4、5、6、7、8-飞轮螺栓紧固顺序号

④如图 1-69 所示,用油漆在螺栓前端做标记。

⑤按相同顺序,将 8 个螺栓再紧固 90°。

⑥检查并确认油漆标记,现在与前端成 90°。

⑦检查并确认曲轴转动顺畅。

(3)安装传动板和齿圈分总成(自动变速器车型)。

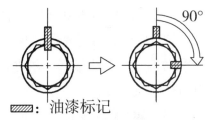

图 1-69　发动机总成的安装(3)

①用 SST 09213-58013、09330-00021 固定住曲轴(图 1-64)。

注意:安装 SST 09213-58013、09330-00021 时要检查其安装位置,以防止 SST 09213-58013、09330-00021 安装螺栓接触正时链条盖分总成。

②清洁螺栓和螺栓孔。

③在螺栓末端的 2 个或 3 个螺纹上涂上黏合剂。黏合剂:丰田原厂黏合剂 1324、Three Bond 1324 或同等产品。

④用 8 个螺栓安装前隔垫、传动板和后隔垫。均匀地紧固 8 个螺栓(图 1-66),拧紧力矩:88N·m。

(4)安装离合器盘总成(手动变速器车型)。如图 1-70 所示,用 SST 09301-00110 插入离合器盘总成,然后将它们一起插入飞轮分总成。

注意:按正确方向插入离合器盘总成。

(5)安装离合器盖总成(手动变速器车型)。将离合器盖总成上的装配标记和飞轮分总成上的装配标记对准。按照图 1-71 所示的步骤,从位于顶部锁销附近的螺栓开始,按顺序拧紧 6 个螺栓,拧紧力矩:19N·m。

注意:按照图 1-71 所示的顺序,每次均匀拧紧一个螺栓。检查并确认离合器盘位于中心位置后,上下左右轻微地移动 SST 09301-00110,然后拧紧螺栓。

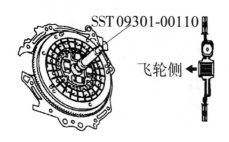

图 1-70 发动机总成的安装(4)

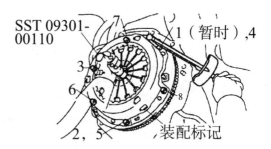

图 1-71 发动机总成的安装(5)
1、2、3、4、5、6、7、8-离合器盖固定螺栓拧紧顺序号

(6)检查并调整离合器盖总成(手动变速器车型)。

(7)安装手动变速器总成(手动变速器车型)。使输入轴和离合器盘对齐,并将手动变速器安装至发动机。如图 1-61 所示,安装 7 个螺栓,拧紧力矩:33N·m。

(8)安装自动变速器总成(自动变速器车型)。如图 1-62 所示,用 7 个螺栓将自动变速器总成安装至发动机,拧紧力矩:30N·m。

(9)安装起动机总成。如图 1-60 所示,用 2 个螺栓安装起动机总成,拧紧力矩:37N·m。连接连接器,用螺母连接端子 30,拧紧力矩:9.8N·m。合上端子盖,用螺栓安装线束支架,拧紧力矩:8.4N·m。安装 2 个线束卡夹。

(10)安装飞轮壳侧盖。

(11)安装前发动机悬架隔振垫。如图 1-54 所示,用 2 个螺栓安装发动机前悬架隔振垫,拧紧力矩:95N·m。

注意:仅在发动机悬架隔振垫需要更换时执行该程序。

(12)安装发动机后悬架隔振垫。如图 1-55 所示,用螺栓将发动机后悬架隔振垫安装至发动机悬架支架,拧紧力矩:95N·m。

(13)安装发动机左侧悬架隔振垫。如图 1-56 所示,用 4 个螺栓安装发动机左侧悬架隔振垫,拧紧力矩:95N·m。

注意:仅在发动机悬架隔振垫需要更换时执行该程序。

(14)安装发动机右侧悬架隔振垫。

①如图1-58所示,用3个螺栓安装发动机右侧悬架隔振垫,拧紧力矩:95N·m。

②如图1-57所示,用螺栓和螺母将空调支架安装至发动机悬架隔振垫,拧紧力矩:9.8N·m。

注意:仅在发动机悬架隔振垫需要更换时执行该程序。

(15)安装带变速器的发动机总成。

①如图1-51所示,将带变速器的发动机总成和前悬架横梁放置在发动机升降机上。

②操作发动机升降机,将带变速器的发动机总成和前悬架横梁举升至发动机左侧和右侧悬架隔振垫可以安装的位置。

注意:不要将发动机举升过高;如果发动机举升过高,车辆也可能被举升;确保发动机上没有任何配线和软管;将发动机举升进入车辆时,不要使其接触车辆。

③如图1-53所示,使用螺栓和螺母安装发动机左侧悬架隔振垫,拧紧力矩:56N·m。

④如图1-72所示,使用螺栓和2个螺母安装发动机右侧悬架隔振垫,螺母A的拧紧力矩:95N·m;螺母B的拧紧力矩:52N·m;螺栓C的拧紧力矩:95N·m。

(16)安装前横梁。

①如图1-50所示,用4个螺栓安装前悬架横梁,拧紧力矩:96N·m。

②如图1-49所示,用螺栓和螺母将发动机前悬架隔振垫安装至发动机前悬架支架,拧紧力矩:145N·m。

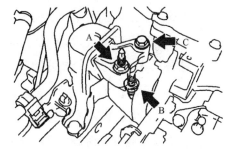

图1-72 发动机总成的安装(6)

(17)安装前悬架横梁分总成。

(18)安装左前悬架横梁后支架。

(19)安装右前悬架横梁后支架。

注意:与左侧执行相同的操作程序。

(20)安装左前悬架横梁加强件。

(21)安装右前悬架横梁加强件。

(22)安装发动机前悬架支架下加强件。

(23) 安装传动板和液力变矩器固定螺栓(自动变速器车型)。

(24) 安装飞轮壳底罩(自动变速器车型)。

(25) 安装前桥左半轴总成。

(26) 安装前桥右半轴总成。

(27) 安装带左侧车桥轮毂的转向节。如图1-73所示,对准装配标记,并将前桥半轴总成连接至左前桥总成。

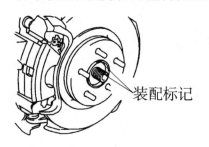

图1-73　发动机总成的安装(7)

(28) 安装带右侧车桥轮毂的转向节。

注意:与左侧执行相同的操作程序。

(29) 安装左前下悬架臂。

(30) 安装右前下悬架臂。

注意:与左侧执行相同的操作程序。

(31) 安装左前稳定杆连杆总成。

(32) 安装右前稳定杆连杆总成。

注意:与左侧执行相同的操作程序。

(33) 连接左侧横拉杆接头分总成。

(34) 连接右侧横拉杆接头分总成。

注意:与左侧执行相同的操作程序。

(35) 安装左前轮转速传感器。

(36) 安装右前轮转速传感器。

注意:与左侧执行相同的操作程序。

(37) 安装左前桥轮毂螺母。

(38) 安装右前桥轮毂螺母。

注意:与左侧执行相同的操作程序。

(39) 安装前排气管总成。

(40) 安装2号加热型氧传感器。

(41) 安装1号转向柱孔盖分总成。

(42) 安装2号转向中间轴总成。

(43) 安装转向柱孔盖消声板。

(44) 安装线束。

① 如图1-46所示,用螺栓和卡夹将搭铁线安装至发动机舱线束(手动变速器车型),拧紧力矩:13N·m。

② 如图1-47所示,用螺栓和卡夹将搭铁线安装至发动机舱线束(自动变速器

车型),拧紧力矩:26N·m。

③如图1-74所示,用2个螺母安装线束,拧紧力矩:8.4N·m。将线束连接器和线束卡夹连接至发动机舱接线盒。

④如图1-75所示,用卡夹和锁止杆将连接器连接至发动机ECU。

(45)安装离合器工作缸总成(手动变速器车型)。如图1-76所示,用5个螺栓和离合器管支架,安装离合器工作缸总成,螺栓A的拧紧力矩:12N·m;螺栓B的拧紧力矩:12N·m;螺栓C的拧紧力矩:8N·m。

图1-74 发动机总成的安装(8)

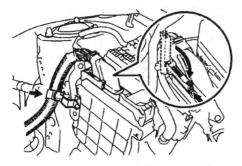

图1-75 发动机总成的安装(9)　　图1-76 发动机总成的安装(10)

(46)安装带传动带轮的空调压缩机总成。

(47)安装发电机总成。

①如图1-40所示,用螺栓安装线束卡夹支架,拧紧力矩:8.4N·m。

②如图1-39所示,用2个螺栓暂时安装发电机总成。

③如图1-38所示,用螺母将线束安装到端子B并安装端子盖,拧紧力矩:9.8N·m。

④安装连接器和线束卡夹。

(48)安装传动带。

(49)调整传动带。

(50)检查传动带。

(51)连接燃油管分总成。

①连接燃油管连接器和燃油管。

注意:将燃油管连接器和管对准,然后将燃油管连接器推入,直至夹持器发出"咔嗒"声;如果连接过紧,则在燃油管顶部涂抹少量发动机机油;连接后,拉动管和连接器,以确保连接牢固。

②接合卡爪并安装1号燃油管卡夹(图1-36)。

(52)用卡夹连接加热器进水软管(图1-35)。

(53)用卡夹连接加热器出水软管(图1-34)。

(54)用卡夹将接头连接至止回阀软管。

(55)用卡夹连接2根自动变速器传动液冷却器软管(自动变速器车型)(图1-33)。

(56)安装变速器控制拉索总成(手动变速器车型)(图1-31)。

①用2个新的卡子将变速器控制拉索安装至变速器控制拉索支架。

②用2个卡子将变速器控制拉索安装至手动变速器。

(57)安装变速器控制拉索总成(自动变速器车型)(图1-32)。

①用卡子将控制拉索固定至控制拉索支架。

②用螺母将控制拉索连接到控制杆上,拧紧力矩:12N·m。

③将控制拉索连接到拉索支架上。

④用螺栓连接控制拉索的卡夹,拧紧力矩:12N·m。

(58)用卡夹连接散热器出水软管(图1-30)。

(59)用卡夹连接散热器进水软管(图1-29)。

(60)安装蓄电池托架。

①用4个螺栓安装蓄电池托架,拧紧力矩:19N·m。

②如图1-28所示,用2个螺栓连接水管,拧紧力矩:19N·m。

③连接2个线束卡夹(图1-27)。

(61)安装蓄电池。

①安装蓄电池卡夹,螺栓的拧紧力矩:17N·m;螺母的拧紧力矩:3.5N·m。

②安装蓄电池端子,拧紧力矩:5.4N·m。

注意:断开电缆时,重新连接电缆后需要对某些系统进行初始化。

(62)安装空气滤清器壳。

①如图1-26所示,使用3个螺栓安装空气滤清器壳,拧紧力矩:7.0N·m。

②将线束卡夹安装至空气滤清器壳。

③安装空气滤清器滤芯。

(63)安装空气滤清器盖分总成。

①如图1-25所示,安装空气滤清器盖分总成,用箍带连接通风软管。

②如图1-24所示,连接2个卡夹,连接空气流量传感器连接器。

第一章 发动机总体构造与维修

(64) 添加手动变速器润滑油(手动变速器车型)。

①安装新衬垫和放油螺塞,拧紧力矩:39N·m。

②添加手动变速器润滑油。

③安装变速器注油螺塞和新衬垫,拧紧力矩:39N·m。

(65) 检查并调整手动变速器润滑油液位高度(手动变速器车型)。

①将车辆停放到平坦路面上。

②拆下变速器注油螺塞和衬垫。

③如图1-77所示,检查并确认润滑油液位高度在变速器注油螺塞开口最低点以下5mm范围内。

④润滑油液位低时,检查变速器润滑油是否泄漏。

⑤安装变速器注油螺塞和新衬垫,拧紧力矩:39N·m。

(66) 加注自动变速器油(自动变速器车型)。
类型:丰田原厂 ATF WS;加注量:2.9L。

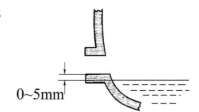

图1-77 发动机总成的安装(11)

(67) 检查自动变速器油液位高度(自动变速器车型)。

注意:驾驶车辆,使发动机和自动变速器处于正常工作温度下(70~80℃)。

①将车辆停放在水平地面上,并施加驻车制动。

②在发动机怠速且踩下制动踏板的情况下,将换挡杆从P位逐次换到L位,然后回到P位。

③拉出机油尺并将其擦干净。

④将机油尺完全推回到油管中。

⑤再次拉出机油尺,并检查液位是否在HOT范围内,如图1-78所示。如果液位低于HOT范围,加注新自动变速器油并重新检查液位高度;如果液位高度超过HOT范围,排放一些,添加适量的新自动变速器油并重新检查液位高度。

(68) 检查自动变速器油是否泄漏(自动变速器车型)。

(69) 检查换挡杆位置(自动变速器车型)。

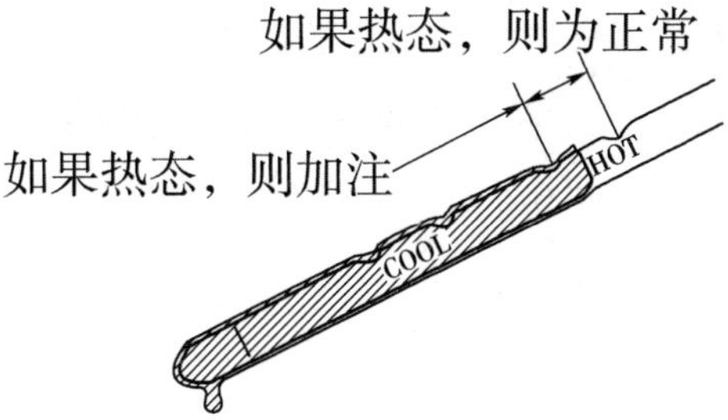

图1-78 发动机总成的安装(12)

①当点火开关置于 ON 位置且踩下制动踏板时,将换挡杆从 P 位换至 R 位,确保换挡杆平稳地换挡至正确位置。

②起动发动机,确保将换挡杆从 N 位换至 D 位时车辆向前行驶,将其换至 R 位时车辆向后行驶。如果不能按规定执行操作,检查驻车挡/空挡位置开关总成,并检查换挡杆总成的安装情况。

(70)调节换挡杆位置(自动变速器车型)。

(71)添加发动机冷却液。

①紧固散热器放水螺塞。

②紧固汽缸体放水螺塞,拧紧力矩:13N·m。

③将丰田超长效冷却液(SLLC)添加至散热器储液罐加注口,手动变速器车型标准容量:5.6L;自动变速器车型标准容量:5.5L。

④如图 1-79 所示,拆下散热器盖并将冷却液添加至储液罐 B 刻度线。

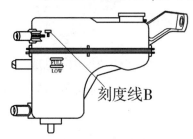

图 1-79 发动机总成的安装(13)

⑤用手按压散热器进水软管和出水软管数次,检查冷却液液位高度。如果冷却液液位过低,添加冷却液。

⑥安装盖子和阀门,使发动机充分暖机。

⑦排空冷却系统内的空气。

注意:起动发动机前,关闭空调开关,将空调的温度调整为 MAX(HOT),将空调鼓风机设置调整到 LO。

a. 发动机暖机至节温器打开。节温器打开时,使冷却液循环数分钟。

b. 发动机暖机后,按照以下周期运行发动机至少 7min:以 3000r/min 的转速运转 5s,怠速运转 45s(按相同周期重复操作至少 8 次)。

c. 用手按压散热器进水软管和出水软管数次,以排空系统中的空气。

⑧发动机冷却后,检查并确认冷却液液位应在 FULL 和 LOW 刻度线之间(图 1-79)。如果冷却液液位低,则向储液罐内添加冷却液至 FULL 刻线。

(72)添加发动机机油。添加新的发动机机油并安装机油加注口盖。更换机油滤清器时机油放空后的重新加注量为:4.2L;不更换机油滤清器时放空后的机油重新加注量为:3.9L;新发动机的机油净注入量为:4.7L。

(73)检查发动机机油油位高度。

①使发动机暖机,然后停机并等待 5min。

②检查并确认发动机机油油位在油位计的低油位和满油位标记之间。如果

机油油位过低,检查是否漏机油并加注新机油至满油位标记处。

注意:加注时不要超过满油位标记。

(74)检查燃油是否泄漏。

(75)检查冷却液是否泄漏。

(76)检查机油是否泄漏。

(77)检查废气是否泄漏。

(78)安装发动机2号底罩。

(79)安装发动机1号底罩。

(80)安装发动机后部左侧底罩。

(81)安装发动机后部右侧底罩。

(82)安装前轮,轮胎螺母拧紧力矩:103N·m。

(83)检查点火正时。

(84)检查发动机怠速转速。

(85)检查 CO/HC。

(86)调整前轮定位。

(87)安装2号汽缸盖罩(图1-23)。接合4个卡子,以安装2号汽缸盖罩。

注意:一定要牢固地接合卡子;不要施加过大的力或敲击汽缸盖罩以接合卡子,这可能会导致汽缸盖罩破裂。

(88)安装散热器上空气导流板。

(89)检查防抱死制动系统(ABS)转速传感器信号(不带车辆稳定控制系统车型)。

(90)检查防抱死制动系统(ABS)转速传感器信号(带车辆稳定控制系统车型)。

二、发动机总成的检查(车上检查)

1 实训器材

(1)车辆:卡罗拉(1.6L)乘用车。

(2)普通工具:磁力护裙、转向盘护套、换挡杆手柄套、脚垫和座椅套、组合扳手、螺丝刀、钳子、扭力扳手。

(3)检测工具:智能检测仪、汽缸压力表、CO/HC 测量仪。

2 作业准备

(1)汽车进入工位前,将工位清理干净,准备好相关的器材。

(2)将汽车停放在举升机中央位置。

(3)拉紧驻车制动器操纵杆,并将换挡杆置于空挡位置(图1-19)。

(4)套上转向盘护套、换挡杆手柄套和座椅套,铺设脚垫。

(5)在车内拉动发动机舱盖开启手柄,在车外打开并支撑发动机舱盖(图1-20)。

(6)粘贴翼子板和前脸磁力护裙。

3 操作步骤

1)发动机怠速转速的检查

(1)暖机并停止发动机运转。

(2)将智能检测仪连接到DLC3上。

(3)将点火开关置于ON位置。

(4)在智能检测仪上选择以下菜单项:Powertrain/Engine and ECT/Data List/Engine Speed。

(5)检查发动机怠速转速。怠速转速:600~700r/min。

注意:关闭所有电气系统和空调;在冷却风扇关闭时,检查怠速转速;检查怠速转速时,将变速器换至空挡或驻车挡。

(6)将点火开关置于OFF位置。

(7)从DLC3上断开智能检测仪。

2)汽缸压缩压力的检查

(1)暖机后并停止发动机运转。

(2)拆下2号汽缸盖罩。

(3)拆下4个点火线圈。

(4)拆下4个火花塞。

(5)断开4个喷油器连接器。

(6)检查汽缸压缩压力。

①如图1-80所示,将汽缸压力表插入火花塞孔。

②使节气门全开。

③发动机运转时,测量汽缸压缩压力。汽缸标准压缩压力:1373kPa;汽缸最小压缩压力:1079kPa;各汽缸压缩压力间的差异:98kPa或更低。

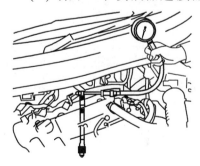

图1-80 汽缸压缩压力的检查

注意:使用完全充电的蓄电池;以使发动机转速能提高到250r/min或更高。用同样的方法检查其他汽缸的压缩压力,在尽可能短的时间内测量汽缸压缩压力。

④如果汽缸压缩压力偏低,通过火花塞孔往汽缸中注入少量的发动机机油并再次检查;如果添加机油后压力增大,则活塞环和/或汽缸可能磨损或损坏;如果压力继续偏低,气门可能卡滞或未正确就位,或可能从汽缸衬垫漏气。

(7)连接4个喷油器连接器。

(8)安装4个火花塞。

(9)安装4个点火线圈,螺栓拧紧力矩:10N·m。

(10)安装2号汽缸盖罩。

3)CO/HC浓度的检查

注意:此项检查用于确定怠速运转时CO/HC浓度是否符合规定。

(1)起动发动机。

(2)以2500r/min的转速运转发动机约180s。

(3)怠速运转时,将CO/HC测量仪测试探针插入排气管至少400mm深处。

(4)在发动机怠速转速和发动机转速为2500r/min时,检查CO/HC浓度。

注意:当进行2种模式(发动机怠速转速和转速为2500r/min)测试时,遵循相应的地方法规所规定的测量程序。如果CO/HC浓度不符合规定,则按以下顺序进行故障排除。

①检查空气流量传感器和加热型氧传感器的工作情况。

②参见表1-1查找可能的原因。必要时检查相应的零件并维修。

CO/HC浓度不合格可能的原因　　　　表1-1

CO	HC	故障	可能的原因
正常	高	怠速不稳	(1)点火系统故障。 ①正时不正确。 ②火花塞积炭、短路或间隙不合适。 (2)气门间隙不正确。 (3)进气门和排气门泄漏。 (4)汽缸泄漏

续上表

CO	HC	故障	可能的原因
低	高	怠速不稳 （HC读数波动）	（1）真空泄漏。 ①曲轴箱强制通风（PCV）软管泄漏。 ②进气歧管泄漏。 ③节气门体泄漏。 ④真空助力器管路泄漏。 （2）混合气过稀导致缺火
高	高	怠速不稳 （排出黑烟）	（1）空气滤清器滤芯堵塞。 （2）曲轴箱强制通风（PCV）阀堵塞。 （3）电控燃油喷射（EFI）系统有故障。 ①压力调节器有故障。 ②发动机冷却液温度传感器故障。 ③空气流量传感器故障。 ④ECU故障。 ⑤喷油器故障。 ⑥节气门体故障

小结

1. 发动机是将某一种形式的能量转换为机械能的机器。常见的车用发动机有汽油发动机和柴油发动机两种。

2. 四冲程发动机的每一个工作循环包括4个活塞行程，即进气行程、压缩行程、做功行程和排气行程。

3. 汽油发动机通常由两大机构、五大系统组成，而柴油机由两大机构、四大系统组成。两大机构是指曲柄连杆机构和配气机构，五大系统是指燃料供给系统、冷却系统、润滑系统、点火系统(柴油机无此系统)和起动系统。

4.发动机的主要性能指标有动力性指标(有效转矩、有效功率和转速等)和经济性指标(燃油消耗率)。

5.发动机转速特性是指发动机的有效功率P_e、有效转矩T_e和燃油消耗率g_e三者随曲轴转速n变化的规律。

6.发动机在某一转速之下的负荷就是当时发动机发出的有效功率与同一转速下所可能发出的最大有效功率之比,以百分数表示。

复习思考题

一、简答题

1.四冲程汽油机每一个工作循环包括哪几个行程?各行程工作原理是什么?

2.柴油机与汽油机的工作原理有何异同?

3.为什么汽车发动机都采用多缸四冲程发动机?

4.汽油发动机主要由哪几大机构和系统组成?各部分的主要作用是什么?

5.发动机的主要性能指标有哪些?

6.试分析发动机外特性。

二、选择题

1.某发动机活塞行程为80mm,其曲轴的曲柄半径为(　　)mm。
A.20　　　　　B.40　　　　　C.80　　　　　D.160

2.柴油机依靠(　　)点燃燃油。
A.压缩能量　　B.火花塞　　C.燃油喷射　　D.点火器

3.汽缸工作容积是指(　　)的容积。
A.活塞运行到下止点时活塞上方　　B.活塞运行到上止点时活塞上方
C.活塞上、下止点之间　　D.进气门从开到关所进空气

4.发动机排量是指(　　)。
A.一个汽缸的工作容积　　B.多个汽缸的工作容积
C.一个汽缸的总容积　　D.多个汽缸的总容积

5.汽油机由两大机构和五大系统组成,柴油机与汽油机相比,少了(　　)。
A.曲柄连杆机构　　B.燃料供给系统
C.点火系统　　D.冷却系统

6. 六缸发动机的做功间隔角为(　　)。

　　A. 720°　　　　　B. 360°　　　　　C. 180°　　　　　D. 120°

三、判断题

1. 现在汽车上常用的发动机是汽油发动机和柴油发动机两种。　　　　(　　)

2. 活塞行程等于曲柄半径的2倍。　　　　(　　)

3. 压缩比是指汽缸总容积与汽缸工作容积之比。　　　　(　　)

4. 车用汽油机的压缩比大于车用柴油机的压缩比。　　　　(　　)

5. 柴油机与汽油机的工作原理相同。　　　　(　　)

6. 汽油发动机主要由曲柄连杆机构、配气机构、燃料供给系统、起动系统、冷却系统和润滑系统组成。　　　　(　　)

7. 发动机在同一转速下,节气门开度越大表示负荷越小。　　　　(　　)

第二章

曲柄连杆机构的构造与维修

学习目标

1. 掌握曲柄连杆机构的功用和组成;
2. 熟悉机体组各部件的功用及结构特点;
3. 了解汽油机燃烧室类型及结构特点;
4. 熟悉活塞连杆组各部件的功用及结构特点;
5. 熟悉曲轴飞轮组各部件的功用及结构特点;
6. 了解多缸发动机曲拐布置形式、发火顺序和工作循环表;
7. 了解曲柄连杆机构维修的基本方法。

第一节 曲柄连杆机构的结构和工作原理

一、曲柄连杆机构的功用和组成

曲柄连杆机构是往复活塞式内燃机将热能转变为机械能的主要机构,其功用是把燃气作用在活塞顶面上的压力转变为曲轴的转矩,向外输出动力。

曲柄连杆机构由机体组、活塞连杆组和曲轴飞轮组3部分组成,如图2-1所示。机体组主要包括汽缸盖罩、汽缸盖、汽缸垫、汽缸体及油底壳等;活塞连杆组主要包括活塞、活塞环、活塞销、连杆等;曲轴飞轮组主要包括曲轴、飞轮等。

二、曲柄连杆机构主要部件的构造

1 机体组

发动机的机体组(图2-2)主要由汽缸体、曲轴箱、汽缸盖、汽缸盖罩、汽缸垫、油底壳等组成。机体组是发动机的骨架,是发动机各机构和系统的装配基体。

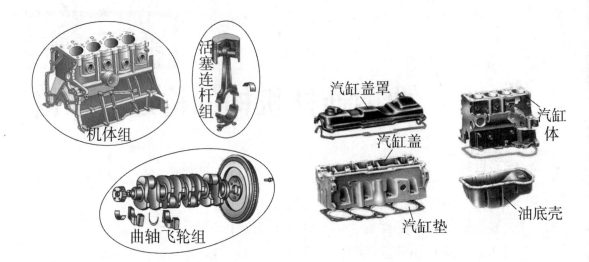

图 2-1　曲柄连杆机构　　　　　　　图 2-2　机体组

1) 汽缸体

水冷发动机的汽缸体和曲轴箱常制成一体,而且多缸发动机的各个汽缸也合铸成一个整体(图 2-3),称为汽缸体—曲轴箱,简称汽缸体。汽缸体上半部有若干个为活塞在其中运动导向的圆柱形空腔,称为汽缸。下半部为支撑曲轴的曲轴箱,其内腔为曲轴旋转的空间。

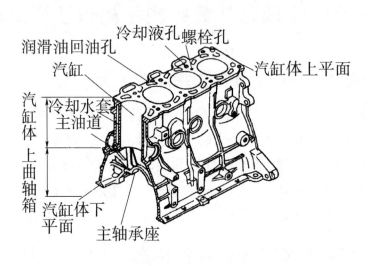

图 2-3　水冷发动机的汽缸体

汽缸体结构

(1) 汽缸的排列方式。根据汽缸排列形式不同,汽缸体分为直列式、V 型式、对置式等类型。

① 直列式(图 2-4)。各汽缸排成一直列的称为直列式汽缸排列,其特点是机体的宽度小而高度和长度大,一般只用于六缸以下的发动机,通常把采用直列式

汽缸排列的发动机称为直列式发动机。

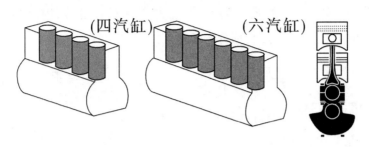

图2-4　直列式

②V型式(图2-5)。两列汽缸排成V型的称为V型式汽缸排列,V型式发动机汽缸体宽度大,而长度和高度小,形状比较复杂,但汽缸体的刚度大,质量和外形尺寸较小,多用于六缸以上大功率发动机上,通常把此种发动机称为V型式发动机。V型的打开角度被称为V型汽缸夹角,为了平衡,V6发动机的汽缸夹角最好为90°,V8发动机的汽缸夹角最好为60°。

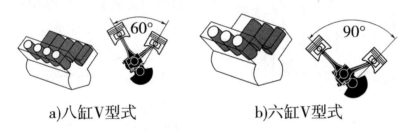

a)八缸V型式　　　　　b)六缸V型式

图2-5　V型式

③对置式(图2-6)。对置式发动机是指两列汽缸水平相对排列,其优点是重心低,而且对置式发动机的平衡性较好。

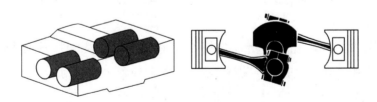

图2-6　对置式

(2)汽缸体的冷却。发动机汽缸体可采用水冷和风冷两种冷却方式(图2-7)。目前发动机上多采用水冷的方式,利用水套中的冷却液流过高温零件的周围而带走多余的热量。风冷发动机一般将汽缸体与曲轴箱分开铸造,为增强散热效果,在汽缸体与汽缸盖的外表面铸有散热片。

(3)汽缸套。某些汽车发动机采用合金铸铁无汽缸套式的汽缸体,即不镶嵌任何汽缸套,在汽缸体上直接加工出汽缸,这可以缩短汽缸中心距,使汽缸体的尺寸和质量减少,刚度大,工艺性好。但是为了保证汽缸的耐磨性,整个汽缸体必须采用耐磨的合金铸铁制造,成本较高。

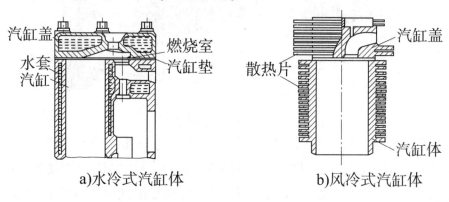

图 2-7　汽缸体的冷却

现代汽车多采用在汽缸体内镶入耐磨性较好的汽缸套,延长汽缸的使用寿命。根据汽缸套是否与冷却液相接触,汽缸套分为干式汽缸套和湿式汽缸套。

①干式汽缸套。汽缸套的外表面不直接与冷却液接触的称为干式汽缸套,如图 2-8a)所示。

②湿式汽缸套。湿式汽缸套的外表面直接与冷却液接触,如图 2-8b)所示。

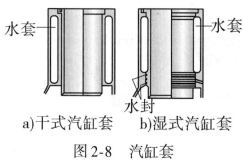

图 2-8　汽缸套

大多数湿式汽缸套装入后,其顶面一般高出汽缸体 0.05~0.15mm,这样在紧固汽缸盖螺栓时,可将汽缸垫压得更紧,以保证汽缸的密封性,防止漏水、漏气。

2)汽缸盖

汽缸盖用来封闭汽缸的上部,并与活塞顶、汽缸壁共同构成燃烧室。汽缸盖内有与汽缸体相通的冷却水套、燃烧室、火花塞座孔(汽油机)或喷油器座孔(柴油机)、进气道和排气道等。上置凸轮轴式发动机的汽缸盖上还有用以安装凸轮轴的轴承座。图 2-9 所示为发动机的汽缸盖分解图。

汽油机的燃烧室是指当活塞位于上止点时,由活塞顶部及汽缸盖上相应凹部所组成的空间。汽油机常用燃烧室如图 2-10 所示。

(1)盆形燃烧室。由于断面形状像澡盆,由此得名。盆形燃烧室上面有进气门、排气门,其具有弯曲的进气歧管和排气歧管,容易产生进气涡流,但进气效率较低。

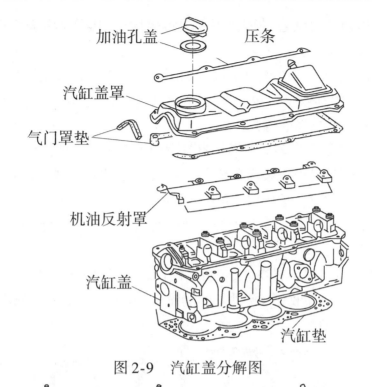

图 2-9　汽缸盖分解图

图 2-10　汽油机燃烧室

（2）倾斜盆形燃烧室。燃烧室上部是倾斜的，能产生较大的压缩比。

（3）楔形燃烧室。从前面看，它的形状为楔形。进、排气门是直立的，燃烧室具有可以产生高压缩比、容易形成进气涡流等优点,其燃烧室表面积大,可以防止异常燃烧,但热损失大。

(4)半球形燃烧室。在燃烧室容积相同的情况下,半球形燃烧室的表面积最小,因此具有良好的热效率。火花塞置于燃烧室最高点,因此能让火焰快速扩张并充满整个燃烧室,能防止爆燃。

(5)多球形燃烧室。多球形燃烧室是由两个半球组合而成的,进、排气门大,易形成进气涡流,但是由于表面积增大了,热效率比半球形燃烧室差。

(6)屋脊形燃烧室。形状像三角房屋的屋顶一样。屋脊形燃烧室容积小、燃料经济性好、输出功率大,能产生强烈的进气涡流,是高压缩比、高性能的燃烧室。

3)汽缸垫

汽缸体与汽缸盖间装有汽缸垫(图2-11),用来保证汽缸体与汽缸盖结合面间的密封,防止气体、冷却液和润滑油等的泄漏。汽缸垫有金属—石棉汽缸垫和纯金属汽缸垫等结构类型。

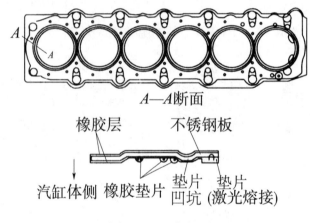

图 2-11 汽缸垫

4)汽缸盖罩

汽缸盖罩(图2-9)位于汽缸盖上部,起封闭及防尘作用,一般由薄钢板冲压而成,其上设有注油口。

5)油底壳

油底壳(图2-12)的作用是储存机油并封闭曲轴箱,一般由薄钢板冲压而成。在有的发动机上,为达到良好的散热效果,采用了铝合金铸造的油底壳,在油底壳的底部还铸有散热片。为保证发动机纵向倾斜时机油泵仍能吸到机油,油底壳中部或后部做得较深。有时在油底壳中还设有稳油挡板,以减轻润滑油面波动。油底壳底部装有磁性的放油螺塞,以吸附润滑油中的铁屑,减少发动机的磨损。

6）发动机的支承

发动机一般采用三点支承和四点支承两种方式，通过汽缸体和飞轮壳或变速器壳体上的支承件，支承在车架上。三点支承可布置成一前二后或二前一后；四点支承则前后各有两个支承点，如图2-13所示。

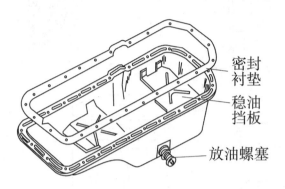

图2-12 油底壳　　　　　图2-13 发动机的支承

为消除或减小发动机传给底盘的振动及汽车在行驶过程中车架的扭转变形对发动机的影响，发动机在车架上采用橡胶支承。有时为防止汽车制动或加速时由于弹性元件的变形而产生发动机的纵向位移，设有纵向拉杆，通过橡胶垫块与车架纵梁和发动机相连。

2 活塞连杆组

活塞连杆组主要由活塞、活塞环、活塞销和连杆等部件组成，如图2-14所示。

1）活塞

活塞的主要功用是承受汽缸中的燃烧压力，并将此力通过活塞销和连杆传给曲轴。此外，活塞还与汽缸盖、汽缸壁共同组成燃烧室。

活塞由活塞顶部、活塞头部和活塞裙部3部分组成，如图2-15所示。

（1）活塞顶部是燃烧室的组成部分，其形状与选用的燃烧室的形式有关。汽油机活塞顶有平顶、凹顶和凸顶等形式，如图2-16所示。

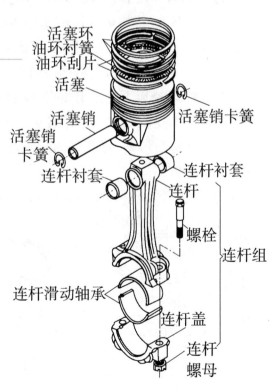

图2-14 活塞连杆组

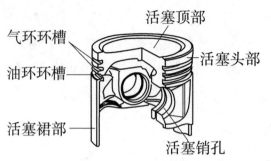

图 2-15 活塞的基本结构

活塞顶部常见形式

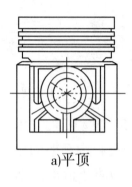

a)平顶

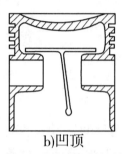

b)凹顶

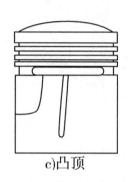

c)凸顶

图 2-16 活塞顶的形式

(2) 活塞头部是指活塞顶至最下面一道活塞环槽之间的部分,其作用是承受气体压力、防止漏气、将热量通过活塞环传给汽缸壁。活塞头部切有若干环槽,用以安装活塞环。上面的 2~3 道槽用来安装气环,下面的 1 道槽用来安装油环。油环槽的底部钻有若干小孔,以使油环从汽缸壁上刮下的多余润滑油经此流回油底壳。

(3) 活塞环槽以下的所有部分称为活塞裙部,其作用是引导活塞在汽缸中作往复运动,并承受侧压力。考虑轻量化和防止热膨胀,有些活塞裙部开了细长的一字形、T 形或 U 形槽,热膨胀的时候这些槽会变窄。

2) 活塞环

活塞环包括气环和油环两种,如图 2-17 所示。

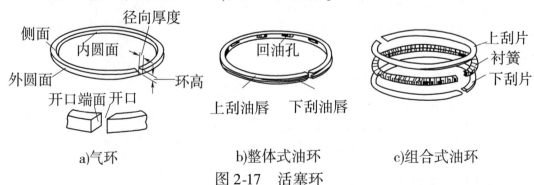

a)气环　　　　　　b)整体式油环　　　　c)组合式油环

图 2-17 活塞环

(1) 气环又称压缩环。其作用是保证活塞与汽缸壁间的密封,防止汽缸中的高温、高压燃气大量漏入曲轴箱,同时它还将活塞头部的热量传导给汽缸壁。一般发动机上每个活塞装有2~3道气环。

(2)油环的作用是刮除汽缸壁上多余的机油,并在汽缸壁布油。通常发动机的每个活塞装有1道油环,也有个别发动机活塞在裙部上还装有1道油环。

活塞环连同活塞一起装入汽缸后会形成"三隙",即端隙 $\Delta 1$、侧隙 $\Delta 2$ 和背隙 $\Delta 3$ (图2-18)。"三隙"的大小决定着活塞环的工作性能。活塞环装入汽缸时,其开口方向一定要按规定要求安装,须错开相同的角度安装。

3) 活塞销

活塞销的功用是连接活塞和连杆小头,将活塞所承受的气体压力传给连杆。活塞销常见的结构形式如图2-19所示。

活塞销、活塞销座孔与连杆小头衬套孔的连接配合方式有两种,即全浮式和半浮式(图2-20)。

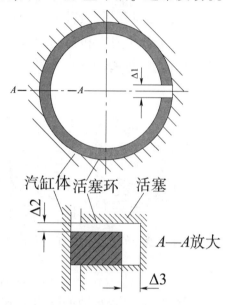

图2-18　活塞环的"三隙"

(1)全浮式活塞销。全浮式活塞销能在连杆小头衬套孔和活塞销座孔内作自由转动,可以保证活塞销沿圆周磨损均匀,因此应用较普遍。为防止活塞销轴向窜动而损坏汽缸壁,在活塞销座孔两端装有弹性卡环来限位。

(2)半浮式活塞销。半浮式活塞销是用螺栓将活塞销夹紧在连杆小头孔内,这时活塞销只在活塞销座孔内转动,在连杆小头孔内不转动。因而连杆小头孔内不装衬套,活塞销座孔孔内也不装弹性卡环。

图2-19　活塞销的结构

4) 连杆

连杆的功用是将活塞承受的力传给曲轴,推动曲轴转动,将活塞的往复运动转变为曲轴的旋转运动。

连杆的结构如图 2-21 所示,由连杆小头、杆身和连杆大头 3 部分组成。连杆小头用来安装活塞销以连接活塞,在全浮式连接的连杆小头孔内装有减摩的青铜衬套或铁基粉末冶金衬套,工作时,活塞销和衬套之间有相对转动。连杆小头和衬套上钻有集油孔或铣出集油槽,用于收集发动机运转时溅上来的机油,以便润滑。有的发动机连杆小头采用压力润滑,在连杆杆身内钻有纵向的压力油道。

连杆结构

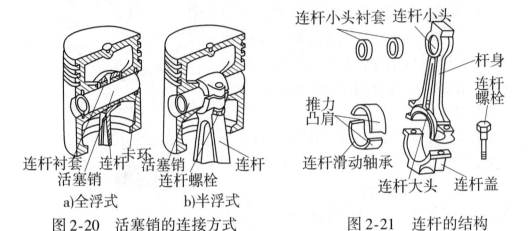

图 2-20 活塞销的连接方式　　　　图 2-21 连杆的结构

3 曲轴飞轮组

曲轴飞轮组主要由曲轴、飞轮、正时齿轮(或正时链轮)、传动带轮及曲轴扭转减振器等组成,如图 2-22 所示。

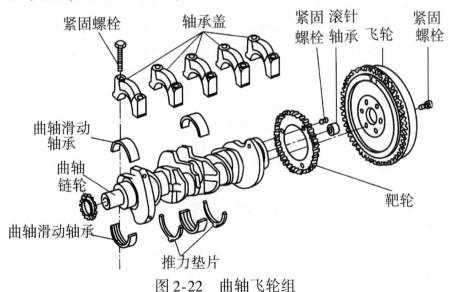

图 2-22 曲轴飞轮组

1)曲轴

曲轴的主要功用是将活塞连杆组传来的气体压力转变为转矩,然后通过飞轮输出。另外还用来驱动发动机的配气机构以及其他辅助装置,如发电机、风扇、水泵、转向油泵等。

曲轴一般由主轴颈、连杆轴颈(曲柄销)、曲柄、平衡块、前端轴和后端凸缘等组成,如图2-23所示。一个连杆轴颈和它两端的曲柄及相邻两个主轴颈构成一个曲拐。曲拐的数目取决于发动机的汽缸数目及其排列方式,直列式发动机的曲拐数等于汽缸数,而V型式和对置式发动机的曲拐数为汽缸数的一半。

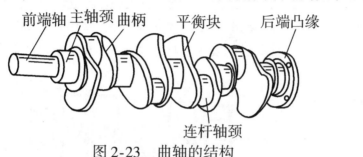

图 2-23　曲轴的结构

曲轴前端轴是指第一道主轴颈之前的部分,装有驱动其他装置的机件(正时齿轮、传动带轮)及其起动爪、推力垫片及扭转减振器等。曲轴后端凸缘是指最后一道主轴颈之后的部分,为安装飞轮的凸缘盘。

曲轴的形状及各曲拐的相对位置取决于汽缸数、汽缸排列形式和发动机的工作顺序。在选择各缸的工作顺序时,应使各缸的做功间隔力求均衡,即发动机每完成一个工作循环,各缸都应发火做功一次。对于缸数为 i 的四冲程发动机,其发火间隔角为 $720°/i$,连续做功的两缸相距尽可能远些,以减轻主轴承负荷和避免进气行程中发生抢气现象;V型式发动机左右两列应交替发火。

(1)四冲程直列四缸发动机的发火间隔角为 $720°/4 = 180°$。4个曲拐在同一个平面内,如图2-24所示。发动机的发火顺序为1-2-4-3或1-3-4-2。若以第一种为例,则其工作循环表见表2-1。

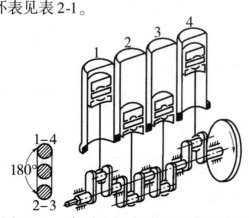

图 2-24　直列四缸发动机的曲拐布置

直列四缸发动机工作循环表（发火顺序 1-2-4-3）　　表 2-1

曲轴转角(°)	第 1 缸	第 2 缸	第 3 缸	第 4 缸
0～180	做功	压缩	排气	进气
180～360	排气	做功	进气	压缩
360～540	进气	排气	压缩	做功
540～720	压缩	进气	做功	排气

（2）四冲程直列六缸发动机的发火间隔角为 720°/6 = 120°。六个曲拐互成 120°，如图 2-25 所示。发动机的发火顺序多为 1-5-3-6-2-4，其工作循环表见表 2-2。

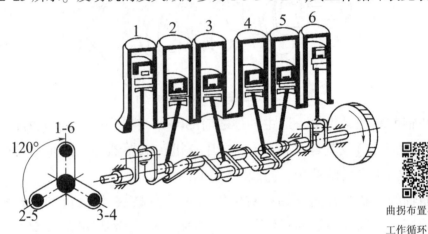

图 2-25　直列六缸发动机的曲拐布置

直列六缸发动机工作循环表（发火顺序 1-5-3-6-2-4）　　表 2-2

曲轴转角（°）		第1缸	第2缸	第3缸	第4缸	第5缸	第6缸
0～180	0 60 120	做功	排气	进气	做功	压缩	进气
	180			压缩	排气		
180～360	240 300	排气	进气			做功	压缩
	360						
360～540	420 480	进气	压缩	做功	进气	排气	做功
	540						
540～720	600 660	压缩	做功	排气	压缩	进气	排气
	720		排气		做功		

（3）四冲程 V 形八缸发动机的发火间隔角为 720°/8 = 90°。四个曲拐互成 90°，如图 2-26 所示。发动机的发火顺序为 1-8-4-3-6-5-7-2，其工作循环表见表 2-3。

第二章 曲柄连杆机构的构造与维修

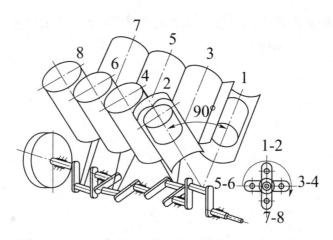

图 2-26 四冲程 V 形八缸发动机的曲拐布置

V 形八缸发动机工作循环表(发火顺序为 1-8-4-3-6-5-7-2) 表 2-3

曲轴转角(°)		第1缸	第2缸	第3缸	第4缸	第5缸	第6缸	第7缸	第8缸
0~180	0	做功	做功	进气	压缩	排气	进气	排气	压缩
	90								
	180		排气	压缩	做功	进气	压缩	进气	做功
180~360	270	排气							
	360		进气	做功	排气	压缩	做功	压缩	排气
360~540	450	进气							
	540		压缩	排气	进气	做功	排气	做功	进气
540~720	630	压缩							
	720		做功	进气	压缩	进气	排气	排气	压缩

2) 曲轴轴承

曲轴轴承(主轴承)通常为分开的滑动轴承,按其承载方向可分为径向轴承和轴向(推力)轴承。轴承具有钢背,轴承表面为铜—铅、巴比合金、铝或锡等软金属,轴承上有定位凸起、轴承上加工有油槽和油孔,如图 2-27 所示。

为了防止曲轴发生前后轴向移动,通常采用推力轴承或推力垫片对曲轴进行轴向定位,如图 2-28 所示。

3) 扭转减振器

在曲轴的前端加装扭转减振器(图 2-29),其作用是吸收曲轴扭转振动的能量,消减扭转振动,避免发生共振。

4) 飞轮

飞轮是一个转动惯量很大的圆盘,其主要功用是储存做功行程的一部分能量,以克服各辅助行程的阻力,使曲轴均匀旋转,使发动机具有克服短时超载的能力。此外,飞轮又常作为汽车传动系统中摩擦离合器的主动盘。

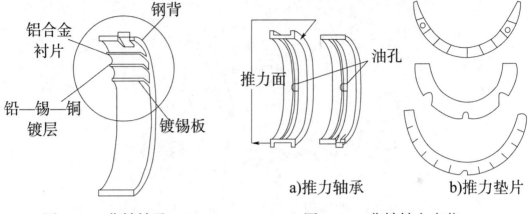

图 2-27 曲轴轴承　　　　图 2-28 曲轴轴向定位

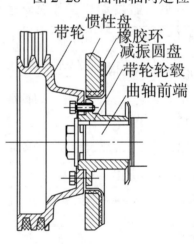

图 2-29 扭转减振器

扭转减振器结构

发动机飞轮的结构如图 2-30 所示。飞轮的外缘上镶有齿圈,起动时起动机上的齿轮与之啮合,供发动机起动用。

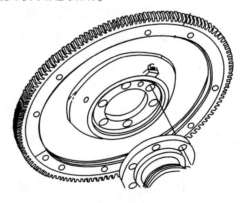

图 2-30 飞轮的结构

飞轮结构

飞轮上通常刻有第一缸点火正时记号,以便调整和检验点火(喷油)正时和气门间隙。如图 2-31a)所示,解放 CA6102 型发动机飞轮的正时记号是上止点/1-6,当该记号与飞轮壳上的刻线对准时,即表示第 1、6 缸的活塞在上止点位置;如图 2-31b)所示,东风 EQ6100 发动机有两处记号,一处是飞轮上的一个钢球与飞轮壳上的刻线对准时,另一处是当曲轴传动带轮上的小缺口和正时齿轮盖上的凸筋对准时,都表示第 1、6 缸活塞在上止点位置;如图 2-31c)所示,奥迪 A6 四缸发动机在曲轴带轮上刻有凹槽,当凹槽对准正时齿轮壳上的箭头时,则表示第 1、4 缸的活塞在上止点位置。

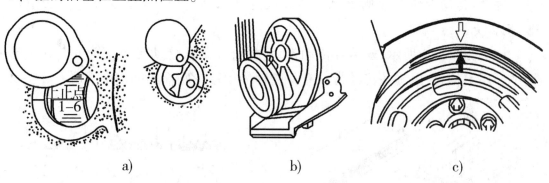

图 2-31　发动机点火正时标记

第二节　曲柄连杆机构的维修

本节以卡罗拉(1.6L)乘用车的曲柄连杆机构的维修为例进行说明。

一、传动带的维修

1　实训器材

(1)车辆:卡罗拉(1.6L)乘用车。

(2)普通工具:磁力护裙、转向盘护套、换挡杆手柄套、脚垫和座椅套、组合扳手、螺丝刀、钳子、扭力扳手、精密直尺。

(3)专用工具:09216-00021 传动带张力计。

2　作业准备

(1)汽车进入工位前,将工位清理干净,准备好相关的器材。

(2)将汽车停放在举升机中央位置。

(3)拉紧驻车制动器操纵杆,并将换挡杆置于空挡或驻车挡(P 位)位置(图 1-19)。

(4) 套上转向盘护套、换挡杆手柄套和座椅套,铺设脚垫。

(5) 在车内拉动发动机舱盖手柄,在车外打开并支撑发动机舱盖(图1-20)。

(6) 粘贴翼子板和前脸磁力护裙。

3 操作步骤

1) 传动带的检查(车上检查)

(1) 如图2-32所示,目视检查传动带是否过度磨损、加强筋损坏等。如果发现有任何损坏,则更换传动带。

注意:传动带的带棱侧出现一些裂纹是可以接受的。如果齿形带棱上有脱落,则需更换传动带。

(2) 如图2-33所示,安装好传动带后,检查并确认传动带应正确安装在楔形槽中。用手检查,以确认传动带没有从曲轴传动带轮底部的凹槽中滑脱。

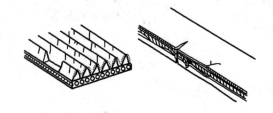

图2-32 传动带的检查(1)　　　　图2-33 传动带的检查(2)

(3) 如图2-34所示,检查传动带的偏移量和张紧力。新传动带的偏移量:7.5~8.6mm;用过的传动带偏移量:8.0~10.0mm。新传动带的张紧力:637~735N;用过的传动带张紧力:392~588N。

(4) 注意事项。

图2-34 传动带的检查(3)

① "新传动带"是指在发动机运转的情况下使用时间少于5min的传动带。"用过的传动带"是指在发动机运转的情况下使用时间长达5min以上的传动带。安装新传动带后,运转发动机约5min,然后重新检查传动带偏移量和张紧力。

② 在规定点处检查传动带的偏移量,在规定点处检查传动带的张紧力,检查传动带偏移量时,向其施加98N的张紧力。

③ 重新安装使用超过5min的传动带时,调整其偏移量和张紧力至各"用过的传动带"规格的中间值。

④发动机转动2圈后,应检查传动带张紧力和偏移量。

⑤使用传动带张力计时,首先用基准仪表确认其精确度。

2)传动带的拆装

拆装传动带相关部件分解图,如图2-35所示。

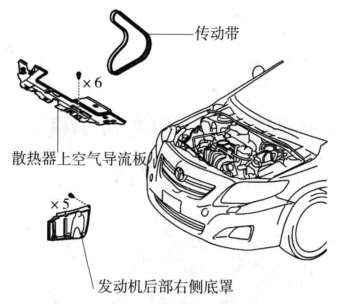

图2-35 拆装传动带相关部件分解图

(1)传动带的拆卸。

①拆卸散热器上空气导流板。

②拆卸发动机后部右侧底罩。

③拆卸传动带。如图2-36所示,松开螺栓A和螺栓B,松开螺栓C,然后拆下传动带。

注意:不要松开螺栓D。

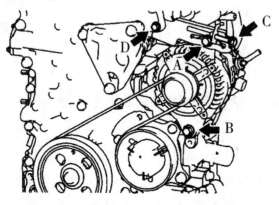

图2-36 传动带的拆卸

(2) 传动带的安装。

①安装传动带。

②调整传动带(图2-36)。转动螺栓C,以调节传动带的张紧力。紧固螺栓A和螺栓B,螺栓A的拧紧力矩:19N·m;螺栓B的拧紧力矩:43N·m。

注意:确认螺栓D没有松动。

③检查传动带。

④安装发动机后部右侧底罩。

⑤安装散热器上空气导流板。

二、活塞连杆组和曲轴飞轮组部件的维修

活塞连杆组和曲轴飞轮组部件分解图如图2-37和图2-38所示。

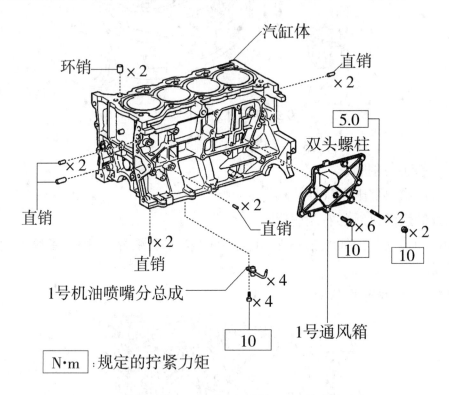

图2-37 活塞连杆组和曲轴飞轮组部件分解图(1)

1 实训器材

(1)发动机:卡罗拉(1.6L)乘用车发动机。

(2)普通工具:组合扳手、螺丝刀、钳子、扭力扳手、胶带、铰刀、活塞环扩张器、塑料锤、铜棒、5mm六角套筒扳手、衬垫刮刀、环槽清洁工具、刷子和溶剂、V形块。

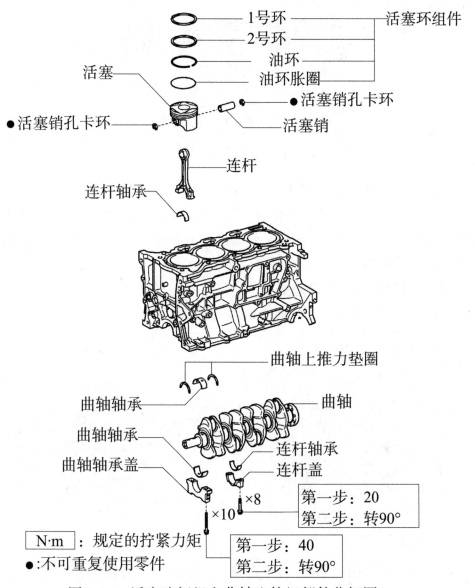

图 2-38 活塞连杆组和曲轴飞轮组部件分解图(2)

(3) 专用工具:SST 09205-16010 汽缸盖螺栓扳手。

(4) 检测工具:百分表、塑料间隙规、精密直尺、量缸表、千分尺、测隙规、测径规、游标卡尺、连杆校准器、百分表、刻度尺。

(5) 其他:丰田原厂黑密封胶、Three Bond 1207B 或同等产品等。

2 操作步骤

1) 活塞连杆组和曲轴飞轮组部件的拆卸

(1) 拆卸 1 号通风箱。

① 如图 2-39 所示,拆下 6 个螺栓和 2 个螺母。

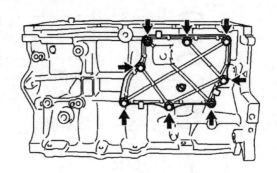

图 2-39 活塞连杆组和曲轴飞轮组部件的拆卸(1)

②如图 2-40 所示,用螺丝刀撬动 1 号通风箱和汽缸体之间的部位,拆下 1 号通风箱。注意:不要损坏汽缸体和 1 号通风箱的接触面。使用螺丝刀之前,需在螺丝刀头部缠上胶带。

(2)拆卸带连杆的活塞分总成。

①如图 2-41 所示,用铰刀清除汽缸顶部的所有积炭。

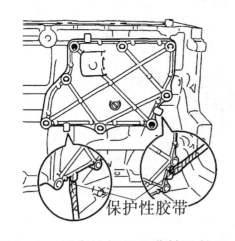 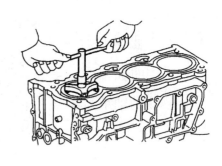

图 2-40 活塞连杆组和曲轴飞轮组部件的拆卸(2)　　图 2-41 活塞连杆组和曲轴飞轮组部件的拆卸(3)

②如图 2-42 所示,检查并确认连杆和连杆盖上的装配标记相互对准以确保正确的重新装配。

③如图 2-43 所示,用 SST 09205-16010 均匀松开 2 个螺栓。

④如图 2-44 所示,用 2 个已拆下的连杆盖螺栓,通过左、右摇动连杆盖,拆下连杆盖和下轴承。

注意:保持下轴承插入连杆盖。

⑤从汽缸体的顶部推出活塞、连杆总成和上轴承。

注意:使轴承、连杆和连杆盖连在一起,按正确的顺序摆放活塞和连杆总成。

第二章　曲柄连杆机构的构造与维修

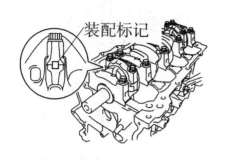

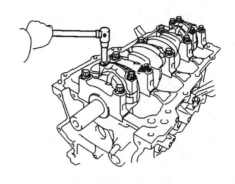

图 2-42　活塞连杆组和曲轴飞轮组部件的拆卸(4)

图 2-43　活塞连杆组和曲轴飞轮组部件的拆卸(5)

(3)拆卸连杆轴承。

注意：按正确的顺序摆放拆下的零件。

(4)拆卸活塞环组件。如图 2-45 所示,用活塞环扩张器拆下 2 个气环,用手拆下油环刮片和油环胀圈。

注意：按正确的顺序摆放拆下的零件。

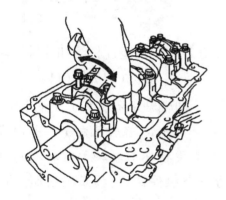

图 2-44　活塞连杆组和曲轴飞轮组部件的拆卸(6)

图 2-45　活塞连杆组和曲轴飞轮组部件的拆卸(7)

(5)拆卸活塞。

①如图 2-46 所示,使用螺丝刀撬出 2 个卡环。

②如图 2-47 所示,逐渐加热各活塞至 80~90℃。

③如图 2-48 所示,用塑料锤和铜棒轻轻敲出活塞销并拆下连杆。

注意：活塞和活塞销是一组配套件,按正确的顺序摆放活塞、活塞销、活塞环、连杆和连杆轴承。

(6)拆卸曲轴。

①按图 2-49 所示顺序,均匀地拧松并拆下 10 个曲轴轴承盖螺栓。

图 2-46　活塞连杆组和曲轴飞轮组部件的拆卸(8)

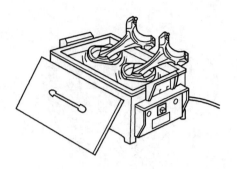

图 2-47　活塞连杆组和曲轴飞轮组部件的拆卸(9)

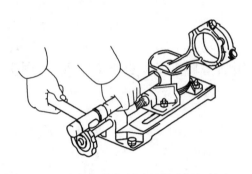

图 2-48　活塞连杆组和曲轴飞轮组部件的拆卸(10)

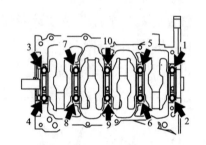

图 2-49　活塞连杆组和曲轴飞轮组部件的拆卸(11)

②用2个已拆下的曲轴轴承盖螺栓拆下5个曲轴轴承盖和5个曲轴下轴承。

注意：依次将螺栓插入曲轴轴承盖。如图2-50所示，轻轻地向上拉并向汽缸体的前、后侧施加力，将曲轴轴承盖拉出，小心不要损坏曲轴轴承盖和汽缸体的接触面。应将曲轴下轴承和曲轴轴承盖作为一个组件保存，按正确的顺序摆放曲轴轴承盖。

③提出曲轴。

(7)如图2-51所示，从汽缸体上拆下曲轴上推力垫片。

(8)拆卸曲轴轴承。

①如图2-52所示，从汽缸体上拆下5个曲轴轴承。

注意：按正确的顺序摆放曲轴轴承。

②如图2-53所示，从5个曲轴轴承盖上拆下5个曲轴下轴承。

注意：按正确的顺序摆放曲轴轴承。

(9)拆卸1号机油喷嘴分总成。如图2-54所示，用5mm六角套筒扳手拆下螺栓和机油喷嘴。

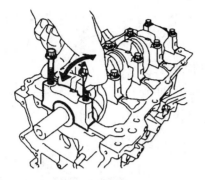

图 2-50 活塞连杆组和曲轴飞轮组部件的拆卸(12)

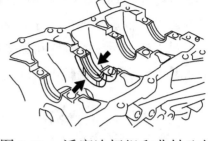

图 2-51 活塞连杆组和曲轴飞轮组部件的拆卸(13)

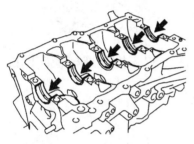

图 2-52 活塞连杆组和曲轴飞轮组部件的拆卸(14)

图 2-53 活塞连杆组和曲轴飞轮组部件的拆卸(15)

2)活塞连杆组和曲轴飞轮组部件的检查

(1)检查连杆轴向间隙。

①安装连杆盖。

②如图 2-55 所示,来回移动连杆的同时,用百分表测量连杆轴向间隙。标准连杆轴向间隙:0.160~0.342mm,最大连杆轴向间隙:0.342mm。如果连杆轴向间隙大于最大值,则必要时更换连杆总成。如有必要,则更换曲轴。

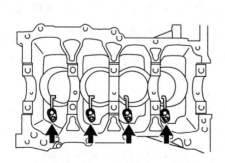

图 2-54 活塞连杆组和曲轴飞轮组部件的拆卸(16)

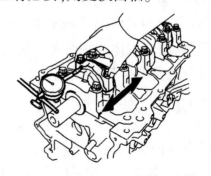

图 2-55 检查连杆轴向间隙

(2)检查连杆径向间隙。

①清洁连杆轴颈(曲柄销)和连杆轴承。

②检查连杆轴颈和连杆轴承是否有点蚀和划痕。

③如图2-56所示,将塑料间隙规摆放在连杆轴颈上。

④如图2-57所示,检查并确认连杆盖上的朝前标记应该朝前。

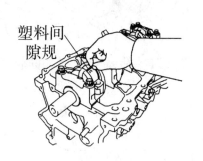 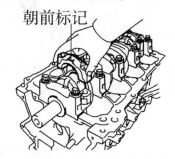

图2-56 检查连杆径向间隙(1)　　图2-57 检查连杆径向间隙(2)

⑤安装连杆盖。

注意: 不要转动曲轴。

⑥拆下2个螺栓和连杆盖。

⑦如图2-58所示,测量塑料间隙规最宽处。标准连杆径向间隙:0.030～0.062mm,最大连杆径向间隙:0.070mm。如果连杆径向间隙大于最大值,则更换连杆轴承。如有必要,检查曲轴。

注意: 测量后完全拆下塑料间隙规。如果更换连杆轴承,则新连杆轴承的编号应与各连杆盖的编号一致。通过各连杆轴承表面的1、2或3指示其标准厚度。标准连杆大头孔径如下:标记1应为47.000～47.008mm;标记2应为47.009～47.016mm;标记3应为47.017～47.024mm。标准连杆轴承厚度如下:标记1应为1.489～1.493mm;标记2应为1.494～1.497mm;标记3应为1.498～1.501mm。标准曲柄销直径如下:标记1、2、3均应为43.992～44.000mm。

(3)检查汽缸体的平面度。如图2-59所示;用精密直尺和塞尺测量与汽缸盖衬垫接触的表面的平面度。汽缸体最大平面度:0.05mm。如果汽缸体平面度大于最大值,则更换汽缸体。

(4)检查汽缸缸径。如图2-60所示;用量缸表在位置A和B处测量径向方向与轴向方向的汽缸缸径。标准汽缸缸径:80.500～80.513mm;最大汽缸缸径:80.633mm。如果4个位置的平均缸径值大于最大值,则更换汽缸体。

(5)检查活塞。

①如图2-61所示,用衬垫刮刀清除活塞顶部的积炭。

第二章 曲柄连杆机构的构造与维修

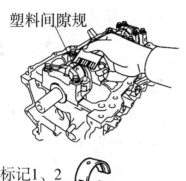

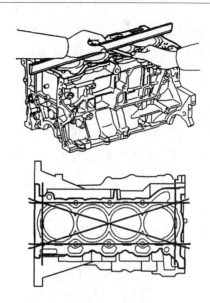

图2-58 检查连杆径向间隙(3)　　图2-59 检查汽缸体的平面度

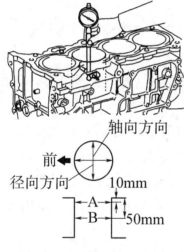
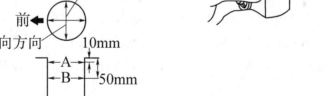

图2-60 检查汽缸缸径　　图2-61 检查活塞(1)

②如图2-62所示，用环槽清洁工具或折断的活塞环清洁活塞环槽。
③如图2-63所示，用刷子和溶剂彻底清洁活塞。
注意：不要使用钢丝刷。

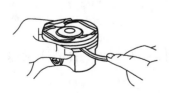

图2-62 检查活塞(2)　　图2-63 检查活塞(3)

④如图2-64所示,在距活塞顶部12.6mm处,用千分尺测量与活塞销孔成直角的活塞直径。标准活塞直径:80.461～80.471mm。如果活塞直径不符合规定,则更换活塞。

(6)检查活塞径向间隙。用汽缸缸径测量值减去活塞直径测量值,即为活塞径向间隙。标准活塞径向间隙:0.029～0.052mm,最大活塞径向间隙:0.090mm。如果活塞径向间隙大于最大值,则更换所有活塞。如有必要,更换汽缸体。

(7)检查环槽间隙。如图2-65所示,使用塞尺测量新活塞环和环槽壁间的间隙。标准环槽间隙如下:1号气环为0.02～0.07mm;2号气环为0.02～0.06mm;油环为0.020～0.065mm。如果环槽间隙不符合规定,则更换活塞。

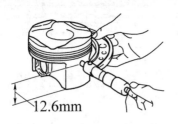
图2-64 检查活塞(4)

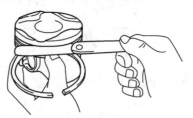
图2-65 检查环槽间隙

(8)检查活塞环端隙。

①如图2-66所示,用活塞从汽缸体的顶部将活塞环推至活塞环底部使其行程超过50mm。

②如图2-67所示,用塞尺测量活塞环端隙。标准活塞环端隙如下:1号气环为0.2～0.3mm;2号气环为0.3～0.5mm;油环为0.1～0.4mm。最大活塞环端隙如下:1号气环为0.5mm;2号气环为0.7mm;油环为0.7mm。如果活塞环端隙大于最大值,则更换活塞环。换上新的活塞环后,如果活塞环端隙仍大于最大值,则更换汽缸体。

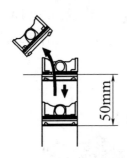
图2-66 检查活塞环端隙(1)

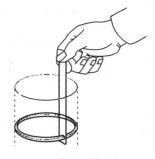
图2-67 检查活塞环端隙(2)

(9)检查活塞销径向间隙。

①如图2-68所示,用测径规测量活塞销孔径。标准活塞销孔径:20.006～

20.015mm。如果活塞销孔径不符合规定,则更换活塞。活塞销孔径分级如下:A 为 20.006~20.009mm;B 为 20.010~20.012mm;C 为 20.013~20.015mm。

②如图 2-69 所示,用千分尺测量活塞销直径。标准活塞销直径:20.004~20.013mm。如果活塞销直径不符合规定,则更换活塞销。活塞销直径分级如下:A 为 20.004~20.007mm;B 为 20.008~20.010mm;C 为 20.011~20.013mm。

 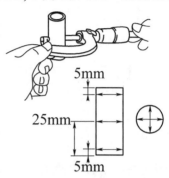

图2-68 检查活塞销径向间隙(1)　　图2-69 检查活塞销径向间隙(2)

③如图 2-70 所示,用测径规测量连杆小头孔径。标准连杆小头孔径:20.012~20.021mm。如果连杆小头孔径不符合规定,则更换连杆。连杆小头孔径分级如下:A 为20.012~20.015mm;B 为 20.016~20.018mm;C 为 20.019~20.021mm。

④如图 2-71 所示,用活塞销孔直径测量值减去活塞销直径测量值,即为活塞销径向间隙。标准径向间隙:-0.001~0.005mm;最大径向间隙:0.010mm。如果径向间隙大于最大值,则更换活塞销。如有必要,则成套更换活塞和活塞销。

 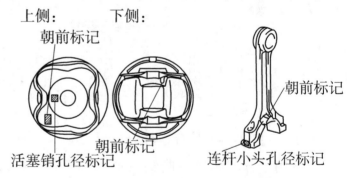

图 2-70　检查活塞销径向间隙(3)　　图 2-71　检查活塞销径向间隙(4)

⑤用连杆小头孔径测量值减去活塞销直径测量值即为活塞销径向间隙。标准径向间隙:0.005~0.011mm,最大径向间隙:0.014mm。如果径向间隙大于最大值,则更换活塞销。如有必要,则成套更换连杆和活塞销。

(10)检查连杆盖螺栓。如图 2-72 所示,用游标卡尺测量连杆盖螺栓受力部分的直径。标准连杆盖螺栓直径:6.6~6.7mm,最小连杆盖螺栓直径:6.4mm。如果连杆盖螺栓直径小于最小值,则更换连杆盖螺栓。

(11)检查连杆分总成。用连杆校准器和塞尺检查连杆弯曲度。

①如图2-73所示,检查连杆弯曲度。最大连杆弯曲度:0.05mm/100mm。如果连杆弯曲度大于最大值,则更换连杆。

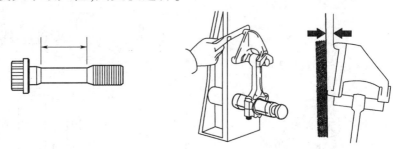

图2-72　检查连杆盖螺栓　　图2-73　检查连杆分总成(1)

②如图2-74所示,检查连杆扭曲度。最大连杆扭曲度:0.15mm/100mm。如果连杆扭曲度大于最大值,则更换连杆。

(12)检查曲轴。

①如图2-75所示,用百分表和V形块测量曲轴径向圆跳动。曲轴最大径向圆跳动:0.03mm。如果曲轴径向圆跳动大于最大值,则更换曲轴。

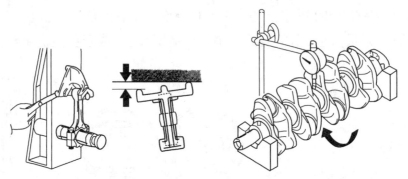

图2-74　检查连杆分总成(2)　　图2-75　检查曲轴(1)

②用千分尺测量各曲轴主轴颈的直径。标准曲轴主轴颈直径:47.988~48.000mm。如果曲轴主轴颈直径不符合规定,则检查曲轴径向间隙。标准曲轴主轴颈直径(参考)如下:标记0为47.999~48.000mm;标记1为47.997~47.998mm;标记2为47.995~47.996mm;标记3为47.993~47.994mm;标记4为47.991~47.992mm;标记5为47.988~47.990mm。

③如图2-76所示,检查各曲轴主轴颈的径向圆跳动。曲轴最大主轴颈径向圆跳动:0.004mm。如果曲轴主轴颈径向圆跳动大于最大值,则更换曲轴。

④如图2-77所示,用千分尺测量各曲轴曲柄销(连杆轴颈)的直径。标准曲轴曲柄销直径:43.992~44.000mm。如果曲轴曲柄销直径不符合规定,则检查连杆径向间隙。

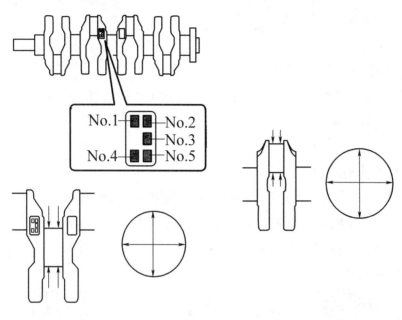

图2-76　检查曲轴(2)　　图2-77　检查曲轴(3)

⑤检查各曲轴曲柄销的径向圆跳动(图2-76)。最大曲轴曲柄销径向圆跳动:0.004mm。如果曲轴曲柄销径向圆跳动大于最大值,则更换曲轴。

(13)检查曲轴轴向间隙。

①安装曲轴轴承盖。

②如图2-78所示,用螺丝刀来回撬动曲轴的同时,用百分表测量曲轴轴向间隙。标准曲轴轴向间隙:0.04~0.14mm,最大曲轴轴向间隙:0.18mm。如果曲轴轴向间隙大于最大值,则成套更换推力垫片。

注意:推力垫片厚度为2.43~2.48mm。

(14)检查曲轴径向间隙。

①检查曲轴轴颈和曲轴轴承是否有点蚀和划痕。

②安装曲轴轴承。

③将曲轴放到汽缸体上。

④如图2-79所示,将塑料间隙规摆放在各曲轴轴颈上。

⑤检查朝前标记和数字,并将曲轴轴承盖安装到汽缸体上。

注意:各曲轴轴承盖上都标有一个数字以指明其安装位置。

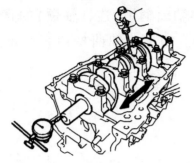 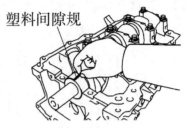

图2-78　检查曲轴轴向间隙　　图2-79　检查曲轴径向间隙(1)

⑥安装曲轴轴承盖。

注意：不要转动曲轴。

⑦拆下曲轴轴承盖。

⑧如图2-80所示，测量塑料间隙规最宽处。标准曲轴径向间隙：0.016～0.039mm，最大曲轴径向间隙：0.050mm。如果曲轴径向间隙大于最大值，则更换曲轴轴承。如有必要，则更换曲轴。

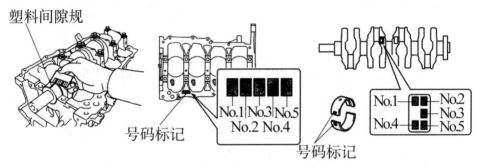

图2-80　检查曲轴径向间隙(2)

注意：测量后完全拆下塑料间隙规。如果更换曲轴轴承，则选择同号的新曲轴轴承。如果曲轴轴承号无法确定，则将汽缸体和曲轴上压印的号码相加，以计算正确的曲轴轴承号。然后根据表2-4，用计算的号码选择新曲轴轴承。有4种尺寸的标准曲轴轴承，分别标有"1""2""3"和"4"。例如：汽缸体"3" + 曲轴"5" = 总数8（使用3号曲轴轴承）。

选用新轴承　　　　　　　　　表2-4

汽缸体号码 + 曲轴号码	0～2	3～5	6～8	9～11
将使用的轴承	"1"	"2"	"3"	"4"

标准汽缸体曲轴轴颈孔径如下：标记0为52.000～52.003mm；标记1为52.003～52.005mm；标记2为52.005～52.007mm；标记3为52.007～

52.010mm；标记 4 为 52.010～52.012mm；标记 5 为 52.012～52.014mm；标记 6 为 52.014～52.016mm。标准曲轴轴颈直径如下：标记 0 为 47.999～48.000mm；标记 1 为 47.997～47.998mm；标记 2 为 47.995～47.996mm；标记 3 为 47.993～47.994mm；标记 4 为 47.991～47.992mm；标记 5 为 47.988～47.990mm。

标准曲轴轴承中心壁厚如下：标记 1 为 1.994～1.997mm；标记 2 为 1.998～2.000mm；标记 3 为 2.001～2.003mm；标记 4 为 2.004～2.006mm。

(15) 检查曲轴轴承盖螺栓。

① 如图 2-81 所示，用游标卡尺测量曲轴轴承盖螺栓受力部分的长度。标准曲轴轴承盖螺栓长度：84.3～85.7mm，最大曲轴轴承盖螺栓长度：86.7mm。如果曲轴轴承盖螺栓长度大于最大值，则更换曲轴轴承盖螺栓。

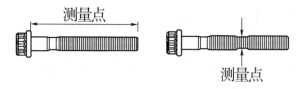

图 2-81　检查曲轴轴承盖螺栓

② 用游标卡尺在测量点测量曲轴轴承盖螺栓细长螺纹的最小直径。标准曲轴轴承盖螺栓外径：9.77～9.96mm，最小曲轴轴承盖螺栓外径：9.1mm。如果曲轴轴承盖螺栓直径小于最小值，则更换曲轴轴承盖螺栓。

(16) 检查 1 号机油喷嘴分总成。检查机油喷嘴是否损坏或阻塞。

注意：如果出现损坏或阻塞，则更换 1 号机油喷嘴分总成。

3) 活塞连杆组和曲轴飞轮组部件的重新装配

(1) 安装 1 号机油喷嘴分总成（图 2-54）。用 5mm 六角套筒扳手和螺栓安装机油喷嘴，拧紧力矩：10N·m。

(2) 安装活塞。

① 如图 2-82 所示，用螺丝刀将新活塞销孔卡环安装到活塞销孔的一端。

注意：确保活塞销孔卡环的端隙与活塞上的活塞销孔切口部位错开。

② 逐渐加热活塞至 80～90℃。

③ 如图 2-83 所示，对准活塞和连杆上的朝前标记，并用拇指推入活塞。

注意：活塞和活塞销是一组配套件。

④ 使用螺丝刀在活塞销孔的另一端安装一个新活塞销孔卡环。

注意：确保活塞销孔卡环的端隙与活塞上的活塞销孔切口部位错开。

⑤ 如图 2-84 所示，在活塞销上来回移动活塞，检查活塞和活塞销间的安装情况。

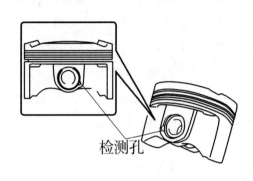

图 2-82 活塞连杆组和曲轴飞轮组部件的重新装配(1)

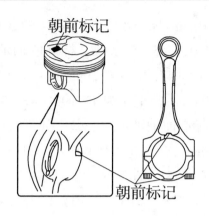

图 2-83 活塞连杆组和曲轴飞轮组部件的重新装配(2)

(3)安装活塞环组件。

①如图 2-85 所示,用手安装油环胀圈和油环。

注意:安装油环胀圈和油环,使其环端处于相反的两侧。将油环胀圈牢固安装至油环的内槽。

图 2-84 活塞连杆组和曲轴飞轮组部件的重新装配(3)

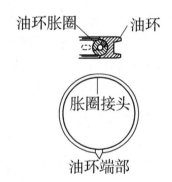

图 2-85 活塞连杆组和曲轴飞轮组部件的重新装配(4)

②用活塞环扩张器安装 2 个气环,使油漆标记处于如图 2-86 所示位置。

注意:安装 1 号气环,使代码标记(A1)朝上。安装 2 号气环,使代码标记(A2)朝上。油漆标记仅在新活塞环上检查到。重新使用活塞环时,检查各活塞环外形,以将其安装至正确位置。

③放置活塞环以使活塞环端处于如图 2-87 所示位置。

(4)安装曲轴轴承。

①安装上轴承(除 3 号轴颈外)。如图 2-88 所示,将带机油槽的上轴承安装到汽缸体上。用刻度尺测量汽缸体边缘和上轴承边缘间的距离。

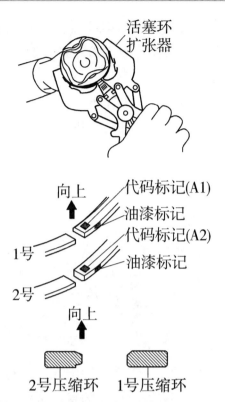

图 2-86 活塞连杆组和曲轴飞轮组部件的重新装配(5)

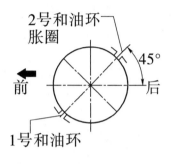

图 2-87 活塞连杆组和曲轴飞轮组部件的重新装配(6)

注意：不要在轴承和接触表面上涂抹发动机机油。尺寸 A 为 $0.5\sim1.0$mm。

②安装上轴承(3 号轴颈)。如图 2-89 所示,将带机油槽的上轴承安装到汽缸体上。用游标卡尺测量汽缸体边缘和上轴承边缘间的距离。

注意：不要在轴承和接触表面上涂抹发动机机油。尺寸 A、B 为 0.7mm 或更小。

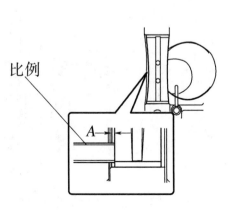

图 2-88 活塞连杆组和曲轴飞轮组部件的重新装配(7)

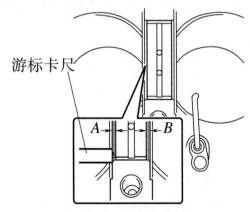

图 2-89 活塞连杆组和曲轴飞轮组部件的重新装配(8)

③安装下轴承。如图2-90所示,将下轴承安装到曲轴轴承盖上。用游标卡尺测量曲轴轴承盖边缘和下轴承边缘间的距离。尺寸 A、B 为 0.7mm 或更小。

注意:不要在轴承和接触表面上涂抹发动机机油。

(5) 安装曲轴上推力垫片。如图2-91所示,使机油槽向外,将2个推力垫片安装到汽缸体的3号轴颈下方。在曲轴推力垫片上涂抹发动机机油。

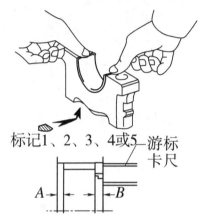

图2-90 活塞连杆组和曲轴飞轮组部件的重新装配(9)

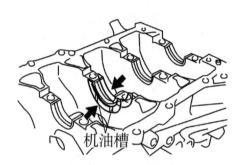

图2-91 活塞连杆组和曲轴飞轮组部件的重新装配(10)

(6) 安装曲轴。

①在上轴承上涂抹发动机机油,并将曲轴安装到汽缸体上。

②在下轴承上涂抹发动机机油。

③如图2-92所示,检查数字标记,并将曲轴轴承盖安装到汽缸体上。

④在曲轴轴承盖螺栓的螺纹上和螺栓头下部涂抹一薄层发动机机油。

⑤如图2-93所示,暂时安装10个曲轴轴承盖螺栓。

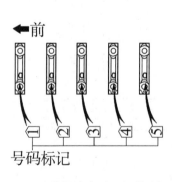

图2-92 活塞连杆组和曲轴飞轮组部件的重新装配(11)

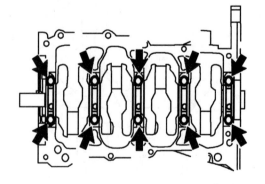

图2-93 活塞连杆组和曲轴飞轮组部件的重新装配(12)

⑥如图2-94所示,标记2个内轴承盖螺栓并以此为导向,用手插入曲轴轴承

盖,直至曲轴轴承盖和汽缸体间的间隙小于5mm。

⑦如图2-95所示,用塑料锤轻轻敲击曲轴轴承盖以确保正确安装。

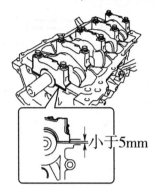

图2-94 活塞连杆组和曲轴飞轮组部件的重新装配(13)

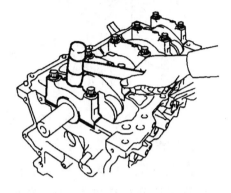

图2-95 活塞连杆组和曲轴飞轮组部件的重新装配(14)

⑧安装曲轴轴承盖螺栓。

注意:曲轴轴承盖螺栓的紧固分两步完成。

a. 按图2-96所示顺序,安装并均匀紧固10个曲轴轴承盖螺栓,拧紧力矩:40N·m。

b. 如图2-97所示,用油漆在轴承盖螺栓前端做标记。按图2-96所示数字顺序,将曲轴轴承盖螺栓再紧固90°。检查并确认油漆标记现在与前端呈90°。检查并确认曲轴转动顺畅。检查曲轴轴向间隙。

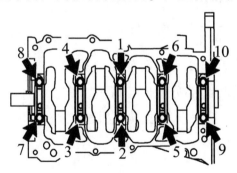

图2-96 活塞连杆组和曲轴飞轮组部件的重新装配(15)

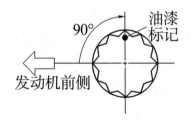

图2-97 活塞连杆组和曲轴飞轮组部件的重新装配(16)

(7)安装连杆轴承。如图2-98所示,将连杆轴承安装到连杆和连杆盖上。用游标卡尺测量连杆边缘和连杆盖边缘与连杆轴承边缘间的距离。尺寸A、B为0.7mm或更小。

注意:不要在轴承和接触表面上涂抹发动机机油。

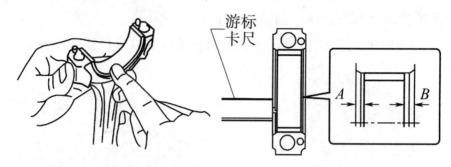

图2-98 活塞连杆组和曲轴飞轮组部件的重新装配(17)

(8)安装带连杆的活塞分总成。

①在汽缸壁、活塞、连杆轴承表面上涂抹发动机机油。

②放置活塞环以使活塞环端处于图2-87所示位置。

注意:各活塞环端必须错开。

③如图2-99所示,使活塞朝前标记朝前,用活塞环压缩器将相应号的活塞和连杆总成压入汽缸内。

注意:将连杆插入活塞时,不要使其接触机油喷嘴。使连杆盖与连杆的号相匹配。

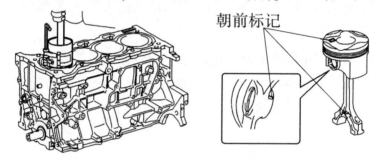

图2-99 活塞连杆组和曲轴飞轮组部件的重新装配(18)

④如图2-100所示,检查并确认连杆盖的凸起部分朝向正确的方向。

⑤在连杆盖螺栓的螺纹上和螺栓头下部涂抹一薄层发动机机油。

⑥安装连杆盖螺栓。

注意:连杆盖螺栓的紧固分两步完成。

a. 如图2-101所示,用SST 09205-16010,安装并分几次交替拧紧连杆盖螺栓,拧紧力矩:20N·m。

b. 用油漆在连杆盖螺栓前端做标记。如图2-102所示,将连杆盖螺栓再紧固90°。检查并确认曲轴转动顺畅。检查连杆轴向间隙。

(9)安装1号通风箱。

①如图2-103所示,连续涂抹密封胶。密封胶:丰田原厂黑密封胶、Three

Bond1207B 或同等产品。密封直径:2.0mm。

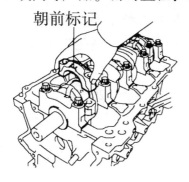

图 2-100　活塞连杆组和曲轴飞轮组部件的重新装配(19)　　图 2-101　活塞连杆组和曲轴飞轮组部件的重新装配(20)

注意：清除接触面的所有机油。涂抹密封胶后 3min 内安装 1 号通风箱，15min 内紧固螺栓和螺母。安装后在 2h 内不要起动发动机。

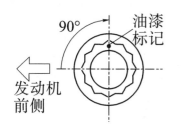

图 2-102　活塞连杆组和曲轴飞轮组部件的重新装配(21)　　图 2-103　活塞连杆组和曲轴飞轮组部件的重新装配(22)

②用 6 个螺栓和 2 个螺母安装 1 号通风箱(图 2-39)。

小　结

1. 曲柄连杆机构的功用是把燃气作用在活塞顶面上的压力转变为曲轴的转矩，向外输出动力。

2. 曲柄连杆机构由机体组、活塞连杆组和曲轴飞轮组 3 部分组成。

3. 发动机的机体组主要由汽缸体、曲轴箱、汽缸盖、汽缸盖罩、汽缸垫、油底壳等组成。

4. 汽缸体分直列式、V 形式、对置式等类型。

5. 汽缸套分为干式汽缸套和湿式汽缸套。

6. 汽缸盖用来封闭汽缸的上部,并与活塞顶、汽缸壁共同构成燃烧室。

7. 活塞连杆组主要由活塞、活塞环、活塞销和连杆等部件组成。

8. 曲轴飞轮组主要由曲轴、飞轮、正时齿轮(或正时链轮)、传动带轮及曲轴扭转减振器等组成。

9. 对于缸数为 i 的四冲程发动机,其发火间隔角为 $720°/i$。

复习思考题

一、简答题

1. 曲柄连杆机构有何功用?
2. 为何有些发动机要镶汽缸套?汽缸套结构形式有几种?各有何特点?
3. 活塞由哪几部分组成?有何结构特点?
4. 活塞环有几种?各有何功用?
5. 活塞销与活塞销座孔和连杆的连接方式有几种?
6. 飞轮有何功用,其结构特点有哪些?

二、选择题

1. 曲轴滑动轴承属于( )。
    A. 机体组　　　　B. 活塞连杆组　　　　C. 曲轴飞轮组

2. 在常见汽缸排列形式中,机体高度最小的是( )形式。
    A. 直列式　　　　B. V 形式　　　　C. 对置式

3. ( )具有承受气体压力、防止漏气、将热量通过活塞环传给汽缸壁的作用。
    A. 活塞顶部　　　　B. 活塞头部　　　　C. 活塞裙部

4. 某四冲程四缸发动机,发火次序为 1-3-4-2,当 1 缸处于压缩行程时,4 缸进行的是( )行程。
    A. 进气
    B. 压缩
    C. 做功
    D. 排气

三、判断题

1. 曲柄连杆机构是发动机实现热功转换的主要机构。　　　　(　　)
2. 曲轴箱有直列式、V 形式和对置式三种结构类型。　　　　(　　)
3. 汽缸盖的功用是封闭汽缸体上部,并与活塞顶、汽缸壁共同构成燃烧室。
 (　　)

4. 活塞的功用主要是将燃料燃烧放出的热量传递给汽缸。　　　(　)
5. 活塞主要由顶部、头部和裙部3部分组成,在活塞裙部有活塞销座。
　　　　　　　　　　　　　　　　　　　　　　　　　(　)
6. 连杆的功用是将活塞承受的气体压力传给曲轴。　　　　(　)
7. 曲轴的功用是保证发动机平衡。　　　　　　　　　　(　)
8. 只要飞轮与飞轮壳体上的记号对准时,只有一缸活塞一定处于压缩上止点位置。　　　　　　　　　　　　　　　　　　　　　(　)

第三章

配气机构的构造与维修

> **学习目标**
>
> 1. 掌握配气机构的功用、组成和工作原理;
> 2. 掌握气门组的各部件的功用和结构特点;
> 3. 掌握气门传动组的各部件的功用和结构特点;
> 4. 掌握配气相位意义;
> 5. 了解可变配气正时控制系统的结构特点和工作原理;
> 6. 了解配气机构维修的基本方法。

第一节 配气机构的结构和工作原理

一、配气机构的功用和组成

配气机构的功用是按照发动机每一汽缸内所进行的工作循环或发火次序的要求,定时开启和关闭各汽缸的进、排气门,使新鲜可燃混合气(汽油机)或空气(柴油机)得以及时进入汽缸,废气得以及时从汽缸中排出。进入汽缸内的可燃混合气或空气对发动机性能的影响很大。进气量越多,发动机所发出的转矩越大、功率越高。

配气机构如图3-1所示。配气机构由气门组和气门传动组组成。气门组包括气门、气门座、气门导管和气门弹簧等部件。气门传动组主要包括凸轮轴、凸轮轴正时带轮、正时齿形带、张紧轮、液压挺柱等部件。

发动机工作时,曲轴通过曲轴正时带轮、正时齿形带、凸轮轴正时带轮驱动凸轮轴旋转,当凸轮轴转到凸轮的凸起部分顶到液压挺柱时,通过液压挺柱,压缩气门弹簧,使气门离座,即气门开启。当凸轮凸起部分离开液压挺柱时,气门便在气门弹簧力的作用下上升而落座,气门关闭。

第三章 配气机构的构造与维修

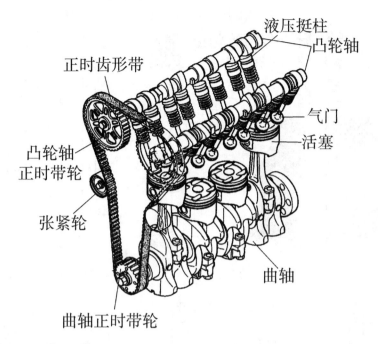

图 3-1 配气机构

由于四冲程发动机每完成一个工作循环,曲轴旋转 2 周,而各缸进、排气门各开启 1 次,完成一次进气和排气,此时凸轮轴只旋转 1 周,因此,曲轴与凸轮轴的转速比为 2∶1,即凸轮轴正时带轮的齿数是曲轴正时带轮齿数的 2 倍。

二、配气机构主要部件的构造

1 气门组

气门及其相关零件称为气门组,气门组的作用是实现汽缸的密封。配置一根气门弹簧的标准型的气门组如图 3-2 所示。

1)气门

(1)气门结构。气门的功用是与气门座相配合,对汽缸进行密封。气门由气门头部和气门杆部两部分组成,如图 3-3 所示。气门头部用来封闭汽缸的进、排气道;气门杆部用来为气门的运动导向。

气门结构

①气门头部。气门头部的形状有平顶、喇叭形顶和球面顶,如图 3-4 所示。使用最多的是平顶气门头部,进、排气门均可采用。喇叭形顶气门头部多用于进气门,球面顶气门头部适用于排气门。

气门头部与气门座圈接触的工作面,是与气门杆部同心的锥面,通常将这一锥面与气门顶部平面的夹角称为气门锥角,如图 3-5 所示,一般做成 30°或 45°。

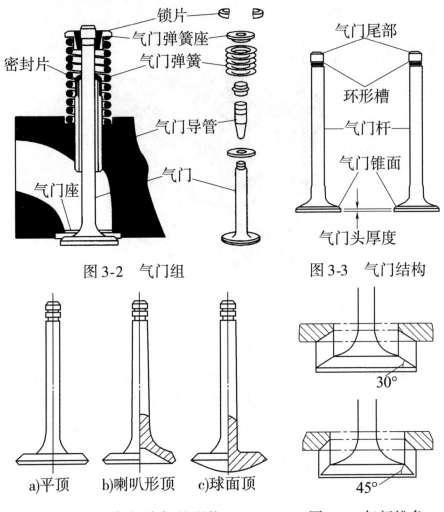

图 3-2　气门组　　图 3-3　气门结构

图 3-4　气门头部的形状　　图 3-5　气门锥角

考虑到进气阻力比排气阻力对发动机性能的影响大得多，为尽量减小进气阻力，一般进气门的尺寸略大于排气门的尺寸，这是因为进气是利用活塞下移产生的真空来实现的，进气门大些，可提高进气效率；而排气是通过活塞上升将废气排出的，排气门即使是小一些也不会造成太大的影响。

②气门杆。气门杆是圆柱形，在气门导管中不断作上、下往复运动。气门杆尾部结构取决于气门弹簧座的固定方式，常见的结构形式如图 3-6 所示。

(2)气门数。在短时间内能够将尽量多的气体吸入和排出，在很大程度上影响着发动机的整体性能。从气门在有限制的燃烧室表面积中所占的面积来看，与具有两个气门的汽缸相比，进、排气门越多，则气门面积之和就越大，进、排气效率越高，而且可以使单个气门的体积减小，质量减轻；但气门数越多，结构越复杂，成本越高。

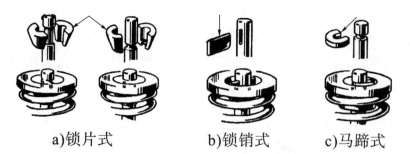

a) 锁片式　　　　b) 锁销式　　　　c) 马蹄式

图 3-6　气门弹簧座的固定方式

① 2 气门式（图 3-7）。每个汽缸采用一个进气门和一个排气门，一般进气门比排气门大些。

② 3 气门式（图 3-8）。每个汽缸有 2 个进气门和 1 个排气门，排气门大对排出高温气体有利，能提高发动机排气性能。

③ 4 气门式（图 3-9）。每个汽缸有 2 个进气门和 2 个排气门，两套凸轮轴装置分别控制一组进、排气门的开闭。

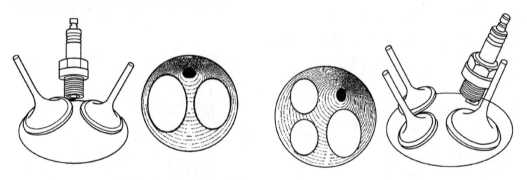

图 3-7　2 气门式的结构形式　　　　图 3-8　3 气门式的结构形式

④ 5 气门式。每个汽缸有 3 个进气门和 2 个排气门，并以梅花形状分布，如图 3-10 所示。

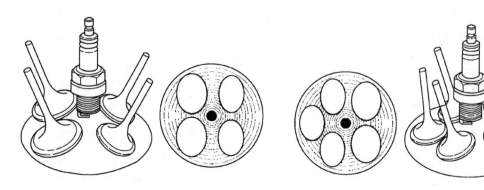

图 3-9　4 气门式的结构形式　　　　图 3-10　5 气门式的结构形式

2)气门座

汽缸盖上的进、排气道与气门锥面相结合的部位称为气门座(图3-11),气门座的锥角和气门锥角相同,一般也是30°或45°。气门座不仅有密封作用,还起到了冷却气门的作用。

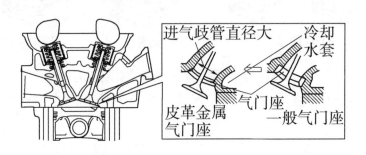

图 3-11　气门座

气门座结构

3)气门导管

气门导管(图3-12)的功用是为气门的运动导向,保证气门作直线往复运动,使气门与气门座能正确贴合。气门杆与气门导管之间一般留有0.05~0.12mm的间隙,使气门杆能在导管中自由运动。

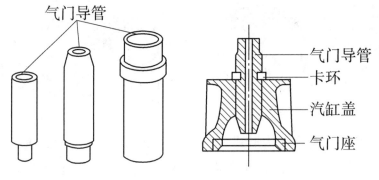

图 3-12　气门导管

4)气门弹簧

气门弹簧的功用是保证气门及时落座并与气门座或气门座圈紧密贴合,同时也可防止气门在发动机振动时因跳动而破坏密封。

气门弹簧多为圆柱形螺旋弹簧,如图3-13a)所示,安装时,气门弹簧的一端支撑在汽缸盖上,而另一端则压靠在气门杆尾端的弹簧座上,弹簧座用锁片固定在气门杆的末端;为了防止弹簧发生共振,可采用变螺距的圆柱形弹簧,如图3-13b)所示;大多数高速发动机是一个气门装有同心安装的内、外两根气门弹簧,如图3-13c)所示,这样不但可以防止共振,而且当一根弹簧折断时,另一根仍可维持工作。此外,还能减小气门弹簧的高度,当装用两根气门弹簧时,气门弹簧的螺旋方向和螺距应各不相同,这样可以防止折断的弹簧圈卡入另一个弹簧圈内。

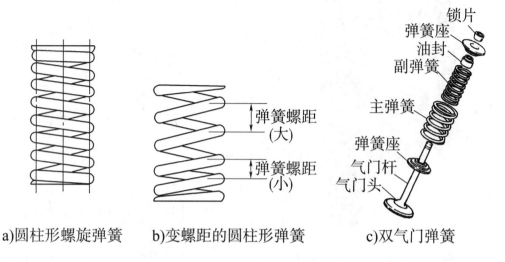

图 3-13 气门弹簧

5)气门油封

气门油封安装在气门导管上部,防止发动机润滑油从气门杆与气门导管之间的间隙漏入燃烧室。气门油封由橡胶圈和弹簧组成(图3-14),更换气门油封时必须使用专用工具安装,以免造成油封损坏。

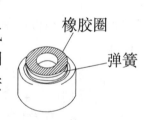

图 3-14 气门油封

2 气门传动组

气门传动组(图3-15)的作用是使进、排气门按发动机配气相位规定的时刻及时开启和关闭,并保证规定的开启时间和开启高度。由于配气机构的布置形式多样,气门传动组的差别也很大。

1)凸轮轴

(1)凸轮轴结构。凸轮轴主要由各缸进气凸轮和排气凸轮、凸轮轴轴颈等组成,如图3-16所示。进气凸轮和排气凸轮用于按一定的工作次序和配气相位的要求,使气门及时开启和关闭,并保证气门有足够的升程。

凸轮轴结构

(2)凸轮轴驱动方式。凸轮轴的旋转是依靠曲轴带动的,一般采用链条驱动或正时齿形带驱动,特殊的赛车用发动机使用的是正时齿轮驱动。

①链条驱动式凸轮轴(图3-17)。凸轮轴位于汽缸盖上,由曲轴带动的曲轴链轮,通过正时链条驱动凸轮轴上的链轮旋转,从而带动凸轮轴旋转。链条导槽

和链条张紧装置将张力传递至链条,以调节链条的张紧度。

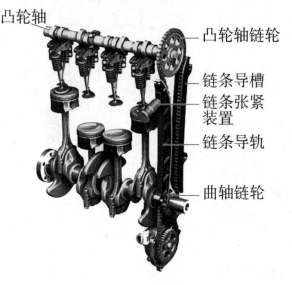

图 3-15　气门传动组

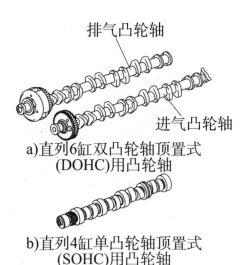

a) 直列6缸双凸轮轴顶置式(DOHC)用凸轮轴

b) 直列4缸单凸轮轴顶置式(SOHC)用凸轮轴

图 3-16　凸轮轴的结构

②正时齿形带驱动式凸轮轴(图3-18)。由于正时齿形带是由强度大、不易变形的纤维和橡胶制成的,具有质量轻、无噪声、不需要润滑等优点,所以被广泛使用。

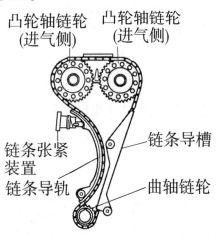

图 3-17　链条驱动式凸轮轴

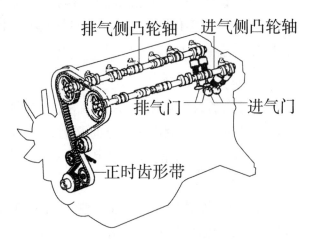

图 3-18　正时齿形带驱动式凸轮轴

③齿轮驱动式凸轮轴(图3-19)。齿轮驱动式凸轮轴是在曲轴和凸轮轴之间用齿轮将曲轴的旋转传递到凸轮轴的驱动形式,具有传动准确、高速时可靠性高等优点;但制造精度高,成本高,现在仅限于赛车使用的发动机。

④辅助齿轮驱动式凸轮轴(图3-20)。汽缸盖上一侧的凸轮轴由曲轴通过一根链条或一根正时齿形带来驱动,另一侧的凸轮轴由安装在凸轮轴上的齿轮来驱动。

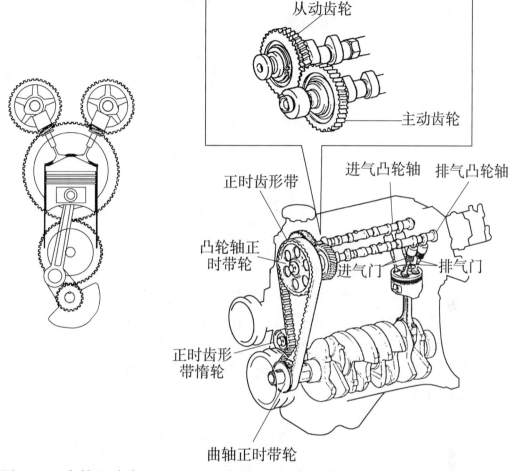

图 3-19　齿轮驱动式凸轮轴　　图 3-20　辅助齿轮驱动式凸轮轴

（3）凸轮轴安装位置与配气机构类型。根据凸轮轴安装位置的不同，可将配气机构分成以下 4 种类型。

①下置凸轮轴配气机构（图 3-21）。下置凸轮轴配气机构是指进、排气门安装在汽缸盖上，而凸轮轴安装在汽缸体下部的配气机构。

发动机工作时，曲轴通过正时齿轮驱动凸轮轴正时齿轮和凸轮轴旋转。当凸轮的凸起部位顶起液压挺柱时，经推杆和气门间隙调整螺钉推动摇臂绕摇臂轴摆动，压缩气门弹簧使气门开启。当凸轮的凸起部离开液压挺柱时，气门在气门弹簧力的作用下逐渐关闭。

下置式凸轮轴配气机构特点是凸轮轴与曲轴位置靠近，可以简单地用一对齿轮传动，需要较长推杆、摇臂和摇臂轴等零部件，整个机构的刚度差，多用于转速较低的发动机，如货车用的柴油机等。

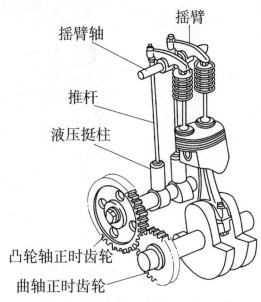

图3-21　下置凸轮轴配气机构

②中置凸轮轴配气机构（图3-22）。中置凸轮轴配气机构是指进、排气门安装在汽缸盖上，而凸轮轴安装在汽缸体中、上部的配气机构。中置凸轮轴配气机构的凸轮轴一般采用链条传动或正时齿形带传动，采用短推杆或省去推杆，但需要摇臂和摇臂轴。

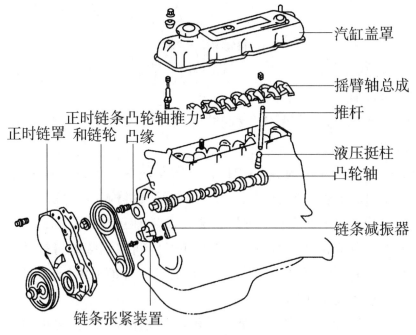

图3-22　中置凸轮轴配气机构

③单顶置凸轮轴式配气机构（SOHC）。单顶置凸轮轴式配气机构（Single Over Head Camshaft,SOHC)是通过一根凸轮轴驱使进、排气门动作,其特征为气门和凸轮轴都布置在汽缸盖上,凸轮轴由正时链条或正时齿形带驱动,不需要推杆,摇臂和摇臂轴可有可无。

a. 单顶置凸轮轴、无摇臂和摇臂轴配气机构,如图3-23所示。凸轮轴通过液压挺柱直接驱动气门开启,无推杆和摇臂总成,气门排成一列。

b. 单顶置凸轮轴、单摇臂和摇臂轴配气机构,如图3-24所示。凸轮轴通过摇臂直接驱动气门开启,气门排成两列。

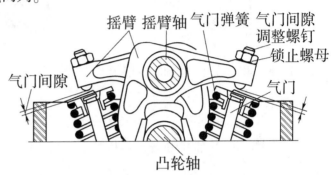

图3-23　单顶置凸轮轴、无摇臂和摇臂轴配气机构

图3-24　单顶置凸轮轴、单摇臂和摇臂轴配气机构

通常在发动机冷态装配时,在气门与其传动机构中留有适当的间隙,以补偿气门受热后的膨胀量,这一预留间隙通常称为气门间隙。为了能够检查与调整气门间隙,一般在摇臂(或液压挺柱)上装有调整螺钉及其锁紧螺母。

c. 单顶置凸轮轴、双摇臂和摇臂轴配气机构,如图3-25所示。凸轮轴分别通过进气摇臂和排气摇臂驱动进气门和排气门开启,由于进、排气门排成两列,所以驱动进、排气门的进气摇臂和排气摇臂分别安装在各自的摇臂轴上。

d. 单顶置凸轮轴、有摇臂和无摇臂轴配气机构,如图3-26所示。凸轮轴位于摇臂上方,采用浮动式摇臂(只有摇臂而无摇臂轴),在摇臂上设有滚动轴承;摇臂与液压挺柱采用球面接触,并作为摇臂摆转的支点,气门排成一列。液压挺柱可以自动调整气门间隙(使气门间隙为0),减少了噪声,但结构复杂。

④双顶置凸轮轴式配气机构(DOHC),如图3-27所示。双顶置凸轮轴式配气机构(Double Over Head Camshaft,DOHC)的进、排气门分别由各自的凸轮轴控制(气门排成两列),凸轮轴直接驱动气门,也可通过摇臂间接驱动气门。具有摇臂长度短、质量轻、驱动气门的相关部件易于适应高转速等优点。另外,由于进、排气凸轮轴是彼此相互独立的,所以增大了气门配置的自由度,火花塞可以设置在两根凸轮轴之间,即燃烧室的正中央。

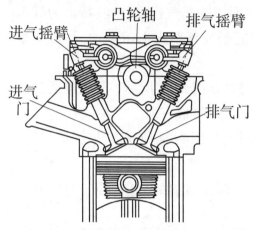

图 3-25　单顶置凸轮轴、双摇臂和摇臂轴配气机构

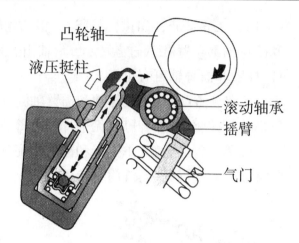

图 3-26　单顶置凸轮轴、有摇臂和无摇臂轴配气机构

（4）凸轮轴正时定位。如采用一对正时齿轮传动，小齿轮和大齿轮分别用键安装在曲轴和凸轮轴的前端，其传动比为 2∶1。在装配曲轴和凸轮轴时，必须将齿轮正时标记对准，如图 3-28 所示，以保证正确的配气相位和点火时刻。

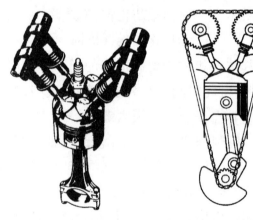

图 3-27　双顶置凸轮轴式配气机构（DOHC）

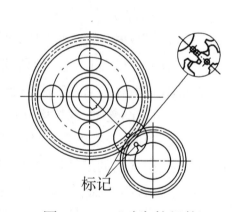

图 3-28　正时齿轮机构

凸轮轴上置式发动机的正时记号通常有两处：一处为曲轴正时记号；一处为凸轮轴正时记号。安装时，两处都必须对正，如图 3-29 和图 3-30 所示。

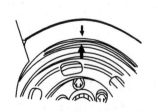

图 3-29　曲轴正时标记

图 3-30　凸轮轴位置正时标记

2）挺柱

挺柱的作用是将凸轮的推力传递给推杆或气门杆，并承受凸轮轴旋转时所施加的侧向力。挺柱可分为普通挺柱和液压挺柱两种。

（1）普通挺柱。配气机构采用的普通挺柱有筒式和滚轮式两种结构形式，如图3-31所示。筒式挺柱中间为空心，在挺柱圆周钻有通孔，便于筒内收集的机油流出对挺柱底面及凸轮加以润滑；滚轮式挺柱可以减少磨损，但结构较复杂，质量较大，多用于大缸径柴油机的配气机构上。

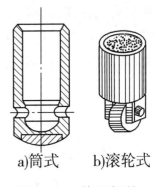

图3-31 普通挺柱

（2）液压挺柱。发动机普遍采用液压挺柱，液压挺柱的长度能自动调整，故不需要预留气门间隙，也没有气门间隙调整装置。如图3-32所示，液压挺柱由挺柱体、油缸、柱塞、止回球阀、止回球阀弹簧和柱塞弹簧等部件组成。

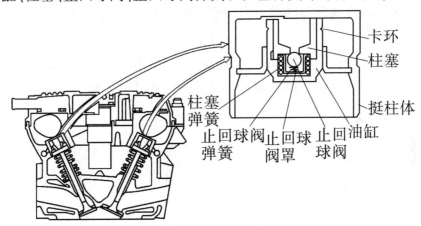

图3-32 液压挺柱的结构

液压挺柱的工作原理如图3-33所示。当凸轮轴转动，凸轮的凸起部分与液压挺柱顶面接触时，液压挺柱在凸轮推动力作用下向下移动，高压腔内的机油被压缩，止回球阀在压力差和止回球阀弹簧的作用下关闭，高、低压油腔被分隔开。由于液体的不可压缩性，整个液压挺柱如同一个刚体一样下移推开气门并保证气门升程。

当液压挺柱开始上行返回时，在弹簧向上顶压和凸轮下压的作用下，高压油腔继续封闭，液压挺柱仍可认为是一个刚体，直至上行到凸轮处于基圆位置，即气门关闭时为止。此时，汽缸盖主油道中的机油经量孔、斜油孔和挺柱体上的环形油槽再次进入液压挺柱的低压油腔，由于液压挺柱不再受凸轮推动力和气门弹簧力的作用,高压油腔中的机油与复位弹簧推动柱塞上行,高压油腔的油压下降,止回球阀打开,低压油腔中的机油流入高压油腔,使两腔连通充满机油。这时,液压挺柱的顶面仍然和凸轮表面紧贴,从而起到了补偿气门间隙的作用。

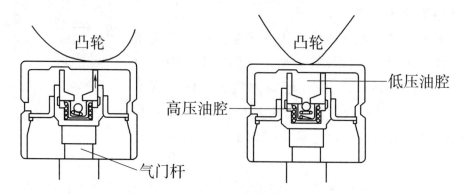

图 3-33 液压挺柱的工作原理

当气门受热膨胀时,柱塞和油缸作轴向相对运动,高压油腔中机油可经过油缸与柱塞间缝隙被挤入低压油腔,因此使用液压挺柱时,可以不预留气门间隙。

3)推杆

在下置式或中置式凸轮轴的配气机构中,凸轮轴经挺柱传来的运动和作用力要通过推杆传递给摇臂。推杆可采用实心的,也可以采用空心的,推杆的结构形式如图 3-34 所示。

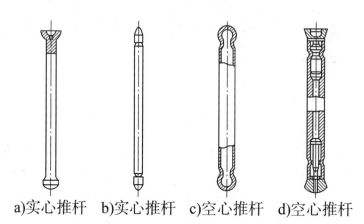

a)实心推杆　b)实心推杆　c)空心推杆　d)空心推杆

图 3-34 推杆

4)摇臂

摇臂的功用是将凸轮轴(或推杆)传来的力作用到气门杆尾部,推开气门。摇臂实际上是利用杠杆原理工作的,SOHC 和 DOHC 的不同之处在于摇臂轴位置不同,如图 3-35 所示。

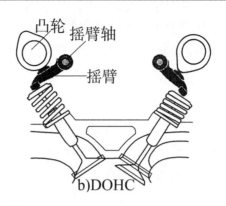

a) SOHC　　　　　　　　b) DOHC

图 3-35　摇臂

三、配气相位及可变配气正时控制系统

1 配气相位

用曲轴转角表示的进、排气门实际开闭时刻和开启持续时间,称为配气相位。通常用相对于上、下止点曲拐位置的曲轴转角的环形图来表示,这种图形称为配气相位图,如图 3-36 所示。

配气相位

理论上,当曲拐处在上止点时,进气门开启,下止点时关闭;排气门则当曲拐在下止点时开启,上止点时关闭。进气时间和排气时间各占 180° 曲轴转角。但实际上发动机转速很高,活塞每一行程历时相当短,短的时间势必会造成进气不足和排气不净,从而使发动机功率下降。因此,现代发动机都采取延长进、排气时间的方法,提高发动机功率。

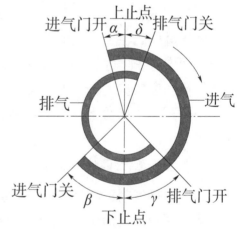

图 3-36　配气相位图

1) 进气门配气相位

(1) 进气提前角 α。在排气行程接近终了、活塞到达上止点之前,进气门便开始开启。从进气门开启到活塞移到上止点所对应的曲轴转角,称为进气提前角 α。进气门提前开启的目的是保证进气行程开始时进气门已开大,减小进气阻力,使新鲜可燃混合气能顺利地充入汽缸。

(2) 进气迟后角 β。在进气行程活塞到达下止点过后,活塞又上行一段时间,进气门才关闭。从下止点到进气门关闭所对应的曲轴转角称为进气迟后角 β。进气门迟后关闭的目的是由于活塞到达下止点时,汽缸内压力仍低于大气压力,且气流还有相当大的惯性,仍可以利用气流惯性和压力差继续进气。进气门开启持续时间内的曲轴转角称为进气持续角度($\alpha + 180° + \beta$)。α角一般为10°~30°,β角一般为30°~80°。

2)排气门配气相位

(1)排气提前角γ。在做功行程接近终了、活塞到达下止点之前,排气门便开始开启。从排气门开始开启到活塞移至下止点所对应的曲轴转角称为排气提前角γ。排气门提前开启的目的是当做功行程活塞接近下止点时,汽缸内的气体压力对做功的作用已经不大,但仍比大气压力高,可利用此压力使汽缸内的废气迅速地自由排出。

(2)排气迟后角δ。在排气行程接近终了、活塞越过上止点后,排气门才关闭。从上止点到排气门关闭所对应的曲轴转角称为排气迟后角δ。排气门迟后关闭的目的是由于活塞到达上止点时,汽缸内的残余废气压力高于大气压力,加之排气时气流有一定的惯性,仍可以利用气流惯性和压力差把废气排放得更干净。排气门开启持续时间内的曲轴转角称为排气持续角度($\gamma + 180° + \delta$)。γ角一般为40°~80°,δ角一般为10°~30°。

3)气门叠开

由于进气门在上止点前即开启,而排气门在上止点后才关闭,这就出现了在一段时间内进、排气门同时开启的现象,这种现象称为气门叠开。由于新鲜可燃混合气流和废气流的流动惯性都比较大,在短时间内是不会改变流向的,因此只要气门叠开角选择适当,就不会有废气倒流入进气管和新鲜可燃混合气随同废气排出的可能性。

2 可变配气正时控制系统

合理选择气门正时,保证最好的充气效率,是改变发动机性能极为重要的技术问题。理想的气门正时应当是根据发动机工作情况及时作出调整,应具有一定程度的灵活性。可变配气正时控制系统能够提高发动机功率及转矩,减少发动机排放量,降低发动机耗油量。

1)大众车系电子可变气门正时及升程控制系统

大众车系电子可变气门正时及升程控制系统(AVS)是通过排气凸轮轴上的电子气门升程切换以及进气凸轮轴和排气凸轮轴上的可变气门正时,实现了对每个汽缸气体交换的优化控制,此系统可使发动机获得更好的充气效率,提升发动机的响应性,在较低转速和较高增压压力下达到更高的转矩。

(1)结构。电子可变气门正时及升程控制系统的结构如图3-37所示,为了在排气凸轮轴上两个不同的气门升程之间相互切换,此凸轮轴有4个可移动的凸轮件(带有内花键)。每个凸轮件上都装有两对凸轮,其凸轮升程是不同的。通过执行元件对两种升程进行切换。执行元件接合每个凸轮件上的滑动槽,并移动凸轮轴上的凸轮件。每个凸轮件有两个执行元件用于在两种升程之间来回切换。

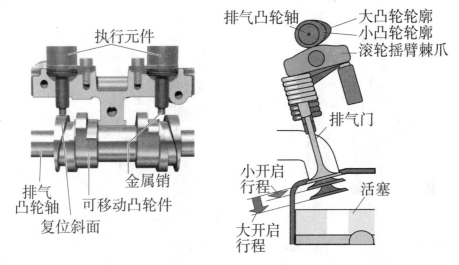

图3-37 电子可变气门正时及升程控制系统的结构

凸轮轴中的弹簧加载式球体将凸轮件锁定在其各自的端部位置,凸轮轴的滑动槽和轴向推力轴承会限制凸轮件的移动。

在两个执行元件的辅助下,每个凸轮件在排气凸轮轴上在两个切换位置之间被来回推动。每个汽缸的一个执行元件切换到更大的气门升程,另一个执行元件切换到更小的气门升程。每个执行元件由发动机ECU控制工作。

(2)工作原理。

① 较小气门升程控制。在较低发动机转速范围内使用较小的凸轮轮廓。何时使用凸轮轮廓以及使用哪个凸轮轮廓,均存储在发动机ECU图谱中。为了使这个负载范围内的气体交换性能更佳,发动机ECU通过凸轮轴调节器将进气凸轮轴提前、将排气凸轮轴延迟,并且右侧执行元件工作,移动金属销使它接合滑动槽,并将凸轮件移至小凸轮轮廓,如图3-38所示。

气门现在沿着较小的气门轮廓上下移动。两个小凸轮的位置在某种程度上是交错的,确保汽缸两个排气门的开启时间是错开的。这两项措施会使废气被从活塞中排到废气涡轮增压器中时,废气气流的脉动减小,从而可在低转速范围内达到较高的增压压力。

② 较大气门升程控制。当发动机从部分负载改变为全负载时,汽缸内的气

体交换必须适应更高的性能需求。发动机 ECU 通过凸轮轴调节器将进气凸轮轴提前、将排气凸轮轴延迟。为达到最佳的汽缸填充性能,排气门需要最大的气门升程。为了实现此目的,左侧执行元件被启动,由左侧执行元件移动其金属销。金属销通过滑动槽将凸轮件移向大凸轮,排气门现在以最大的升程打开和关闭,如图 3-39 所示。

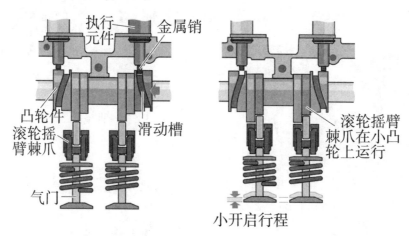

图 3-38　较小气门升程控制

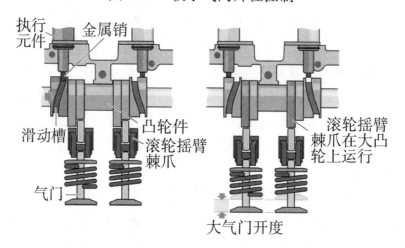

图 3-39　较大气门升程控制

2)丰田车系智能可变配气正时控制系统

丰田车系智能可变配气正时(VVT-i)控制系统是一种控制进/排气凸轮轴气门正时的系统。

丰田车系 VVT-i 控制系统是在进/排气凸轮轴与传动链之间装有油压离合装置,让进/排气凸轮轴与链轮之间转动的相位差可以改变,通过调整凸轮轴转角对气门正时进行优化,其结构如图 3-40 所示。

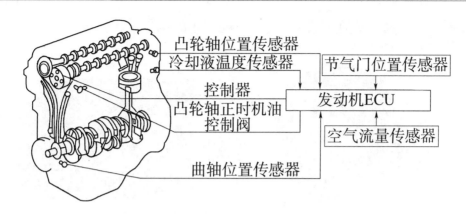

图 3-40　丰田车系 VVT-i 控制系统的组成

凸轮轴正时机油控制阀根据发动机 ECU 的控制指令选择至 VVT-i 控制器的不同油路，使之处于提前、滞后或保持这 3 个不同的工作状态，控制油路如图 3-41 所示。此外，发动机 ECU 根据来自凸轮轴位置传感器和曲轴位置传感器的信号检测实际的气门正时，对进气控制系统进行反馈控制，以获得预定的配气正时。发动机起动时，进气凸轮轴处于"延迟"限位位置。排气凸轮轴在发动机起动时通过一个弹簧预先张紧并保持在"提前"位置处。电磁阀未通电时，凸轮轴就会在机油压力作用下固定在限位位置处。处于应急运行模式时，电磁阀不通电，进气凸轮轴处于"延迟"位置，排气凸轮轴处于"提前"位置。

(1) VVT-i 控制器。VVT-i 控制器固定在进排气凸轮轴上，其结构如图 3-42 所示。在凸轮轴正时机油控制阀的控制下，可在进/排气凸轮轴上的气门正时提前和滞后

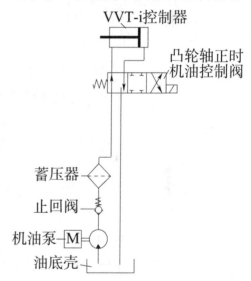

图 3-41　丰田车系 VVT-i 控制系统液压油路图

液压油路中传递机油压力，使 VVT-i 控制器的固定在进/排气凸轮轴上的叶片沿圆周方向旋转，连续改变进/排气门正时，以获得最佳的配气相位。

(2) 凸轮轴正时机油控制阀。凸轮轴正时机油控制阀由滑阀、用来控制滑阀移动的线圈、柱塞及复位弹簧等组成，其结构如图 3-43 所示。

工作时，发动机 ECU 接收各传感器传来的信号，经分析、计算后发出控制指令给凸轮轴正时机油控制阀，以此控制滑阀的位置来控制机油流向，从而控制

VVT-i 控制器顺时针或逆时针转动,进行配气正时调节。

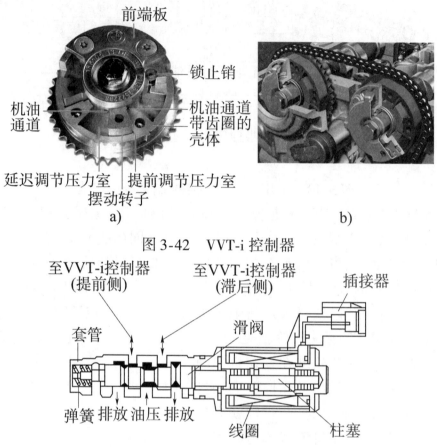

图 3-42　VVT-i 控制器

图 3-43　凸轮轴正时机油控制阀的结构

3)本田车系可变气门配气相位和气门升程电子控制系统

本田车系可变气门配气相位和气门升程电子控制系统(VTEC)是同时控制气门开闭时间及升程等两种不同情况的气门控制系统。与普通发动机相比,VTEC 发动机同样有 4 个气门(2 进 2 排)、凸轮轴和摇臂等,不同的是凸轮与摇臂的数目及控制方法。

(1)结构。VTEC 的结构如图 3-44 所示。同一汽缸的两个进气门有主、次之分,即主进气门和次进气门。每个进气门通过单独的摇臂驱动,驱动主进气门的摇臂称为主摇臂,驱动次进气门的摇臂称为次摇臂,在主摇臂、次摇臂之间装有一个中间摇臂,中间摇臂不与任何气门直接接触,3 个摇臂并列在一起组成进气摇臂总成。凸轮轴上相应有 3 个不同升程的凸轮分别驱动主摇臂、中间摇臂和次摇臂,凸轮轴上的凸轮也相应分为主凸轮、中间凸轮和次凸轮。在凸轮形状设计上,中间凸轮的升程最大,次凸轮的升程最小。主凸轮的形状适合发动机低速时主进气门单独工作时的配气相位要求,中间凸轮的形状适合发动机高速时主、次双进气门工作时的配气相位要求。

正时板的功用是正时活塞处于初始位置和工作位置时,靠复位弹簧使正时板插入正时活塞相应的槽中,使正时活塞定位。

进气摇臂总成如图3-45所示,在3个摇臂靠近气门的一端均设有油缸孔,油缸孔中装有靠液压控制的正时活塞、同步活塞、阻挡活塞及弹簧。正时活塞一端的油缸孔与发动机的润滑油道连通,ECU通过VTEC电磁阀控制油道的通、断。

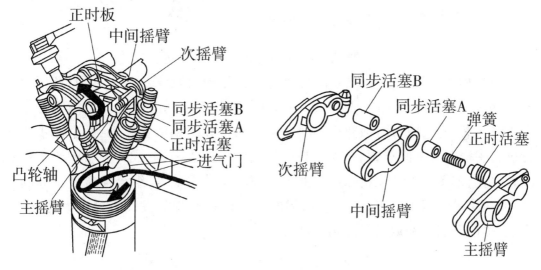

图3-44 VTEC的结构　　　图3-45 进气摇臂总成

VTEC配气机构与普通配气机构相比,在结构上的主要区别是凸轮轴上的凸轮较多,且升程不等,进气摇臂总成的结构复杂,排气门的工作情况与普通配气机构相同。

(2)工作原理。根据发动机转速、负载等变化情况,VTEC改变驱动同一汽缸两进气门工作的凸轮,以调整进气门的配气相位及升程,并实现单进气门工作和双进气门工作的切换。

发动机低速运转时,VTEC电磁阀不通电,使油道关闭,机油压力不能作用在正时活塞上,在此摇臂油缸孔内的弹簧和阻挡活塞作用下,正时活塞和同步活塞A回到主摇臂油缸孔内,与中间摇臂等宽的同步活塞B停留在中间摇臂的油缸孔内,3个摇臂彼此分离,如图3-46所示。此时,主凸轮通过主摇臂驱动主进气门,中间凸轮驱动中间摇臂空摆;次凸轮的升程非常小,通过次摇臂驱动次进气门微量开启,其目的是防止次进气门附近积聚燃油。配气机构处于单进气门、双排气门工作状态,单进气门由主凸轮驱动。

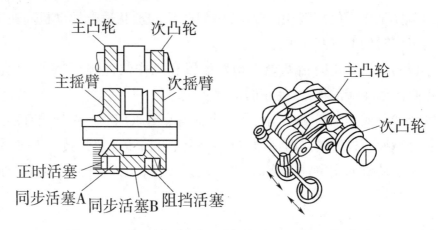

图 3-46　发动机低速运转时 VTEC 的工作状态

当发动机高速运转且发动机转速、负载、冷却液温度及车速达到设定值时，ECU 向 VTEC 电磁阀供电，使 VTEC 电磁阀开启，来自润滑油道的机油压力作用在正时活塞一侧，由正时活塞推动两个同步活塞和阻挡活塞移动，两个同步活塞分别将主摇臂与中间摇臂、次摇臂与中间摇臂插接成一体，成为一个同步工作的组合摇臂，如图 3-47 所示。此时，由于中间凸轮升程最大，组合摇臂受中间凸轮驱动，两个进气门同步工作，进气门的配气相位和升程与发动机低速时相比，其升程、提前开启角和迟后关闭角均增大。

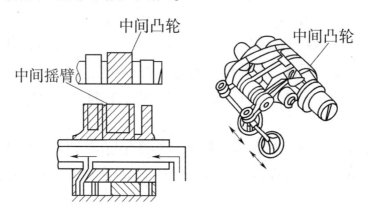

图 3-47　发动机高速运转时 VTEC 的工作状态

当发动机转速下降到设定值时，ECU 切断 VTEC 电磁阀电流，正时活塞一侧的机油压力降低，各摇臂油缸孔内的活塞在复位弹簧作用下复位，3 个摇臂又彼此分离而独立工作。

4）宝马车系电子气门升程控制系统

宝马车系电子气门升程控制系统（Valvetronic）是一种通过伺服电动机直接控制进气门的升程，从而调节进气量的一种进气控制系统，可使进气门升程在

0.18~9.9mm之间连续无级变化,此系统可以进一步改善发动机的动力性和燃油经济性。

(1)结构。宝马车系电子气门升程控制系统的结构如图3-48所示,伺服电动机布置在凸轮轴上方,伺服电动机用于调节偏心轴。伺服电动机的蜗杆嵌入安装在偏心轴上的蜗轮内,进行调节后无需特别锁止偏心轴,因为蜗杆传动机构具有足够的自锁能力。

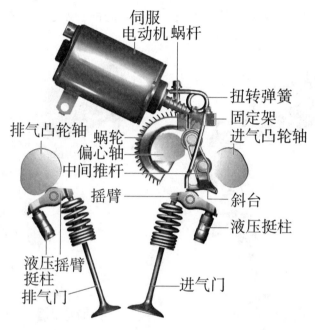

图3-48 电子气门升程控制系统的结构

(2)工作原理。偏心轴扭转可使固定架上的中间推杆朝进气凸轮轴方向移动,但由于中间推杆也靠在进气凸轮轴上,因此摇臂相对中间推杆的位置会发生变化。中间推杆的斜台朝排气凸轮轴方向移动。凸轮轴旋转和凸轮向中间推杆移动使中间推杆上的斜台发挥作用。斜台推动摇臂,从而使进气门继续向下移动,进气门因此继续开启。中间推杆改变凸轮轴与摇臂之间的传动比。在满负载位置时,气门升程和持续开启时间达到最大值,如图3-49a)所示;在怠速位置时,气门升程和持续开启时间达到最小值,如图3-49b)所示。

由于怠速时的最小气门升程非常小,因此必须确保汽缸充气均匀分布,所有气门的开启程度必须相同,因此摇臂和相关中间推杆分为不同等级,通过标记出的参数可区分不同等级的部件。

5)奔驰车系可变配气相位控制系统

奔驰车系可变配气相位控制系统如图3-50所示,发动机共有两根进气凸轮轴和两根排气凸轮轴,采用链传动,它是通过改变进气凸轮轴与曲轴相对位置,来实现配气相位调节的。进气凸轮轴链轮与凸轮轴连接凸缘之间装有调节活塞,使凸轮轴链轮与凸轮轴之间形成非刚性连接;ECU 根据发动机转速信号、车速信号和挡位信号,通过电磁线圈和衔铁分别对左右两根进气凸轮轴配气相位进行控制;发动机工作中,ECU 控制电路使线圈通电时,线圈产生的电磁力通过衔铁对调节活塞施加转动力矩,使进气凸轮轴沿其旋转方向相对其驱动链轮转过一定角度,该凸轮轴驱动的进气门配气相位提前;反之,线圈断电时,则使配气相位推迟。

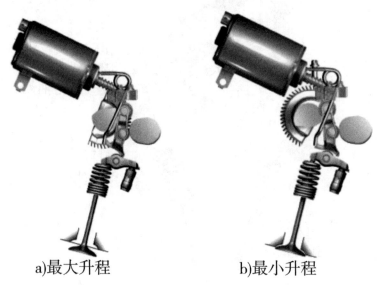

a)最大升程　　　　　b)最小升程

图 3-49　电子气门升程控制系统的工作原理

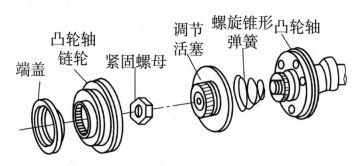

图 3-50　可变配气相位控制系统

第二节　配气机构的维修

本节以卡罗拉(1.6L)乘用车配气机构的维修为例进行说明。

一、凸轮轴组件的维修

拆装凸轮轴组件相关部件分解图如图 3-51～图 3-56 所示。

1 实训器材

(1) 车辆：卡罗拉(1.6L)乘用车。

(2) 普通工具：举升机、磁力护裙、转向盘护套、换挡杆手柄套、脚垫和座椅套、组合扳手、螺丝刀、钳子、扭力扳手、发动机台架、胶带、V形块。

(3) 测量工具：游标卡尺、百分表、千分尺。

(4) 其他：丰田原厂黑密封胶、Three Bond 1207B 或同等产品等。

2 作业准备

(1) 汽车进入工位前，将工位清理干净，准备好相关的器材。

(2) 将汽车停放在举升机中央位置。

(3) 拉紧驻车制动器操纵杆，并将换挡杆置于空挡或驻车挡(P位)位置(图 1-19)。

(4) 套上转向盘护套、换挡杆手柄套和座椅套，铺设脚垫。

(5) 在车内拉动发动机舱盖手柄，在车外打开并支撑发动机舱盖(图 1-20)。

(6) 粘贴翼子板和前脸磁力护裙。

3 操作步骤

1) 凸轮轴组件的拆卸

(1) 拆卸带变速器的发动机总成。

(2) 安装发动机台架。

(3) 拆卸进气歧管。

(4) 拆卸燃油管分总成。

(5) 拆卸输油管分总成。

(6) 拆卸喷油器总成。

(7) 拆卸点火线圈总成。

(8) 拆卸机油尺分总成。

(9) 拆卸排气歧管1号隔热罩。

(10) 拆卸歧管撑条。

(11) 拆卸排气歧管。

(12) 拆卸通风软管。

拆卸凸轮轴

(13)拆卸3号水旁通软管。

(14)拆卸1号水旁通管。

(15)拆卸水旁通软管。

(16)拆卸进水软管。

(17)拆卸进水口。

(18)拆卸节温器。

(19)拆卸收音机设置调相器。

(20)拆卸汽缸盖罩分总成。

(21)拆卸汽缸盖罩衬垫。

(22)将1号汽缸设置到压缩上止点(TDC)位置。

(23)拆卸曲轴传动带轮。

(24)拆卸1号链条张紧器总成。

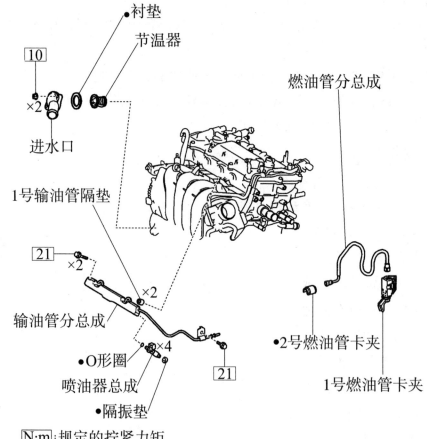

图3-51 拆装凸轮轴组件相关部件分解图(1)

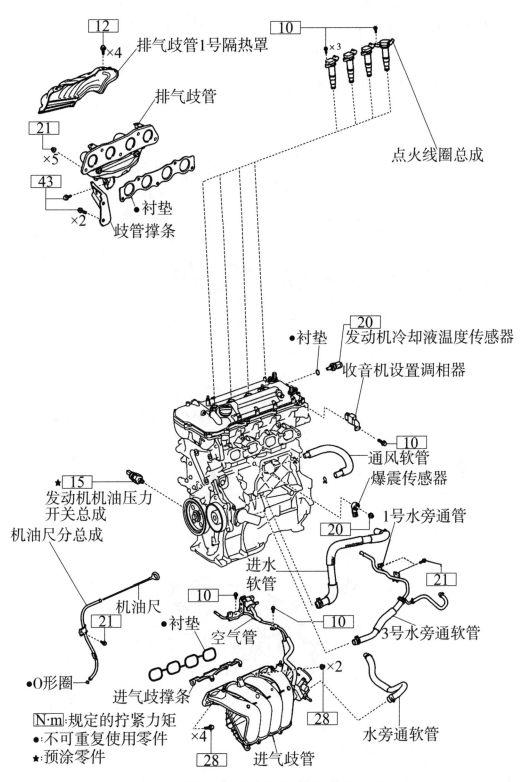

图 3-52 拆装凸轮轴组件相关部件分解图(2)

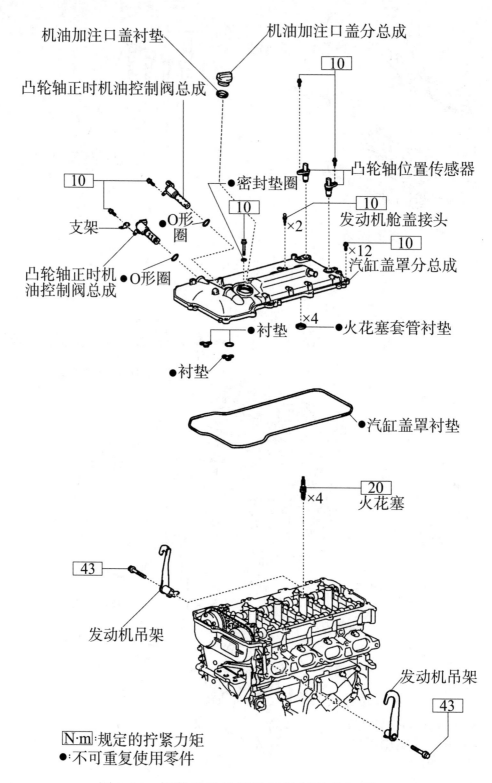

图 3-53 拆装凸轮轴组件相关部件分解图(3)

第三章 配气机构的构造与维修

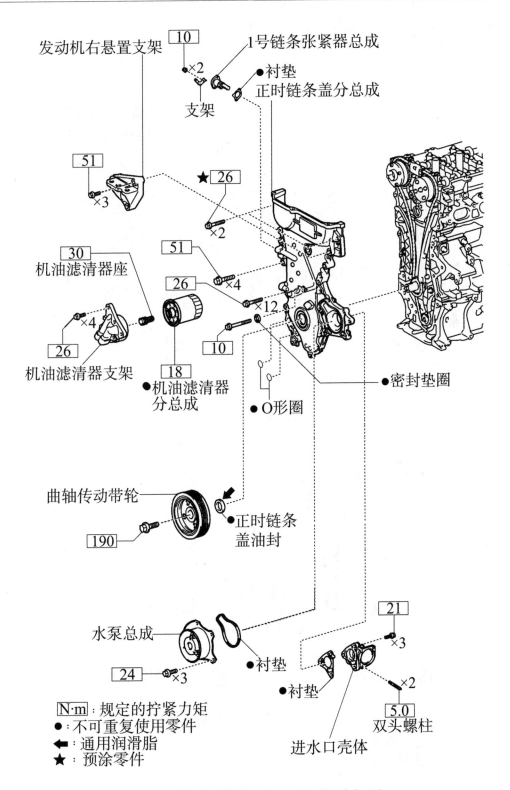

图 3-54 拆装凸轮轴组件相关部件分解图(4)

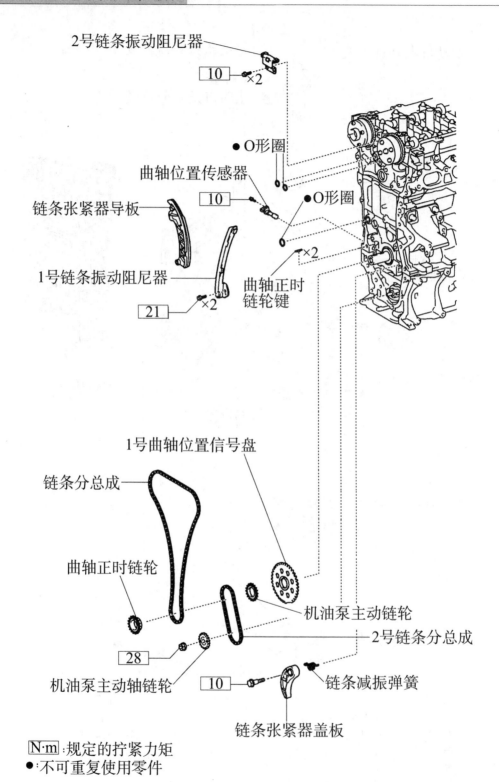

图3-55 拆装凸轮轴组件相关部件分解图(5)

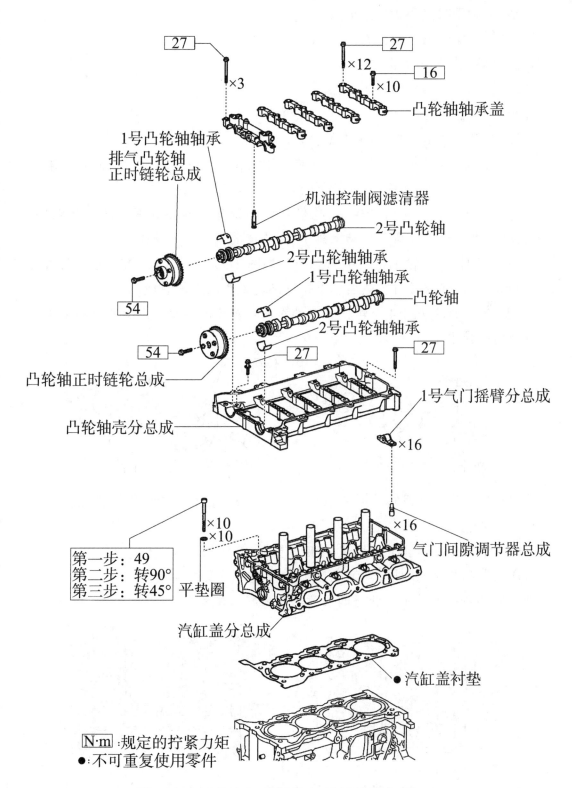

图 3-56　拆装汽缸盖衬垫相关部件分解图(6)

(25)拆卸正时链条盖分总成。

(26)拆卸正时链条盖油封。

(27)拆卸链条张紧器导板。

(28)拆卸1号链条振动阻尼器。

(29)拆卸链条分总成。

(30)拆卸2号链条振动阻尼器。

(31)拆卸进气凸轮轴正时链轮总成。如图3-57所示,固定凸轮轴的六角头部分的同时,拆下凸缘螺栓,然后拆下凸轮轴正时链轮总成。

注意:拆下凸轮轴正时链轮前,确保锁销已松开。不要拆下另外4个螺栓。将凸轮轴正时链轮总成从凸轮轴上拆下时,要使其保持水平状态。

(32)拆卸排气凸轮轴正时链轮总成。如图3-58所示,固定凸轮轴的六角头部分的同时,拆下凸缘螺栓,然后拆下排气凸轮轴正时链轮总成。

注意:不要拆下另外4个螺栓。将排气凸轮轴正时链轮总成从凸轮轴上拆下时,要使其保持水平状态。

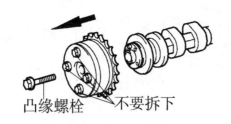

图3-57 凸轮轴组件的拆卸(1)　　图3-58 凸轮轴组件的拆卸(2)

(33)拆卸凸轮轴轴承盖。

①按图3-59所示顺序,均匀地拧松并拆下10个轴承盖螺栓。

②按图3-60所示顺序,均匀地拧松并拆下15个轴承盖螺栓。

注意:凸轮轴处于水平状态的同时均匀地拧松螺栓。

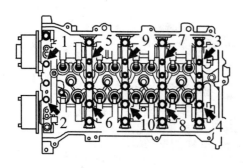 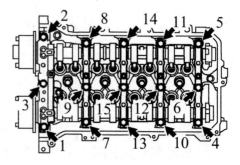

图3-59 凸轮轴组件的拆卸(3)　　图3-60 凸轮轴组件的拆卸(4)

③拆下5个轴承盖。

注意：按正确的顺序摆放拆下的零件。

(34) 如图3-61所示，拆下凸轮轴。

(35) 如图3-62所示，拆下2号凸轮轴。

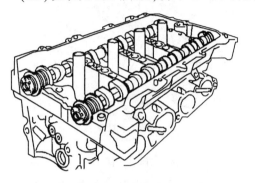

图3-61　凸轮轴组件的拆卸(5)　　图3-62　凸轮轴组件的拆卸(6)

(36) 拆卸1号气门摇臂分总成。

(37) 拆卸气门间隙调节器总成。

(38) 拆卸1号凸轮轴轴承。如图3-63所示，拆下2个1号凸轮轴轴承。

(39) 拆卸2号凸轮轴轴承。如图3-64所示，拆下2个2号凸轮轴轴承。

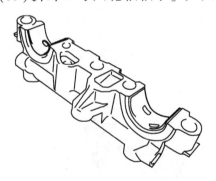

图3-63　凸轮轴组件的拆卸(7)　　图3-64　凸轮轴组件的拆卸(8)

(40) 拆卸凸轮轴壳分总成。

①如图3-65所示，拆下2个螺栓。

②如图3-66所示，用螺丝刀撬动汽缸盖和凸轮轴壳之间的部位，拆下凸轮轴壳。

注意：小心不要损坏汽缸盖和凸轮轴壳的接触面。使用螺丝刀之前，在螺丝刀头部缠上胶带。

2) 检查

(1) 检查凸轮轴。

①检查凸轮轴的径向圆跳动。如图3-67所示，将凸轮轴放在V形块上，用百

分表测量凸轮轴中心轴颈的径向圆跳动,凸轮轴中心轴颈最大径向圆跳动:0.04mm。如果凸轮轴中心轴颈径向圆跳动大于最大值,则更换凸轮轴。

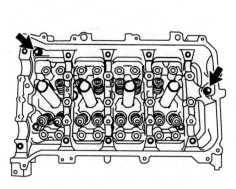

图3-65 凸轮轴组件的拆卸(9)　　图3-66 凸轮轴组件的拆卸(10)

②检查凸轮凸角。如图3-68所示,用千分尺测量凸轮凸角的高度,标准凸轮凸角高度:42.816~42.916mm;最小凸轮凸角高度:42.666mm。如果凸轮凸角高度小于最小值,则更换凸轮轴。

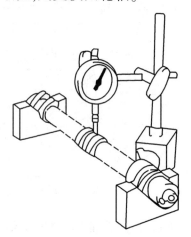 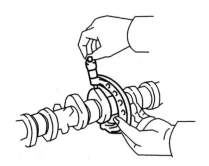

图3-67 检查凸轮轴的径向圆跳动　　图3-68 检查凸轮凸角

③检查凸轮轴轴颈。如图3-69所示,用千分尺测量凸轮轴轴颈的直径,1号凸轮轴轴颈标准直径:34.449~34.465mm;其他凸轮轴轴颈标准直径:22.949~22.965mm。如果凸轮轴轴颈直径不符合规定,则检查凸轮轴径向间隙。

(2)检查2号凸轮轴。

①检查2号凸轮轴的径向圆跳动。如图3-67所示,将2号凸轮轴放在V形块上,用百分表测量2号凸轮轴中心轴颈的径向圆跳动,2号凸轮轴中心轴颈最大径向圆跳动:0.04mm。如果2号凸轮轴中心轴颈径向圆跳动大于最大值,则更

换 2 号凸轮轴。

②检查 2 号凸轮凸角。如图 3-68 所示,用千分尺测量 2 号凸轮凸角的高度,标准 2 号凸轮凸角高度:44.336～44.436mm;最小 2 号凸轮凸角高度:44.186mm。如果 2 号凸轮凸角高度小于最小值,则更换 2 号凸轮轴。

③检查 2 号凸轮轴轴颈。如图 3-69 所示,用千分尺测量 2 号凸轮轴轴颈的直径。2 号凸轮轴 1 号轴颈标准直径:34.449～34.465mm;其他轴颈标准直径:22.949～22.965mm。如果 2 号凸轮轴轴颈直径不符合规定,则检查 2 号凸轮轴径向间隙。

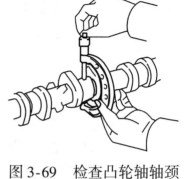

图 3-69　检查凸轮轴轴颈

3)凸轮轴组件的重新装配

(1)安装气门间隙调节器总成。

(2)安装 1 号气门摇臂分总成。

(3)安装 1 号凸轮轴轴承。

①清洁轴承的双表面。

②安装 2 个 1 号凸轮轴轴承。

③如图 3-70 所示,用游标卡尺测量轴承盖边缘和凸轮轴轴承边缘间的距离,尺寸$(A-B)$:0.7mm 或更小。

注意:通过测量尺寸 A 和 B,将轴承固定至轴承盖中心。

(4)安装 2 号凸轮轴轴承。

①清洁轴承的双表面。

②安装 2 个 2 号凸轮轴轴承。

③如图 3-71 所示,用游标卡尺测量轴承盖边缘和凸轮轴轴承边缘间的距离。尺寸(A):1.05～1.75mm。

注意:通过测量尺寸 A,将轴承固定至轴承盖中心。

安装凸轮轴

(5)安装 2 号凸轮轴。

①清洁凸轮轴轴颈。

②在凸轮轴轴颈、凸轮轴壳和轴承盖上涂抹一薄层发动机机油。

③将 2 号凸轮轴安装到凸轮轴壳上(图 3-62)。

(6)安装凸轮轴。

①清洁凸轮轴轴颈。

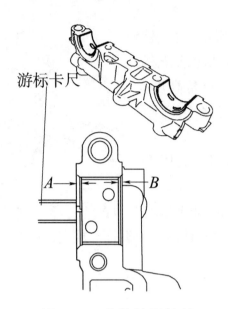

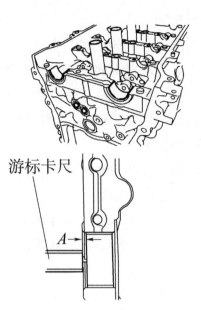

图 3-70 凸轮轴组件的重新装配(1)

图 3-71 凸轮轴组件的重新装配(2)

②在凸轮轴轴颈、凸轮轴壳和轴承盖上涂抹一薄层发动机机油。

③将凸轮轴安装到凸轮轴壳上(图 3-61)。

(7) 安装凸轮轴轴承盖。

①在凸轮轴轴颈、凸轮轴壳和轴承盖上涂抹发动机机油。

②确认各凸轮轴轴承盖上的标记和号码,并将其置于正确的位置和方向。

注意:确保凸轮轴的锁销如图 3-72 所示安装。

③按图 3-73 所示顺序,紧固 10 个螺栓,拧紧力矩:16N·m。

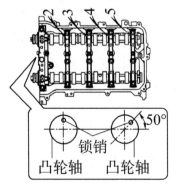

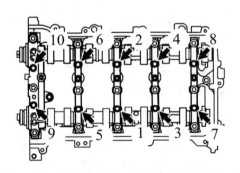

图 3-72 凸轮轴组件的重新装配(3)

图 3-73 凸轮轴组件的重新装配(4)

(8)安装凸轮轴壳分总成。

①确保将气门摇臂按图 3-74 所示安装。

②如图 3-75 所示,连续涂抹密封胶。密封胶:丰田原厂黑密封胶、Three Bond 1207B 或同等产品。密封直径:3.5~4.0mm。

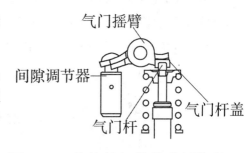

图 3-74 凸轮轴组件的重新装配(5)

注意:清除接触面的所有机油。在涂抹密封胶后 3min 内安装凸轮轴壳分总成。安装后至少 2h 内不要起动发动机。

③如图 3-76 所示,固定凸轮轴和 2 号凸轮轴。

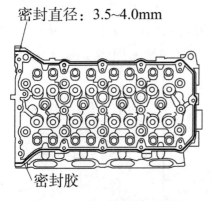

图 3-75 凸轮轴组件的重新装配(6)

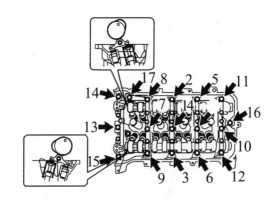

图 3-76 凸轮轴组件的重新装配(7)

④安装凸轮轴壳。并按图 3-76 所示顺序紧固 17 个螺栓,拧紧力矩:27N·m。

注意:安装凸轮轴壳后,确保凸轮凸角按如图 3-76 所示安装。如果在安装过程中任何螺栓松动,则拆下凸轮轴壳、清洁安装表面并重新涂抹密封胶。如果在安装过程中因螺栓松动而拆下凸轮轴壳,则应确保先前涂抹的密封胶未进入任何机油通道。安装凸轮轴壳后,拭去凸轮轴壳和汽缸盖之间渗出的密封胶。

(9)安装凸轮轴正时链轮总成。

①检查并确认锁销已安装在凸轮轴上。

②如图 3-77 所示,使直销和键槽不对准,将凸轮轴正时链轮和凸轮轴放置在一起。

注意:不要用力推入凸轮轴正时链轮总成,这样可能导致凸轮轴锁销端部损坏凸轮轴正时链轮总成的安装表面。

③将凸轮轴正时链轮轻轻推向凸轮轴的同时,按图3-78所示方向旋转凸轮轴正时链轮,将直销进一步推入键槽中。

注意: 不要使凸轮轴正时链轮朝延迟方向(顺时针)转动。

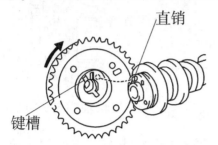

图3-77 凸轮轴组件的重新装配(8)

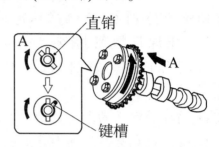

图3-78 凸轮轴组件的重新装配(9)

④如图3-79所示,测量链轮和凸轮轴间的间隙,间隙:0.1~0.4mm。

⑤如图3-80所示,在凸轮轴正时链轮固定就位时,紧固凸缘螺栓,拧紧力矩:54N·m。

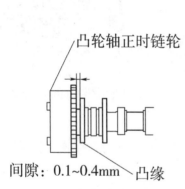

图3-79 凸轮轴组件的重新装配(10)

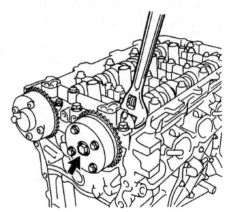

图3-80 凸轮轴组件的重新装配(11)

⑥如图3-81所示,检查并确认凸轮轴正时链轮可以朝延迟方向(顺时针)转动,并锁止在最大延迟位置。

(10)安装排气凸轮轴正时链轮总成。

①检查并确认锁销已安装在凸轮轴上。

②如图3-82所示,对准键槽和直销,然后将排气凸轮轴正时链轮和凸轮轴连接起来。

③将链轮轻轻地压在凸轮轴上,并转动链轮,将直销进一步推入键槽中。

注意: 一定不要使排气凸轮轴正时链轮朝延迟方向(顺时针)转动。

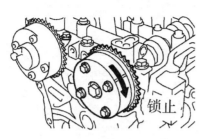

图 3-81　凸轮轴组件的
重新装配(12)

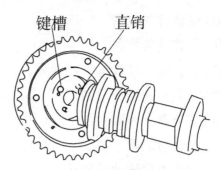

图 3-82　凸轮轴组件的
重新装配(13)

④检查并确认链轮凸缘和凸轮轴间没有间隙。

⑤如图 3-83 所示,排气凸轮轴正时链轮固定住时,拧紧凸缘螺栓,拧紧力矩:54N·m。

⑥检查排气凸轮轴正时链轮的锁止情况。

⑦确保排气凸轮轴正时链轮已锁止。

(11)安装 1 号链条振动阻尼器。

(12)安装 2 号链条振动阻尼器。

(13)安装链条分总成。

(14)安装链条张紧器导板。

(15)安装正时链条盖油封。

(16)安装正时链条盖分总成。

(17)安装曲轴传动带轮。

(18)安装 1 号链条张紧器总成。

(19)安装汽缸盖罩衬垫。

(20)安装汽缸盖罩分总成。

(21)安装收音机设置调相器。

(22)安装节温器。

(23)安装进水口。

(24)安装进水软管。

(25)安装水旁通软管。

(26)安装 1 号水旁通管。

(27)安装 3 号水旁通软管。

(28)安装通风软管。

(29)检查排气歧管。

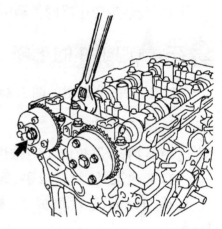

图 3-83　凸轮轴组件的
重新装配(14)

(30)安装排气歧管。

(31)安装歧管撑条。

(32)安装排气歧管1号隔热罩。

(33)安装机油尺分总成。

(34)安装点火线圈总成。

(35)安装喷油器总成。

(36)安装1号输油管隔垫。

(37)安装输油管分总成。

(38)安装燃油管分总成。

(39)安装进气歧管。

(40)拆卸发动机台架。

(41)安装带变速器的发动机总成。

二、气门组件的维修

气门组件的分解图如图3-84所示。

1 实训器材

(1)车辆:卡罗拉(1.6L)乘用车。

(2)普通工具:组合扳手、螺丝刀、钳子、扭力扳手、木块、尖嘴钳、压缩空气、磁棒、10mm直六角扳手、衬垫刮刀、45°铰刀、30°和75°铰刀、420g塑料锤。

(3)专用工具:SST 09202-70020 气门弹簧压缩工具、SST 09202-00010 连接件、SST 09201-41020 气门杆油封拆装工具。

(4)测量工具:百分表、塑料间隙规、游标卡尺、直角尺、千分尺、测径规。

(5)其他:研磨剂。

2 操作步骤

1)气门组件的拆卸

(1)拆卸气门杆盖。如图3-85所示,从汽缸盖上拆下气门杆盖。

注意:按正确的顺序摆放拆下的零件。

(2)拆卸进气门。如图3-86所示,用SST 09202-70020(09202-00010)和木块压缩并拆下气门弹簧座圈锁片。拆下气门弹簧座圈、气门弹簧和气门。

注意:按正确的顺序摆放拆下的零件。

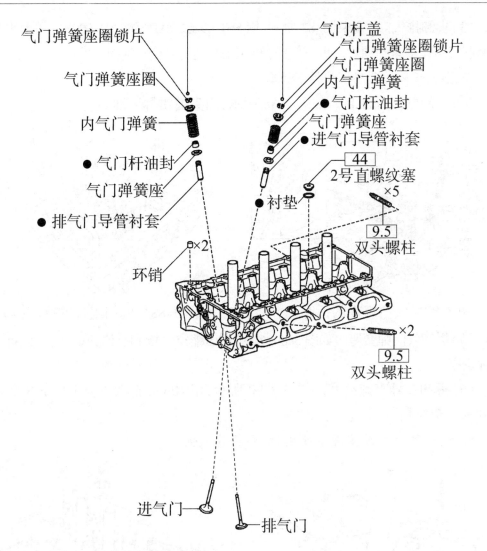

图 3-84 气门组件的分解图

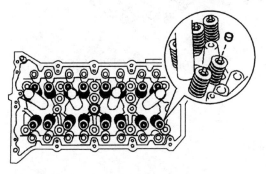

图 3-85 气门组件的拆卸(1)

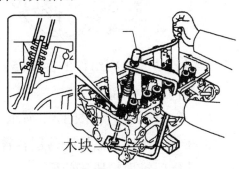

图 3-86 气门组件的拆卸(2)

(3)拆卸排气门。如图3-87所示,用SST 09202-70020(09202-00010)和木块压缩并拆下气门弹簧座圈锁片。拆下气门弹簧座圈、气门弹簧和气门。

注意:按正确的顺序摆放拆下的零件。

(4)拆卸气门杆油封。如图3-88所示,用尖嘴钳拆下油封。

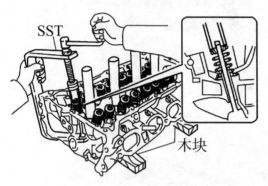

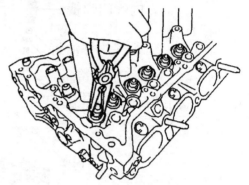

图3-87 气门组件的拆卸(3)　　图3-88 气门组件的拆卸(4)

(5)拆卸气门弹簧座。如图3-89所示,用压缩空气枪和磁棒,吹入空气以拆下气门弹簧座。

(6)拆卸2号直螺纹塞。如图3-90所示,用10mm直六角扳手拆下3个直螺纹塞和3个衬垫。

注意:如果直螺纹塞漏水或腐蚀,则将其更换。

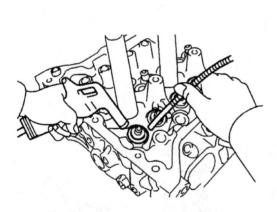

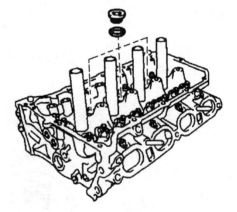

图3-89 气门组件的拆卸(5)　　图3-90 气门组件的拆卸(6)

2)气门组件的检查

(1)检查气门座,如图3-91所示。

①在气门锥面上涂抹一薄层普鲁士蓝。

②使气门锥面轻压气门座。

③按下列步骤检查气门锥面和气门座。

a. 如果整个360°气门锥面均出现普鲁士蓝,则气门锥面是同心的。否则,更换气门。

b. 如果整个360°气门座均出现普鲁士蓝,则气门导管和气门锥面是同心的。否则,重修气门座表面。

c. 检查并确认进气门座接触面在气门锥面的中部。进气门座宽度:1.0~1.4mm。

d. 检查并确认排气门座接触面在气门锥面的中部。排气门座宽度:1.0~1.4mm。

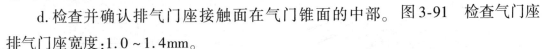

图3-91 检查气门座

(2)检查凸轮轴轴向间隙。

①安装凸轮轴。

②如图3-92所示,来回移动凸轮轴的同时,用百分表测量凸轮轴轴向间隙。进、排气凸轮轴的标准轴向间隙:0.06~0.155mm,最大轴向间隙:0.17mm。如果凸轮轴轴向间隙大于最大值,则更换凸轮轴壳。如果推力面损坏,则更换凸轮轴。

(3)检查凸轮轴径向间隙。

①清洁凸轮轴轴承盖和凸轮轴轴颈。

②将凸轮轴放到凸轮轴壳上。

③如图3-93所示,将塑料间隙规摆放在各凸轮轴轴颈上。

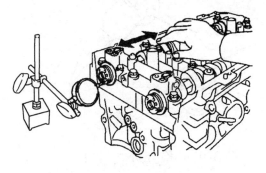

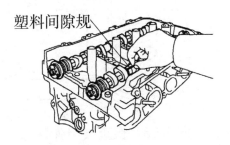

图3-92 检查凸轮轴轴向间隙　　图3-93 检查凸轮轴径向间隙(1)

④安装凸轮轴轴承盖。

注意:不要转动凸轮轴。

⑤拆下凸轮轴轴承盖。

⑥如图3-94所示,测量塑料间隙规最宽处。凸轮轴1号轴颈的标准径向间隙:0.030~0.063mm,最大径向间隙:0.085mm;凸轮轴其他轴颈的标准径向间隙:0.035~0.072mm,最大径向间隙:0.09mm。

注意：检查后完全清除塑料间隙规。如果凸轮轴径向间隙大于最大值,则更换凸轮轴。如有必要,则更换汽缸盖罩。

(4)检查气门弹簧。

①如图3-95所示,使用游标卡尺测量气门弹簧的自由长度,气门弹簧自由长度:53.36mm。如果气门弹簧自由长度不符合规定,则更换气门弹簧。

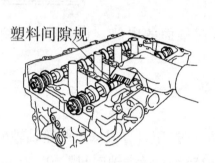
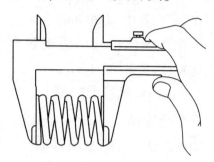

图3-94　检查凸轮轴径向间隙(2)　　图3-95　检查气门弹簧(1)

②如图3-96所示,使用直角尺测量气门弹簧的偏移量,气门弹簧最大偏移量:1.0mm。如果气门弹簧偏移量大于最大值,则更换气门弹簧。

(5)检查进气门。

①如图3-97所示,使用衬垫刮刀,刮除气门头部上的所有积炭。

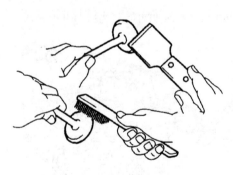

图3-96　检查气门弹簧(2)　　图3-97　检查进气门(1)

②如图3-98所示,使用游标卡尺测量气门的总长,气门的标准总长:109.34mm;气门的最小总长:108.84mm。如果气门的总长小于最小值,则更换气门。

③如图3-99所示,使用千分尺测量气门杆直径,气门杆标准直径:5.470～5.485mm。如果气门杆直径不符合规定,则检查气门导管衬套径向间隙。

④如图3-100所示,使用游标卡尺测量气门头部边缘厚度,气门头部标准边缘厚度:1.0mm;气门头部最小边缘厚度:0.5mm。如果气门头部边缘厚度小于最

小值,则更换气门。

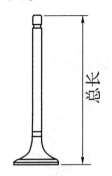
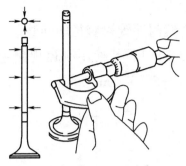

图3-98　检查进气门(2)　　图3-99　检查进气门(3)

(6)检查排气门。

①如图3-101所示,使用衬垫刮刀,刮除气门头部上的所有积炭。

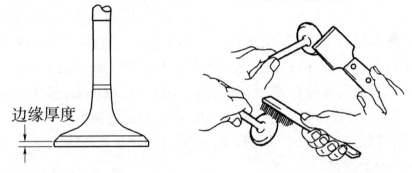

图3-100　检查进气门(4)　　图3-101　检查排气门(1)

②如图3-102所示,使用游标卡尺测量气门的总长,气门的标准总长:108.25mm;气门的最小总长:107.75mm。如果气门的总长小于最小值,则更换气门。

③如图3-103所示,使用千分尺测量气门杆直径,气门杆标准直径:5.465~5.480mm。如果气门杆直径不符合规定,则检查气门导管衬套径向间隙。

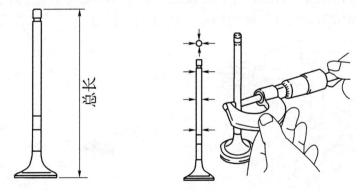

图3-102　检查排气门(2)　　图3-103　检查排气门(3)

④如图3-104所示,使用游标卡尺测量气门头部边缘厚度,气门头部标准边缘

厚度:1.01mm;气门头部最小边缘厚度:0.5mm。如果气门头部边缘厚度小于最小值,则更换气门。

(7)检查气门导管衬套径向间隙。

①如图3-105所示,使用测径规测量气门导管衬套的内径,气门导管衬套标准内径:5.510~5.530mm。

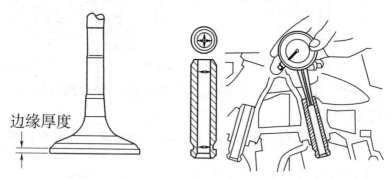

图3-104　检查排气门(4)　　图3-105　检查气门导管内径

②用气门导管衬套内径测量值减去气门杆直径测量值,即为气门导管衬套径向间隙。进气门导管标准径向间隙:0.025~0.060mm;最大径向间隙:0.080mm。排气门导管标准径向间隙:0.030~0.065mm;最大径向间隙:0.085mm。如果气门导管径向间隙大于最大值,则更换气门和气门导管衬套。

3)气门座的维修

注意:检查气门落座位置的同时维修气门座;使气门座唇口远离异物。

(1)如图3-106所示,用45°铰刀修整气门座表面,使气门座宽度大于规定值。

(2)如图3-107所示,用30°和75°铰刀修整气门座,使气门可以接触到气门座的整个圆周。应在气门座的中心接触,且气门座宽度应保持在气门座整个圆周周围的规定范围内。进、排气门座宽度:1.0~1.4mm。

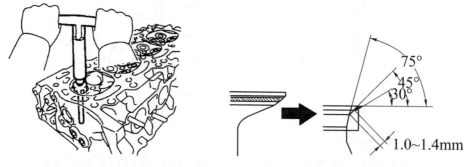

图3-106　气门座的维修(1)　　图3-107　气门座的维修(2)

(3)用研磨剂对气门和气门座进行手动研磨。

(4)检查气门落座位置。

4)气门组件的重新装配

(1)安装2号直螺纹塞(图3-90)。用10mm直六角扳手安装3个新衬垫和3个直螺纹塞。

(2)将气门弹簧座安装到汽缸盖上。

(3)安装气门杆油封。

①如图3-108所示,在新油封上涂抹一薄层发动机机油。

注意:进气门油封为灰色,排气门油封为黑色。特别注意进气门油封和排气门油封安装位置。若将进气门油封安装至排气侧或将排气门油封安装至进气侧,将会导致以后的安装故障。

②如图3-109所示,用SST 09201-41020压入油封。

注意:若不用SST会造成油封损坏或安装不到位。

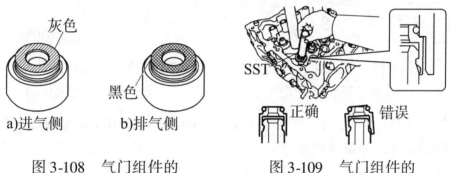

图3-108 气门组件的重新装配(1)

图3-109 气门组件的重新装配(2)

(4)安装进气门。

①如图3-110所示,在进气门的顶部涂抹足量发动机机油。将进气门、气门弹簧和气门弹簧座圈安装到汽缸盖上。

注意:将原来的零件按照原来的组合安装到原位。

②如图3-111所示,用SST 09202-70020(09202-00010)和木块压缩气门弹簧并安装2个气门弹簧座圈锁片。

③如图3-112所示,用塑料锤轻敲气门杆顶部以确保安装到位。

注意:不要损坏气门杆顶部,不要损坏气门弹簧座圈。

(5)安装排气门。

①如图3-113所示,在排气门的顶部涂抹足量发动机机油。将排气门、气门弹簧和气门弹簧座圈安装到汽缸盖上。

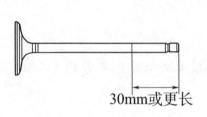

图 3-110 气门组件的重新装配(3)

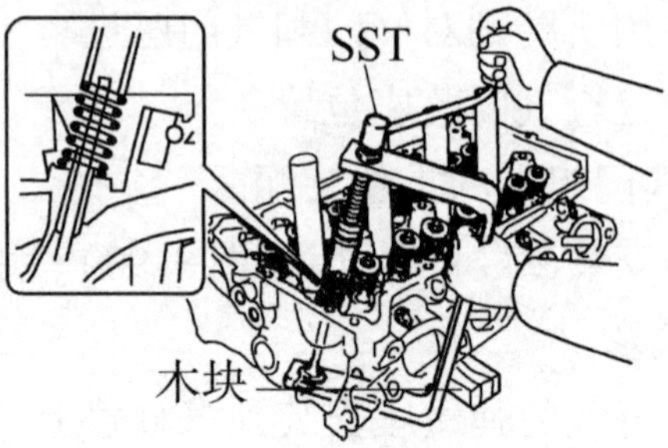

图 3-111 气门组件的重新装配(4)

注意：将原来的零件按照原来的组合安装到原位。

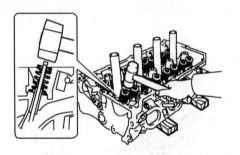

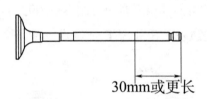

图 3-112 气门组件的重新装配(5)

图 3-113 气门组件的重新装配(6)

②如图 3-114 所示，用 SST 09202-70020（09202 - 00010）和木块压缩气门弹簧并安装 2 个气门弹簧座圈锁片。

③如图 3-115 所示，用塑料锤轻敲气门杆顶部以确保安装到位。

注意：不要损坏气门杆顶部，不要损坏气门弹簧座圈。

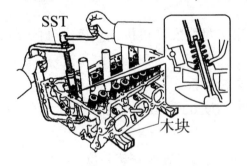

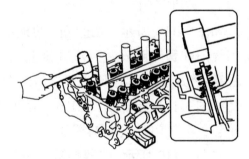

图 3-114 气门组件的重新装配(7)

图 3-115 气门组件的重新装配(8)

（6）安装气门杆盖。在气门杆盖上涂抹一薄层发动机机油。将气门杆盖安装到汽缸盖上。

小结

1.配气机构的功用是按照发动机每一汽缸内所进行的工作循环或发火次序的要求,定时开启和关闭各汽缸的进、排气门,使新鲜可燃混合气(汽油机)或空气(柴油机)得以及时进入汽缸,废气得以及时从汽缸中排出。

2.配气机构由气门组和气门传动组组成。

3.气门组包括气门、气门座、气门导管和气门弹簧等部件。

4.气门传动组主要包括凸轮轴、凸轮轴正时带轮、正时齿形带、张紧轮、液压挺柱等部件。

5.用曲轴转角表示的进、排气门实际开闭时刻和开启持续时间,称为配气相位。通常用相对于上、下止点曲拐位置的曲轴转角的环形图来表示,这种图形称为配气相位图。

复习思考题

一、简答题

1.配气机构有何功用?配气机构主要由哪些部件组成?
2.凸轮轴的驱动方式有哪几种?
3.按凸轮轴的安装位置的不同,配气机构分几种类型?
4.气门弹簧有何功用?有几种类型?
5.凸轮轴有何功用?
6.装用液压挺柱有何优点?
7.什么是配气相位?
8.可变配气正时控制系统的作用是什么?

二、选择题

1.四冲程发动机的曲轴与凸轮轴的转速比为(　　)。
　　A.1:2　　　　　B.1:1　　　　　C.2:1　　　　　D.1:4

2.气门的(　　)部位与气门座接触。
　　A.气门杆　　　B.气门锥面　　　C.气门侧面　　　D.气门导管

3.当机油泄漏到排气流中时,说明气门的(　　)磨损了。
　　A.气门导管　　B.气门头部　　　C.气门座　　　　D.气门弹簧

4. 使用4气门发动机的原因是( )。
   A. 可使更多的燃油和空气进入发动机　　B. 可得到更好的润滑
   C. 使发动机预热得更快　　　　　　　　D. 使发动机冷却得更快
5. 采用双气门弹簧或变螺距弹簧的主要作用是( )。
   A. 提高弹簧的疲劳强度　　　　　　　　B. 防止气门弹簧产生共振
   C. 提高弹簧的使用寿命　　　　　　　　D. 防止弹簧折断
6. 若气门间隙过大时,则气门开启量( )。
   A. 不变　　　　　　B. 变小　　　　　　C. 变大
7. 安装曲轴正时齿轮和凸轮轴正时齿轮时,应注意( )。
   A. 总是按照制造厂的规范对齐正时
   B. 不用担心两个齿轮的正确正时
   C. 将两个齿轮彼此按90°分开
   D. 将两个齿轮彼此按180°分开
8. 排气门在活塞位于( )开启。
   A. 做功行程之前　　　　　　　　　　　B. 做功行程将要结束时
   C. 进气行程开始前　　　　　　　　　　D. 进气行程开始后

三、判断题

1. 配气机构的功用是关闭进、排气门,防止汽缸漏气。　　　　　　　　　(　　)
2. 按气门的安装位置的不同,配气机构分为下置式、侧置式和顶置式三种类型。　　　　　　　　　　　　　　　　　　　　　　　　　　　　　(　　)
3. 气门头部的作用是与气门座配合,对汽缸进行密封。　　　　　　　　(　　)
4. 气门弹簧的功用是关闭或开启气门。　　　　　　　　　　　　　　　(　　)
5. 凸轮轴的功用是利用凸轮使各缸进、排气门关闭。　　　　　　　　　(　　)
6. 装用液压挺柱的配气机构必须有气门间隙。　　　　　　　　　　　　(　　)
7. 发动机配气机构均必须用摇臂总成改变传动方向。　　　　　　　　　(　　)
8. 配气相位指发动机进、排气门实际开启或关闭的时刻和开启持续时间,通常用曲轴转角来表示配气相位。　　　　　　　　　　　　　　　　　　(　　)
9. 气门间隙的功用是补偿气门受热后的膨胀量。　　　　　　　　　　　(　　)
10. 只要转动曲轴对正点火正时标记,即说明一缸处于压缩上止点位置。
    　　　　　　　　　　　　　　　　　　　　　　　　　　　　　　(　　)

第四章

汽油机燃料供给系统的构造与维修

学习目标

1. 掌握电控燃油喷射系统的组成和工作原理；
2. 掌握汽油选用的原则、汽油环保和安全注意事项；
3. 掌握空气供给系统的组成、工作原理及各部件的功用；
4. 掌握排气系统的组成、工作原理及各部件的功用；
5. 掌握燃油供给系统的组成、工作原理及各部件的功用；
6. 熟悉电子控制系统的组成、工作原理及各部件的功用；
7. 了解汽油机燃料供给系统维修的基本方法。

第一节 汽油机燃料供给系统的结构和工作原理

一、汽油机燃料供给系统的功用和组成

汽油机燃料供给系统的功用是根据发动机各种工况的不同要求，配制一定数量和浓度的可燃混合气并将其供入汽缸，使之在压缩终了时点火、燃烧而膨胀做功，最后将燃烧后的废气排入大气中。

汽油机燃料供给系统一般采用电子控制燃油喷射式燃料供给系统，一般简称"电控燃油喷射系统"。电控燃油喷射系统由空气供给系统、排气系统、燃油供给系统和电子控制系统等组成，如图4-1所示。

驾驶人通过踩加速踏板来控制节气门开度，从而控制发动机汽缸的进气量，空气经空气滤清器、空气流量传感器、节气门进入进气总管，再分配到各缸进气歧管，然后进入各汽缸。空气流量传感器检测进入汽缸的空气量，节气门位置传感器检测节气门开度，这两个信号作为燃油喷射的主要信息输入控制单元（ECU），由ECU计算出主喷油量，再根据冷却液温度传感器、进气温度传感器、氧

传感器、爆震传感器等输入的信息,对主喷油量进行必要的修正,确定出实际喷油量。

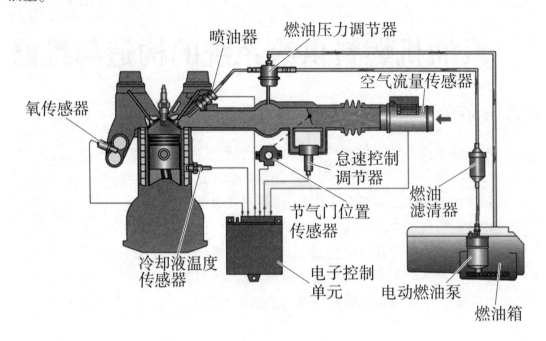

图 4-1　电控燃油喷射系统示意图

燃油从燃油箱中被电动燃油泵吸出,先由燃油滤清器将杂质滤除后再通过输油管、燃油分配管等输送到各个喷油器。喷油器则根据 ECU 发出的指令,将计量后的燃油喷入各进气歧管中与流入发动机内的空气进行混合,形成可燃混合气,供入汽缸燃烧做功,最后将废气通过排气管、排气消声器等排入大气中。

二、电控燃油喷射系统的分类

1 按喷射位置分类

根据燃油喷射位置的不同,电控燃油喷射系统可分为缸内直接喷射和进气歧管喷射两大类,如图 4-2 所示。缸内直接喷射系统具有控制精度高、喷油雾化好、燃油经济性好、发动机功率高、排放污染小等优点,在发动机上得到了广泛应用。

2 按喷射方式分类

按喷油器喷射方式的不同,电控燃油喷射系统可分为同时喷射、分组喷射、顺序喷射,如图 4-3 所示。目前普遍采用顺序喷射控制系统。

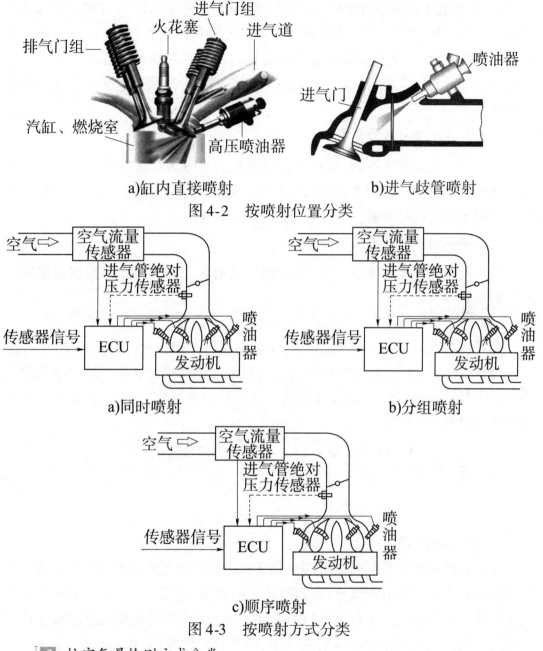

图 4-2 按喷射位置分类

图 4-3 按喷射方式分类

3 按空气量检测方式分类

按空气量检测方式的不同,电控燃油喷射系统可分为 D 型和 L 型。

(1) D 型电控燃油喷射系统。D 是德语 Druck(压力)的第 1 个字母。D 型电控燃油喷射系统利用进气管绝对压力传感器检测进气管内的绝对压力,ECU 根据进气管内的绝对压力和发动机转速推算出发动机的进气量,再根据进气量和发动机转速确定基本喷油量。

(2) L型电控燃油喷射系统。L是德语 Luft(空气)的第一个字母。L型电控燃油喷射系统利用空气流量传感器直接测量发动机的进气量,ECU不必进行推算,即可根据空气流量传感器信号计算与该空气量相对应的喷油量。由于消除了推算进气量的误差影响,其测量的准确程度高于D型,故对混合气浓度的控制更精确。

4 按燃油喷射压力分类

按燃油喷射压力的不同,电控燃油喷射系统可分为高压喷射和低压喷射两种。高压燃油喷射系统用于缸内直接喷射,喷射压力可达 10MPa 以上。低压喷射系统用于进气歧管喷射,一般压力为 0.6MPa 左右。

5 按控制系统有无反馈分类

按控制系统有无反馈的不同,电控燃油喷射系统可分为开环控制系统和闭环控制系统两类。

1) 开环控制系统

开环控制系统是指 ECU 只根据各传感器信号对执行元件进行控制,而控制的结果是否达到预期目标,ECU 没有监控,在电控燃油喷射系统的输出端与输入端之间不存在反馈回路,如图4-4所示。开环控制系统比较简单,但系统出现扰动时,控制精度会降低。

图 4-4 开环控制系统

2) 闭环控制系统

在电控燃油喷射系统的输出端与输入端之间存在反馈回路,ECU对输出量的结果是否达到预期进行监控,称为闭环控制系统,如图4-5所示。闭环控制系统能根据反馈信号对其控制误差进行修正,所以闭环控制系统的控制精度比开环控制系统高。在电控燃油喷射系统中,空燃比反馈控制、爆燃控制、增压压力控制及点火提前角反馈控制等都采用了闭环控制系统。

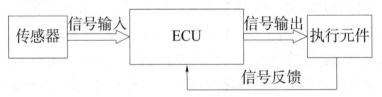

图 4-5 闭环控制系统

三、汽油

1 汽油主要性能指标

汽油机使用的燃料是汽油,汽油是由石油中提炼而得到的密度小、又易于挥发的液体燃料。汽油由多种碳氢化合物组成,基本成分:碳的体积百分数为85%,氢的体积百分数为15%。汽油的主要性能指标有蒸发性、抗爆性和热值。

1) 蒸发性

汽油中必须含有足够比例的高蒸发性的成分,以得到良好的冷起动性能,其蒸发性的好坏将影响发动机正常工作。当温度较高时,蒸发性过高的汽油易在油路中蒸发形成"气阻",当温度较低时,蒸发性过低的汽油会有一部分不能蒸发、燃烧,并滞留在汽缸壁上,不仅使燃油消耗量增加,而且会稀释润滑油,导致汽缸加快磨损,影响发动机寿命,所以车用发动机的汽油蒸发性要求适中。

2) 抗爆性

汽油的抗爆性是指汽油在汽缸中避免产生爆燃的能力(也称抗自燃的能力)。汽油的抗爆性评价指标是辛烷值。辛烷值高,汽油抗爆性好;反之,汽油抗爆性差。

3) 热值

汽油的热值是指单位质量(1kg)的汽油完全燃烧后所产生的热量,汽油的热值约为44000kJ/kg。

2 汽油的选用

我国车用汽油分类主要以辛烷值为基础,测定辛烷值的方法有马达法和研究法。目前,我国市面上的汽车的常用无铅汽油分为90号、93号、97号等标号,它们是按照研究法的辛烷值(RON)大小来划分的,这种汽油不仅含铅量更低,而且还有少量的清洁油路的添加剂。90号、93号、97号汽油除了抗爆性不同外,其他的性能如清洁性、杂质是一样的,属于同一档次的油。压缩比高的发动机选用辛烷值高的汽油,反之,可选用辛烷值低的汽油。汽油牌号越高,其抗爆性越好,但价格也越贵。

随着我国对于环境保护的标准要求不断提高,2017年1月1日起,全国范围内全面实施国五标准,以前汽油的标号90号、93号和97号退市,第五阶段改为89号、92号和95号,新的标号的汽油与旧的标号的汽油相比可以有效降低机动车排放污染。

3 环保和安全注意事项

1)环境保护

(1)汽油是对水有污染的物质,不允许将汽油排入地表水域和下水道,作业时只能在防渗的地面上进行。

(2)汽油非常易燃,会引起火灾和爆炸,进行接触汽油的工作时,必须禁止明火和吸烟。汽油存放必须远离火源。

(3)有汽油溢出时,必须立即用吸附剂进行处理。

(4)用合适的容器收集污染过的燃油、燃油滤清器,并妥善保管和回收利用。

(5)沾上汽油的抹布或物品,不得作为生活垃圾处理。

2)安全措施

(1)汽油会刺激人的皮肤,可以致癌。应避免使汽油接触到皮肤、眼睛或衣服。

(2)沾上汽油的衣服或鞋子,必须立即更换。

(3)皮肤接触到汽油后,立即用水和肥皂清洗。

(4)汽油溅入眼睛后,用水彻底冲洗。

(5)汽油蒸气吸入体内后,多呼吸新鲜空气,出现呼吸困难时尽快去医院治疗。

(6)吞食汽油后,千万不要催吐,因为液态汽油可能会进入肺部,应立即去医院治疗。

四、电控燃油喷射系统主要部件的构造

1 空气供给系统

空气供给系统的作用是为发动机可燃混合气的形成提供必要的空气,并计量和控制燃油燃烧时所需要的空气量。空气供给系统如图4-6所示,空气经空气滤清器、空气流量传感器、节气门体进入进气总管,再分配到各缸进气歧管。在进气歧管内(或进气门处),空气与喷油器喷出的燃油混合后被吸入汽缸内燃烧。

1)空气滤清器

空气滤清器是用来滤清空气中所含的尘土,以减少汽缸、活塞、活塞环等零件的磨损,延长发动机的使用寿命。

空气滤清器的种类很多,图4-7所示为纸质干式空气滤清器,它是通过用树脂处理的纸质滤芯对空气进行过滤。纸质滤芯的寿命取决于纸面大小(通常成

波折状以提高过滤面积)及空气本身的清洁程度,一般可连续使用10000～50000km。纸质滤芯不能清洗,脏污时可用压缩空气吹去灰尘,严重时必须更换。纸质干式滤清器质量轻、结构简单、安装及维护方便、滤清效果好,因此在汽车上得到广泛应用。

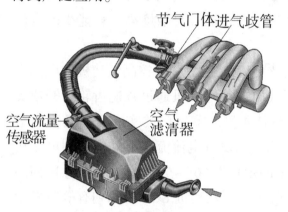

图 4-6　空气供给系统　　　　图 4-7　纸质干式空气滤清器

2)节气门体

(1)传统节气门体。传统的节气门开启与关闭是由节气门拉索来控制的。传统节气门体(图 4-8)是调节、控制吸入发动机的空气的节气门部件,节气门体主要由节气门、用于检测节气门开闭状态的节气门位置传感器、节气门定位电位计、节气门定位器(电动机)、节气门电位片和怠速开关等组成。汽车在正常行驶时,空气流量由节气门控制,而节气门则是驾驶人通过加速踏板操纵。

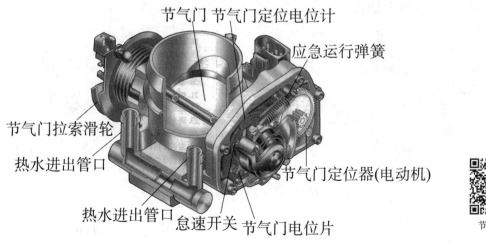

图 4-8　传统节气门体的结构

(2)电子节气门体。目前许多车型采用电子节气门的控制形式,其主要特点是取消了节气门拉索,发动机 ECU 根据加速踏板位置传感器的信号直接对节气门的开度进行控制。电子节气门控制系统包括加速踏板位置传感器、发动机ECU和电子节气门体。

电子节气门体结构如图4-9所示,电子节气门体包括节气门、检测节气门开度的节气门位置传感器、控制节气门开度的节气门控制电动机、使节气门返回固定位置的复位弹簧。节气门控制电动机采用了反应灵敏度高、耗能少的直流电动机。

发动机ECU根据加速踏板传感器信号控制流向节气门控制电动机的电流大小和方向,使节气门控制电动机转动,节气门控制电动机通过减速齿轮打开或关闭节气门,控制节气门的开启角度达到最佳角度。节气门的实际开启角度由节气门位置传感器检测并反馈给发动机ECU。当没有电流流向节气门控制电动机时,节气门复位弹簧使节气门开启到一个固定位置(6°~7°)。但是,在急速期间的节气门的开度要关闭到小于这个固定位置。当发动机ECU检测到有故障发生时,将点亮组合仪表上的故障指示灯并同时切断节气门控制电动机电源。但是,由于节气门保持开启角度为6°~7°,所以车辆仍能被开到一个安全的地方。

3) 进气歧管与稳压箱

进气歧管的结构如图4-10所示。进气歧管的功用是将空气或可燃混合气引入汽缸,并保证进气充分及各缸进气量均匀一致。进气歧管多用铝合金或铸铁制造,有些也采用复合塑料制造。有些车型进气歧管前还设有稳压箱(也称共鸣腔、谐振腔),稳压箱的功用是消除进气压力脉动,保证各缸混合气分配均匀。

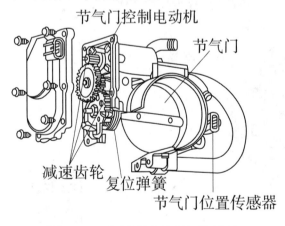

图4-9 电子节气门体的结构

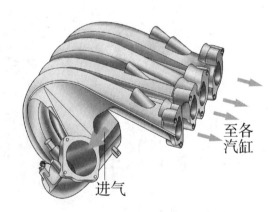

图4-10 进气歧管的结构

4) 进气增压控制系统

发动机在不同的工况时所需要的进气量大小不同,当发动机低转速时,所需要的进气量少,高转速时,发动机需要输出较大的转矩,所以需要提高发动机的进气量以提高发动机输出功率。进气增压控制系统能够实现发动机在高速运转和低速运转时对进气量变化的要求,进气增压控制系统可分为可变进气增压控制系统和废气涡轮增压控制系统两种。

(1) 可变进气增压控制系统。可变进气增压控制系统是利用改变进气管的长度或者截面积来改变发动机高、低速运转时进气量的大小,可分为动力阀控制系统和谐波增压控制系统两种。

① 动力阀控制系统。动力阀控制系统是通过改变进气管截面积来改变发动机高、低速运转时的进气量,可以适应发动机不同转速和负荷时对进气量的需求,从而改善发动机的动力性。动力阀控制系统的组成和工作原理如图4-11所示,动力阀安装在进气管内,用来控制进气管空气流通截面积的大小,膜片真空气室控制动力阀的开闭,ECU根据各传感器信号,通过真空电磁阀(VSV阀)控制真空罐与膜片真空气室的真空通道。发动机小负荷运转时,进气量较少,ECU断开真空电磁阀搭铁回路,真空罐中的真空度不能进入膜片真空气室,动力阀处于关闭位置,进气通道截面积变小;当发动机大负荷运转时,进气量较多,ECU接通真空电磁阀搭铁回路,真空罐中的真空度经真空电磁阀进入膜片真空气室,动力阀开启,进气通道截面积变大。动力阀控制系统的主要控制信号有发动机转速、温度、空气流量等。

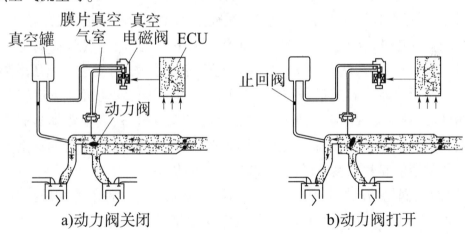

图4-11 动力阀控制系统的组成和工作原理

② 谐波增压控制系统。谐波增压控制系统(ACIS)是通过改变进气管长度来改变发动机高、低速运转时的进气量。

发动机工作中,进气管内的气体经进气门高速流入汽缸,当进气门关闭时,由于气体流动惯性使进气门附近的气体受到压缩而压力增高;当气体流动惯性过后,进气门附近被压缩的气体膨胀而流向进气相反的方向,压力下降;膨胀的气体流动到进气管口时又被反射回来,这样在进气管内即产生了压力波。在部分电控燃油喷射的发动机上,即利用了进气管内的压力波与进气门的开启相配合,当进气门开启时,使反射回来的压力波正好传到该进气门附近,从而形成进气增压的效果,提高发动机的充气效率。

发动机工作时,从进气门关闭到下一次开启的间隔时间取决于发动机的转速,而进气管内的压力波反射回到进气门处所需的时间,取决于压力波传播路线的长度。进气管较长时,压力波传播距离长,发动机低速性能较好;进气管较短时,压力波传播距离短,发动机高速性能较好。如果进气管的长度可以改变,则可兼顾发动机低速和高速运转时的性能要求,但发动机进气管的长度一般是不能改变的,其长度一般都是按最大转矩对应的转速区域(低速区域)设计的。

谐波增压控制系统的功能就是根据发动机转速的变化,改变进气管内压力波的传播距离,以提高充气效率,改善发动机性能。谐波增压控制系统组成和工作原理如图 4-12 所示,谐波增压控制系统主要由进气控制阀、真空驱动器、真空电磁阀、ECU 及传感器等组成。进气控制阀和大容量的进气室设置在进气管中,当发动机转速较低时,同一汽缸的进气门关闭与开启间隔的时间较长,此时进气控制阀关闭,使进气管内压力波的传递距离为进气门到空气滤清器的距离,这一距离较长,压力波反射回到进气门附近所需时间也较长;当发动机处于高速区域运转时,此时进气控制阀开启,由于大容量进气室的影响,使进气管内压力波传递距离缩短为进气门到进气室之间的距离,与同一汽缸的进气门关闭与开启间隔的时间较短相适应,从而使发动机在高速运转时得到较好的进气增压效果。

ECU 根据发动机转速信号控制真空电磁阀的开闭,发动机高速运转时真空电磁阀开启,真空罐内的真空进入真空驱动器的膜片气室,真空驱动器驱动进气控制阀开启。反之,发动机低速运转时真空电磁阀关闭,真空罐内的真空不能进入真空驱动器的膜片气室,进气控制阀处于关闭状态。

(2)废气涡轮增压控制系统。涡轮增压控制系统是一种动力增压控制系统,按其动力源的不同,可分为机械增压、废气涡轮增压、复合增压和气波增压等几种形式。目前应用较为广泛的是废气涡轮增压控制系统。

①组成。废气涡轮增压控制系统是利用发动机排出的废气能量来驱动增压装置进行工作的,其系统组成如图 4-13 所示(图示为真空控制旁通阀式废气涡轮增压控制系统),主要由废气涡轮增压器、增压空气冷却器和控制装置等组成。当发动机工作时,发动机排出的废气冲击安装在排气管道中的涡轮,使涡轮转动,同时,涡轮带动与其同轴的安装在进气管道中的泵轮,使其一块转动。泵轮

相当于一个空气压缩机,可将进气管道内的空气增压后送至汽缸,以提高发动机的进气量,提高发动机的输出功率。另外,为了降低增压后空气的温度,在进气管道中通常安装有增压空气冷却器,以对增压后的空气进行冷却;为了实现对增压系统压力进行控制,还装有增压压力传感器、增压压力控制电磁阀及 ECU 等控制装置。

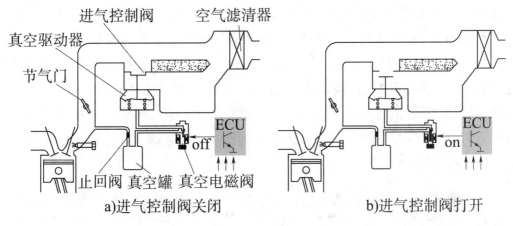

图 4-12 谐波增压控制系统的组成和工作原理

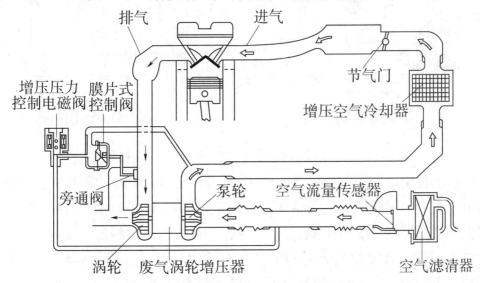

图 4-13 废气涡轮增压控制系统的组成

②控制过程。废气涡轮增压控制系统主要控制内容就是对增压压力进行控制,根据其控制方法的不同,可分为旁通气道控制式和涡轮转速控制式两种,目前在汽油发动机上主要采用旁通气道控制式废气涡轮增压控制系统。旁通气道控制式废气涡轮增压控制系统根据旁通阀控制方式的不同,又可分为真空控制旁通阀式和电动控制旁通阀式两种。

a. 真空控制旁通阀式废气涡轮增压控制系统。真空控制旁通阀式废气涡轮增压控制系统如图4-14所示。控制废气流动路线的旁通阀受膜片式控制阀的控制，在进气管与膜片式控制阀之间的压力空气通道中装有受ECU控制的增压压力控制电磁阀，增压压力控制电磁阀控制进入膜片式控制阀的气体压力。ECU根据发动机运行工况，根据内部存储的特性曲线控制增压压力控制电磁阀。当需要废气涡轮增压器工作时，ECU控制增压压力控制电磁阀通电，真空通道打开，膜片式控制阀的膜片驱动旁通阀关闭，此时废气流经涡轮室使废气涡轮增压器工作；当增压压力高于设定压力时，ECU控制增压压力控制电磁阀断电，真空通道关闭，膜片式控制阀的膜片驱动旁通阀打开，废气不经涡轮室直接排出，废气涡轮增压器停止工作，进气压力下降，直到进气压力降至规定的压力时，ECU又将增压压力控制电磁阀通电，旁通阀关闭，废气涡轮增压器又开始工作。

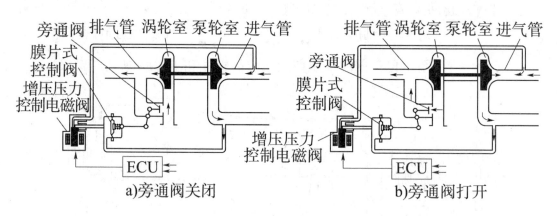

图4-14 真空控制旁通阀式废气涡轮增压控制系统

b. 电动控制旁通阀式废气涡轮增压控制系统。迈腾B8L乘用车2.0LTSI发动机电动控制旁通阀式废气涡轮增压控制系统如图4-15所示，与真空控制旁通阀式涡轮增压控制系统相比，取消了真空管路和增压压力控制电磁阀，采用增压压力电动调节阀直接控制旁通阀的开启和关闭。当需要废气涡轮增压器工作时，ECU控制增压压力电动调节阀工作，增压压力电动调节阀通过减速机构驱动旁通阀关闭，此时废气流经涡轮室使废气涡轮增压器工作；当增压压力高于设定压力时，ECU控制增压压力电动调节阀通过减速机构驱动旁通阀开启，废气不经涡轮室直接排出，废气涡轮增压器停止工作，进气压力下降，直到进气压力降至规定的压力时，ECU又控制增压压力电动调节阀使旁通阀关闭，废气涡轮增压器又开始工作。

第四章 汽油机燃料供给系统的构造与维修

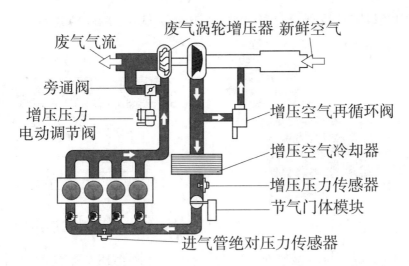

图 4-15 迈腾 B8L 乘用车 2.0LTSI 发动机电动控制旁通阀式
废气涡轮增压控制系统

2 排气系统

排气系统主要由排气歧管、排气消声器和三元催化转换器等组成，如图 4-16 所示。

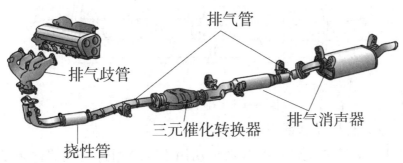

图 4-16 排气系统

1）排气歧管

从汽缸盖上各缸的排气孔到各缸的独立管的汇集处的管道总成称为排气歧管，如图 4-17 所示。排气歧管材料一般都采用成本低、耐热性较好、保温性较好的铸铁。

2）排气消声器

排气消声器的作用是消除废气中的火星及火焰，降低排气噪声。

排气消声器有吸收、反射两种基本的消声方式，如图 4-18 所示。吸收式消声器是通过废气在玻璃纤维、钢纤维和石棉等吸声材料上的摩擦而减少其能量；反射式消声器则是多个串联的谐调腔与长度不同的多孔反射管相互连接在一起，废气在其中经过多次反射、碰撞、膨胀、冷却而降低压力,减轻振动。

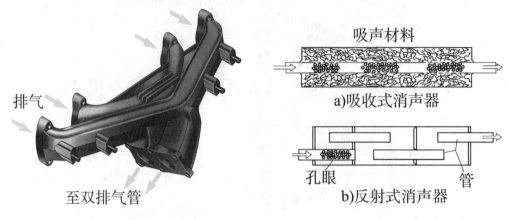

图 4-17 排气歧管　　　　图 4-18 排气消声器

汽车上实际使用的排气消声器,多数是综合利用不同的消声原理组合而成的,如图 4-19 所示。

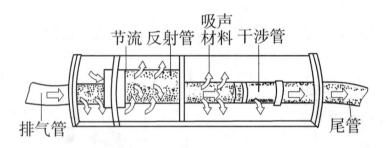

图 4-19 组合式消声器

3) 三元催化转换控制系统

(1) 功用。三元催化转化控制系统功用主要是通过三元催化转换器和氧传感器来实现的。三元催化转换器安装在排气管中部,其功能是利用转化器中的三元催化剂的作用,将发动机排出废气中的有害气体如碳氢化合物(HC)、一氧化碳(CO)、氮氧化物(NO_x)转变为无害二氧化碳(CO_2)、水(H_2O)及氮气(N_2)。

(2) 结构和工作原理。三元催化转换器(Three Way Catalyst,TWC)一般由壳体、减振层、载体和催化剂涂层部分组成,如图 4-20 所示。三元催化转换器壳体由不锈钢材料制成,以防氧化皮脱落造成载体堵塞。载体一般由氧化铝制成,是承载催化剂的一种支撑体。催化剂常用贵重金属如铂、钯、铑等制成,可以促进废气中 CO、HC 氧化反应及 NO_x 还原反应的速度,而其本身不被消耗和改变。减振层一般采用膨胀垫片或钢丝网垫,起密封、保温和固定载体的作用,防止三元催化转换器壳体受热变形等对载体造成损害。

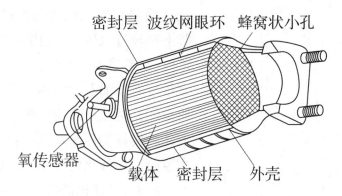

图 4-20 三元催化转换器的结构

三元催化转换器一般为整体不可拆卸式。根据催化剂载体的结构特点,三元催化转换器可分为颗粒型和蜂巢型两种类型,前者将催化剂沉积在颗粒状氧化铝载体表面,后者将催化剂沉积在蜂巢状氧化铝载体表面,氧化铝表面有形状复杂的表层,可增大催化剂与废气的实际接触面积。

当发动机排出的废气经过三元催化转换器时,三元催化转换器中的铂催化剂就会促使 HC 与 CO 氧化生成 H_2O 和 CO_2,铑催化剂会促使 NO_x 还原为 N_2 和 O_2,如图 4-21 所示。

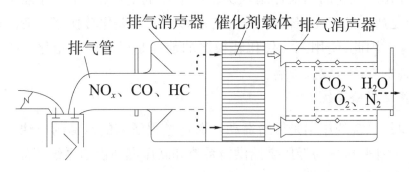

图 4-21 三元催化转换器工作原理

(3) 影响三元催化转换器转换效率的因素。三元催化转换器的转换效率是指废气经过三元催化转换器后,催化剂使 HC、CO 和 NO_x 氧化还原成水蒸气、CO_2 和 N_2 的程度。

三元催化转换器将有害气体转变成无害气体的效率受诸多因素的影响,其中影响最大的是混合气的浓度和排气温度。

三元催化转换器的转换效率与混合气浓度的关系如图 4-22 所示,可见在标准的理论空燃比 14.7 附近,对废气中 3 种有害气体(HC、CO、NO_x)的转换效率均比较高。混合气过浓或过稀时,都将使三元催化转换器的转换效率降低。在发动机工作中,为将实际空燃比精确控制在标准的理论空燃比附近,一般在三元催

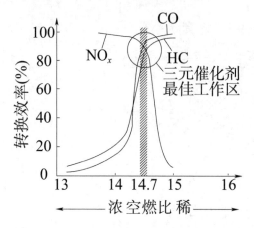

图4-22 三元催化转换器的转换效率与混合气浓度的关系

化转换器与发动机之间的排气管或排气歧管上都装有氧传感器,用来检测废气中的氧浓度,氧传感器信号输送给ECU,ECU根据此信号对喷油器的喷油量进行修正,使实际的空燃比更接近理论空燃比。同时,在三元催化转换器的后面还装有一个氧传感器,用来监测三元催化转换器的转换效率。

此外,发动机的排气温度过高(815℃以上)时,三元催化转换器的转换效率将明显下降。有些三元催化转换器中装有排气温度报警装置,当ECU收到排气温度传感器高温信号后,发出报警信号,此时,应立即将发动机熄火,查明排气温度过高的原因,予以排除。在使用中,排气温度过高一般是由于发动机长时间在大负荷下工作或因故障而燃烧不完全所致。

另外,铅和硫等元素对三元催化转换器会造成不利的影响,因为铅和硫等会与催化剂作用形成新的结晶体结构沉积在催化剂上面,从而破坏催化剂的表面活性,这就是所谓的三元催化剂中毒,它是影响三元催化转换器寿命的最为严重的物理现象。因此,使用三元催化转换器的前提是燃油的无铅化。硫主要对稀土类催化器的寿命有较大影响。

3 燃油供给系统

燃油供给系统的作用是供给发动机燃烧过程所需的清洁的燃油。按照供油管路压力的不同,可分为低压燃油供给系统和高压燃油供给系统两部分。

1)低压燃油供给系统

低压燃油供给系统结构如图4-23所示,主要由电动燃油泵、燃油滤清器、油压脉动阻尼器、燃油压力调节器和低压喷油器(简称喷油器)等组成。

燃油从燃油箱中被电动燃油泵吸出,先由燃油滤清器将杂质滤除后再通过输油管送到各个喷油器,喷油器则根据ECU发出的指令,将计量后的燃油喷入各进气歧管并与流入发动机内的空气进行混合,形成可燃混合气。发动机在正常工况喷油量只取决于各喷油器通电时间长短。

此外,利用燃油压力调节器可将喷油压力控制在一定的范围内,而将多余的燃油从燃油压力调节器经回油管送回燃油箱。为了消除电动燃油泵泵油时或喷油器喷油时引起管路中的油压产生微小扰动,在有些发动机的燃油供给系统中还装有油压脉动阻尼器,用于吸收管路中油压波动时的能量,以便抑制管路中油压的脉动,提高系统的喷油精度。

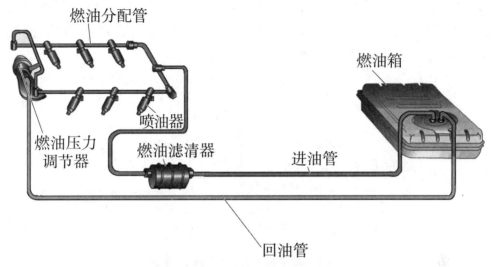

图 4-23 低压燃油供给系统

(1)燃油箱。燃油箱(图 4-24)是用来储存燃油的,其容积大小与车型和发动机排量有关,其形状随车型不同而各异,这主要是为了适应在车上的布置安装。

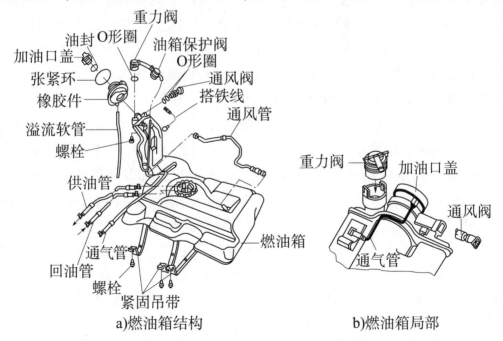

a)燃油箱结构　　　　　　b)燃油箱局部

图 4-24 带附件的燃油箱

(2)燃油蒸气控制系统。为防止燃箱内的燃油蒸气排入大气造成污染,通常发动机采用了由发动机 ECU 控制的活性炭罐燃油蒸气(Evaporative-EVAP)控制系统,用来收集燃油箱内蒸发的燃油蒸气,并根据发动机工况,将适量的燃油蒸气导入汽缸参加燃烧,从而防止燃油蒸气直接排入大气而造成污染。

在装有燃油蒸气控制系统的汽车上,加油口盖上只有空气阀,而不设燃油蒸气放出阀。燃油蒸气控制系统的组成如图4-25所示,主要由止回阀、进气管、EVAP电磁阀、真空控制阀和活性炭罐等组成。

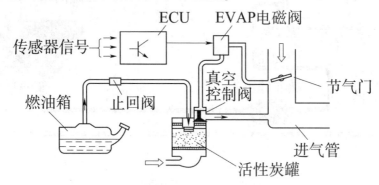

图4-25 燃油蒸气控制系统的组成

在活性炭罐与燃油箱之间设有排气管和止回阀,当燃油箱内的燃油蒸气超过一定压力时,顶开止回阀经排气管进入活性炭罐,活性炭罐内的活性炭将燃油蒸气吸附在活性炭罐内。发动机工作时,ECU根据发动机转速、温度、空气流量等信号,控制EVAP电磁阀的开闭来控制真空控制阀上部的真空度,从而控制真空控制阀的开度。当真空控制阀打开时,燃油蒸气通过真空控制阀被吸入进气歧管。活性炭罐下方设有进气滤芯并与大气相通,使部分清洁空气与活性炭罐内的燃油蒸气一起被吸入进气管,从而防止混合气变浓。

在部分燃油蒸气控制系统中,活性炭罐上不设真空控制阀,而将受ECU控制的EVAP电磁阀直接装在活性炭罐与进气管之间的吸气管中,如图4-26所示。ECU根据节气门位置传感器、冷却液温度传感器和进气温度传感器信号控制EVAP电磁阀通电或断电,EVAP电磁阀直接控制活性炭罐与进气管之间的吸气通道。当发动机怠速(进气量较少)或温度较低时,ECU使EVAP电磁阀断电,关闭吸气通道,活性炭罐内的燃油蒸气不能被吸入进气管。

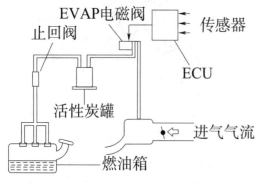

图4-26 EVAP电磁阀直接控制的燃油蒸气控制系统

(3)电动燃油泵。电动燃油泵的作用是把燃油从油箱内吸出并通过喷油器供给发动机各汽缸。

在电控燃油喷射系统中最常用的是内置式电动燃油泵,即电动燃油泵安装在燃油箱内。内置式电动燃油泵不易发生气阻和漏油现象,对泵的自吸性能要求较低,故应用广泛。内置式电动燃油泵主要有叶片式电动燃油泵和滚柱式电动燃油泵两种。

①叶片式电动燃油泵。叶片式电动燃油泵的结构和工作原理如图4-27所示。叶轮是一个圆平板,在平板的圆周上加工有小槽,形成泵油叶片。当叶轮旋转时,圆周上小槽内的燃油随同叶轮一同高速旋转。由于离心力的作用,使出油口处压力增高,而在进油口处产生真空,从而使燃油在进油口处被吸入,在出油口处被排出,这样周而复始地完成燃油的输送。叶片式电动燃油泵运转噪声小,油压脉动小,泵油压力高,叶片磨损小,使用寿命长。

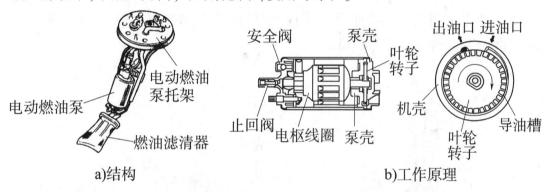

图 4-27 叶片式电动燃油泵

②滚柱式电动燃油泵。滚柱式电动燃油泵的结构和工作原理如图4-28所示。转子偏心地安装在泵体内,滚柱装在转子的凹槽中。在永磁电动机的驱动下,当转子旋转时,滚柱在离心力的作用下紧压在泵体的内表面上,同时在惯性力的作用下,滚柱总是与转子凹槽的一个侧面贴紧,从而形成若干个封闭的工作腔。

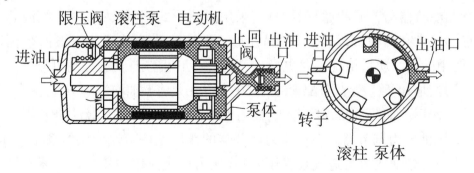

图 4-28 滚柱式电动燃油泵

在电动燃油泵工作过程中,进油口一侧的工作腔容积增大,成为低压吸油腔，燃油经进油口被吸入工作腔内；在出油口一侧的工作腔容积减小，成为高压油腔，高压燃油从压油腔经出油口流出。电动燃油泵转子每转一圈，其排出的燃油就要产生与滚柱数目相同的压力脉动，故在出口处装有油压缓冲器，以减小出口处的油压脉动和运转噪声。

止回阀的作用主要用于防止燃油倒流，并可保持管路残余压力，以便发动机下次容易起动，并可防止由于温度较高时，油路产生气阻现象。若电动燃油泵输出压力超过400kPa时，安全阀会自动打开，高压燃油可回至电动燃油泵的进油室，并在电动燃油泵和电动机内循环，以此可避免由于油路堵塞而引起管路油压过高造成管路破裂或电动燃油泵损坏等现象。滚柱式电动燃油泵运转时噪声大，油压脉动也大，而且泵体内表面和转子容易磨损。

（4）燃油滤清器。燃油滤清器（图4-29）可清除燃油中的杂质，防止堵塞喷油器等部件，减少运动部件的磨损。

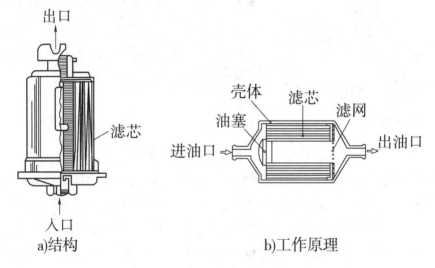

图4-29 燃油滤清器

燃油滤清器与普通的滤清器一样，采用过滤形式，壳体内有一个纸滤芯。滤芯的形式通常有两种，即菊花形和涡卷形。燃油滤清器的滤芯应根据车辆行驶里程、使用的燃油质量情况及时更换，以确保发动机稳定行驶，提高可靠性。

（5）燃油分配管。燃油分配管（图4-30）的功用是将燃油均匀、等压地输送给各缸喷油器。由于燃油分配管的容积较大，故还有储油蓄压、减缓油压脉动的作用。

（6）燃油压力调节器。燃油压力调节器的作用是调节燃油供给系统油压，保持系统压差（燃油压力与进气歧管压力）或压力恒定。燃油压力调节器根据安装位置的不同，可分为外置式和内置式两种。外置式燃油压力调节器安装在燃油分配管上，内置式燃油压力调节器与电动燃油泵一起安装在燃油箱里。

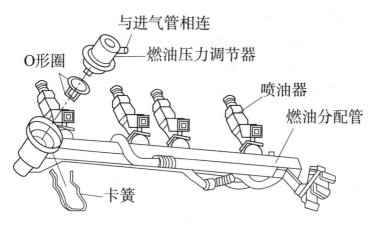

图 4-30 燃油分配管

①外置式燃油压力调节器。外置式燃油压力调节器如图 4-31 所示,其内部由橡胶膜片分为弹簧室和燃油室两部分。弹簧室内有一个带预紧力的螺旋弹簧,它作用在膜片上。在膜片上安装一个阀门,控制回油。另外,还通过一根真空管与进气歧管相连。

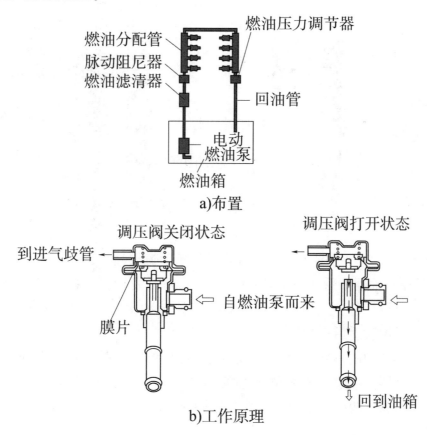

图 4-31 外置式燃油压力调节器

当系统油压超过规定值时,燃油压力克服弹簧压力,将膜片向上压,打开阀门,与回油通道接通,燃油流回燃油箱,系统压力降低,系统油压又回到规定值。

如果进气歧管真空度变大,为了维持燃油分配管内部与进气歧管内部的压力差恒定,就必须降低系统油压。把进气歧管真空度引入弹簧室,能够减少膜片上方螺旋弹簧的作用力,进而减少打开阀门的压力,使系统油压下降到规定值。

当电动燃油泵停止工作时,在膜片和螺旋弹簧力的作用下使阀门关闭,保持油路中的残余压力。

②内置式燃油压力调节器。内置式燃油压力调节器如图 4-32 所示,当系统油压超过规定值时,燃油压力便将燃油压力调节器的回油阀打开,一部分燃油经回油阀流回燃油箱,系统压力降低;当系统油压下降到规定值时,燃油压力调节器的回油阀关闭,以保持系统油压恒定。内置式燃油压力调节器与外置式燃油压力调节器相比不仅缩短了回油管,而且还可以降低燃油的温度,减小发生气阻的可能性。

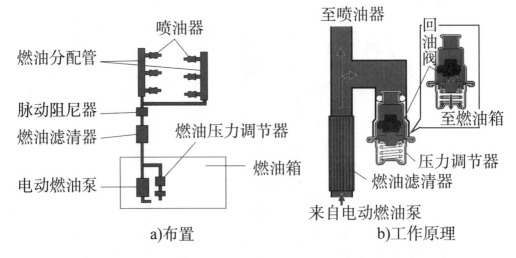

图 4-32　内置式燃油压力调节器

(7) 低压喷油器。低压喷油器(简称喷油器)是发动机电控燃油喷射系统的一个重要的执行元件,它接收 ECU 送来的喷油脉冲信号,准确地计量燃油喷射量,同时,将燃油喷射后雾化。

按喷油器结构的不同,喷油器可分为轴针式和轴孔式两种,目前应用较多的是轴针式喷油器。按喷油器阻值大小的不同,喷油器可分为低阻型(1~3Ω)和高阻型(13~18Ω)两种。按驱动方式的不同,喷油器可分为电流驱动式和电压驱动式两种。

轴针式喷油器(图 4-33)安装在燃油分配管上,主要由轴针、针阀、衔铁、复位弹簧及电磁线圈等组成。针阀与轴铁制成整体结构,针阀上端安装一个复位弹簧。当喷油器停止工作时,复位弹簧弹力使针阀复位,针阀关闭,轴针压靠在阀座上起到密封作用,防止燃油泄漏。滤网用于过滤燃油中的杂质,O形密封圈起到密封作用,上部密封圈防止燃油泄漏,下部密封圈防止漏气。

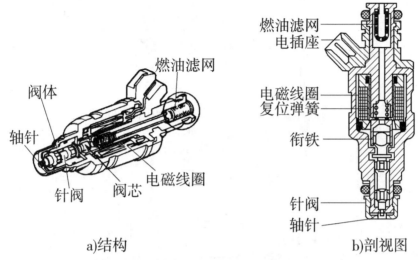

图4-33 轴针式喷油器

当电磁线圈通电时,电磁吸力使针阀克服复位弹簧的弹力,针阀与轴针上移,针阀打开,燃油便从喷孔喷出。由于燃油压力较高,因此喷出的燃油得到良好雾化。当电磁线圈断电时,电磁吸力消失,针阀与轴针在复位弹簧作用下复位,针阀关闭,喷油停止。

2)高压燃油供给系统

迈腾B8L乘用车2.0LTSI发动机采用SRE(进气歧管喷射)和TSI(缸内直接喷射)的双喷射系统,如图4-34和图4-35所示。SRE系统采用的是低压燃油供给系统,与前述低压燃油供给系统的结构和工作原理基本相同。TSI系统为高压燃油供给系统,主要由高压燃油泵、高压燃油分配管及高压喷油器等组成。高压燃油泵将低压电动燃油泵输入的燃油加压到15~20MPa的高压,然后将燃油经高压燃油分配管送到安装在汽缸内的高压喷油器,发动机ECU控制高压喷油器的开启,将高压燃油直接喷射到汽缸内。

(1)高压燃油泵。高压燃油泵的结构如图4-36所示,高压燃油泵是燃油加压的关键部件,在低压燃油泵将燃油送到高压燃油泵之后,高压燃油泵可以将燃油加压到15~20MPa,并将其送入高压燃油分配管。高压燃油泵通常是由凸轮轴带动,内部则有三头凸轮加压。高压燃油泵上还集成有燃油压力调节阀,它控制着高压燃油泵的进口阀,从而控制燃油压力。发动机ECU以脉冲宽度调制的方式控制燃油压力调节阀,当 ECU 驱动电路失效时,高压燃油泵进入低压模式,发动机仍可应急运行。

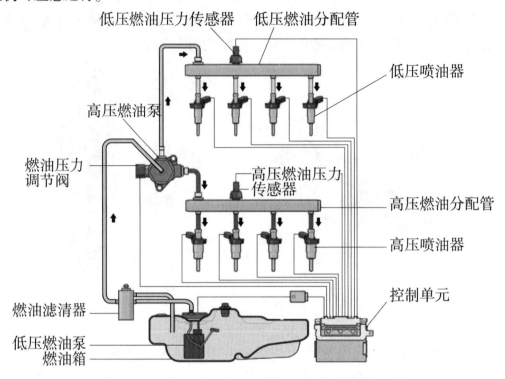

图 4-34　迈腾 B8L 乘用车 2.0L TSI 发动机燃油供给系统的组成

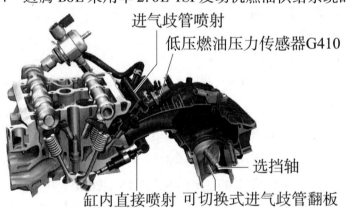

图 4-35　迈腾 B8L 乘用车 2.0L TSI 发动机燃油
供给系统的结构

(2)高压喷油器。高压喷油器有压电式和电磁阀式两种。电磁阀式高压喷油器与低压喷油器结构基本一样。压电式高压喷油器主要由压电元件、热补偿器和向外打开式喷油器针阀组成,如图 4-37 所示。压电元件通电后膨胀使喷油器针阀向外伸出阀座。为了能够承受相应阀门开启升程的不同运行温度,喷油器装有一个热补偿器。压电式高压喷油器的喷油响应性好,喷油控制精确,但对燃油的品质要求较高。

图 4-36　高压燃油泵的结构　　图 4-37　压电式喷油器的结构

压电元件是一个电气机械式转换器,由一种陶瓷材料制成,可将电能直接转化为机械能,其工作原理如图 4-38 所示。为了达到较大的行程,压电元件可以采用多层结构。执行机构模块由机械串联、电气并联的多个压电陶瓷材料层组成。压电晶体的偏移程度取决于所施加的电压,最多可达到晶体的最大偏移量,电压越高行程越大。

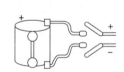
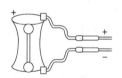

a)压电晶体未通电　　b)压电晶体通电　　c)压电元件的分层结构

图 4-38　压电元件的工作原理

4　电子控制系统

电子控制系统的功用是根据发动机运转状况和车辆运行状况确定汽油最佳喷射量和最佳点火提前角。此外,还可进行怠速控制、排放控制和故障自诊断等。电子控制系统由传感器、电子控制单元(ECU)、执行元件 3 部分组成,如图 4-39 所示,不同型号的发动机,发动机电控系统包括的部件略有不同。

电子控制系统的核心是 ECU,ECU 根据发动机中各种传感器送来的信号控制喷油时间、点火正时等。传感器检测发动机的实际工况,计量各种信号并传输给ECU,ECU输出的各种控制指令由执行元件执行。

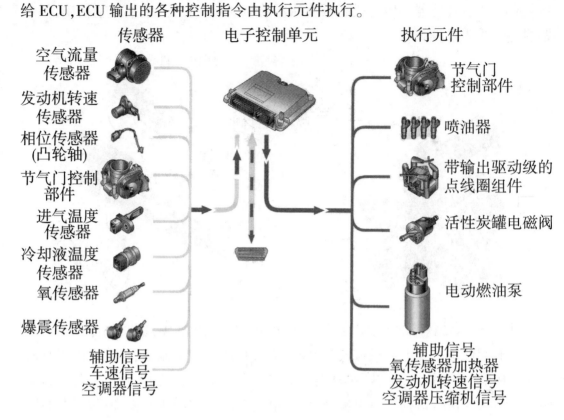

图4-39 电子控制系统控制框图

1)传感器

传感器用来测量或检测反映发动机运行状态下的各种物理量、电量和化学量等,并将它们转换成计算机能接收的电信号后再送给ECU。常用的传感器主要有空气流量传感器、进气歧管绝对压力传感器、曲轴位置传感器、温度传感器、节气门位置传感器、高压燃油压力传感器、氧传感器、爆震传感器等。另外,还有各类开关、继电器等。

(1)空气流量传感器。空气流量传感器安装在空气滤清器和节气门之间,它可对发动机进气量进行直接的、精确的计量。按照空气流量传感器结构形式的不同,可分为热式空气流量传感器(又称热式空气流量计)和卡门旋涡式空气流量传感器两种类型。

①热式空气流量传感器。目前应用较为广泛的是热式空气流量传感器。热式空气流量传感器按其检测元件的不同,可分为热线式空气流量传感器和热膜式空气流量传感器两种类型。

a.热线式空气流量传感器。热线式空气流量传感器的结构如图4-40所示,主要由防护网、采样管、热线电阻、温度补偿电阻和控制电路板等组成。热线电阻和温度补偿电阻安装在主进气道中,控制电路板安装在热线式空气流量传感器下方。防护网用于防止回火和脏物进入热线式空气流量传感器。

热线式空气流量传感器的工作原理如图4-41所示。安装在控制电路板上的精密电阻 R_A 和 R_B 与热线电阻 R_H 和温度补偿电阻 R_K 组成惠斯通电桥电路。当空气流经热线电阻时,热线电阻温度降低,其相应的电阻值减小,使电桥失去平衡,若要保持电桥平衡,就必须增加流经热线电阻的电流,以恢复其温度和阻值。流经热线电阻的空气量不同,热线电阻的温度变化量和电阻值的变化量不同,为保持电桥平衡,流经热线电阻的电流也相应地变化。由于精密电阻 R_A 的电阻值是一定的,流经精密电阻 R_A 和热线电阻的电流相等(两电阻串联),所以精密电阻 R_A 两端的电压随流经热线电阻的空气量相应地变化,控制电路将精密电阻 R_A 两端的电压输送给 ECU 即可确定进气量。

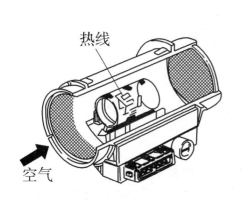

图4-40　热线式空气流量传感器的结构

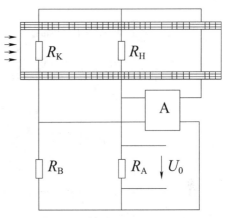

图4-41　热线式空气流量传感器的工作原理

R_K-温度补偿电阻;R_H-热线电阻;
R_A、R_B-精密电阻;U_0-信号电压;A-控制电路

控制电路的作用是保持电桥平衡,即保持热线电阻与感应进气温度的温度补偿电阻之间的温度差不变。

为保证测量精度,热线式空气流量传感器一般都有自洁功能。发动机转速超过1500r/min、关闭点火开关使发动机熄火后,控制系统自动将热线电阻加热到1000℃以上并保持约1s,以便将附在热线电阻上的粉尘烧掉。

热线是圆筒内保持100℃的电线,由于进入发动机的空气会冷却热线,测量出热线保持100℃所需的电流,就可以算出空气流量。

热线式空气流量传感器能直接测量进气空气的质量流量,无需进行进气温度和大气压力修正,无运动部件,进气阻力小,响应特性较好,可正确测出急减速时空气进气量。

b. 热膜式空气流量传感器。热膜式空气流量传感器的结构如图4-42所示。热膜式空气流量传感器的结构和工作原理与热线式空气流量传感器基本相同,不同之处在于热线式空气流量传感器的测量元件是采用铂丝热线制成的电阻,而热膜式空气流量传感器的测量元件不是采用价格昂贵的铂丝热线,而是用热膜代替热线,并将热膜镀在陶瓷片上,制造成本大大降低。此外,这种结构可使发热体不直接承受空气流动所产生的作用力,增加了发热体的强度,提高了使用寿命,它的金属网可以使测量信号稳定,由于这些优点,热膜式空气流量传感器的应用更为广泛。

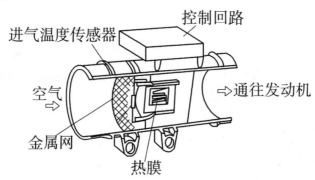

图4-42 热膜式空气流量传感器的结构

② 卡门旋涡式空气流量传感器。卡门旋涡式空气流量传感器具有体积小、质量轻、结构简单等优点。按检测方式的不同,卡门旋涡式空气流量传感器可分为光学式和超声波式两种类型。

a. 光学式卡门旋涡空气流量传感器。光学式卡门旋涡空气流量传感器的结构如图4-43所示。在进气道内设有锥形涡流发生器,当空气流经进气道时,会在涡流发生器的后部产生有规律的卡门旋涡,从而导致涡流发生器周围的空气压力发生变化,变化的压力经导压孔引向金属膜制成的反光镜使反光镜产生振动,其振动频率与涡流发生的频率相等,而涡流发生频率与空气流速成正比。反光镜将发光二极管投射的光线反射给光敏晶体管,通过光敏晶体管检测涡流发生的频率,并向ECU输送信号,ECU则根据此信号确定发动机的进气量。

b. 超声波式卡门旋涡空气流量传感器。超声波式卡门旋涡空气流量传感器主要由超声波信号发生器、超声波发射探头、涡流稳定板、涡流发生器、整流栅、超声波接收探头和转换电路等组成,如图4-44所示。当空气流经涡流发生器时,在其后部的超声波发射探头与超声波接收探头之间产生有规律的卡门旋涡。超声波发射探头不断地接收超声波信号发生器输送来的超声波信号,并将其转换成机械波。超声波接收探头安装在超声波发射探头正对面,它利用压电效应将接收到的机械波转换成电信号输送给转换电路。因卡门旋涡对空气密度的影响,会使机械波从超声波发射探头传到超声波接收探头的时间产生相位差。转换电路对此相位信号进行处理,就可以得到与涡流发生的频率成正比的脉冲信号,即代表空气体积流量的电信号。

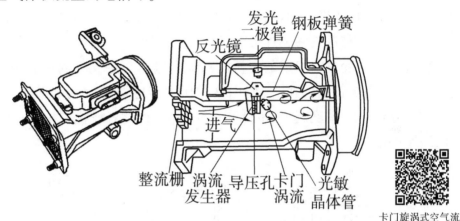

卡门旋涡式空气流量传感器结构

图4-43 光学式卡门旋涡空气流量传感器

图4-44 超声波式卡门旋涡空气流量传感器

卡门旋涡式空气流量传感器直接测得的是空气的体积流量,因此在空气流量传感器内均装有进气温度传感器,以便对随气温而变化的空气密度进行修正,从而正确计算出进气质量流量。卡门涡流式空气流量传感器信号一般是以频率输出,当空气流量变化时,电压始终不变,而输出的脉冲频率发生变化,因此不能

175

根据测量电压高低确定空气流量的变化。对于卡门旋涡式空气流量传感器,进气量越大,脉冲信号的频率越高,进气量越小,脉冲信号频率越低。

(2)进气歧管绝对压力传感器。在 D 型电控燃油喷射系统中,ECU 通过进气歧管压力和发动机转速推算发动机进气量,进气歧管压力的测定是靠进气管绝对压力传感器完成的。进气歧管绝对压力传感器种类较多,就其信号产生原理可分为半导体压敏电阻式和电容式等形式。

① 半导体压敏电阻式进气歧管绝对压力传感器。半导体压敏电阻式进气歧管绝对压力传感器如图 4-45 所示,它是利用半导体的压电效应原理制成的,这种传感器是将硅片的周边固定在基座上,再将整体封入一壳体内,并在壳体内形成真空,当通道口与进气管相连接时,进气管内的压力就会使传感器内的膜片产生压力,此时由应变电阻组成的电桥电路就会输出与进气管内压力成比例的电压。由于基准压力是真空的压力,使用这种压力传感器可以测定出绝对压力。该传感器具有体积小、精度高、成本低和可靠性、抗振性好等优点,在现代汽车上得到了广泛应用。

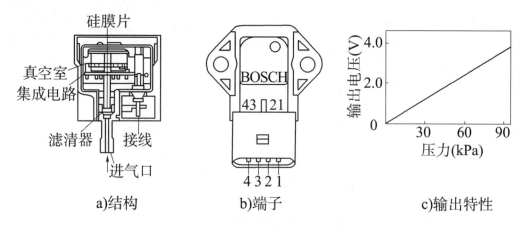

图 4-45　半导体压敏电阻式进气管绝对压力传感器

由于传感器结构和测量原理的要求,半导体压敏电阻式进气管绝对压力传感器安装在振动较小的车身处,用一根橡胶管作为取气管与进气总管相连。

② 电容式进气歧管绝对压力传感器。电容式进气歧管绝对压力传感器的结构如图 4-46 所示,位于传感器壳体内腔的弹性膜片用金属制成,弹性膜片上、下 2 个凹玻璃的表面也均有金属涂层,这样在弹性膜片的 2 个金属之间形成 2 个串联的电容。

发动机工作时,进气管内的空气压力作用于弹性膜片上,使弹性膜片产生位移,弹性膜片与 2 个金属涂层之间的距离发生变化,一个距离减小,而另一个距离增大,在弹性膜片与 2 个金属涂层之间形成的 2 个电容的电容量也一个增加,另一个减小。电容量的变化量与弹性膜片的位移成正比,而弹性膜片的位移取决于上、下 2 个空腔的气体压力,只要弹性膜片上部的空腔为绝对真空、下部空腔通进气管,则可通过检测电容量的变化来检测进气管的绝对压力。

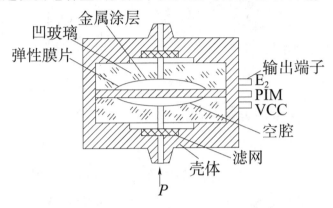

图 4-46　电容式进气歧管绝对压力传感器

（3）曲轴位置传感器。曲轴位置传感器作用是提供发动机的转速、曲轴转角位置及汽缸行程位置信号,以此确定发动机的基本喷油时刻、喷油量及点火时刻。曲轴位置传感器有的安装在曲轴前端,有的安装在凸轮轴前端,有的安装在飞轮上,车型不同,所采用的结构形式有所不同,所以也有曲轴位置传感器或凸轮轴位置传感器之说,两者的原理和结构形式基本相同,只是安装位置有所区别而已。曲轴位置传感器形式很多,其中使用最多的是磁感应式曲轴位置传感器和霍尔式曲轴位置传感器。

①磁感应式曲轴位置传感器。磁感应式曲轴位置传感器是利用磁力线的变化来识别曲轴的位置和转速信号,其结构和原理如图 4-47 所示。磁感应式曲轴位置传感器主要由信号转子、线圈和永久磁铁组成,当信号转子旋转时,磁路中的气隙就会周期性的发生变化,磁路的磁阻和穿过信号线圈磁头的磁通量随之发生周期性的变化。根据电磁感应原理,线圈中就会感应产生交变电动势,ECU 根据电压变化的数量来判断曲轴的位置和转速。

②霍尔式曲轴位置传感器。霍尔式曲轴位置传感器是利用霍尔效应原理来识别曲轴转速和位置信号,其基本结构和原理如图 4-48 所示,霍尔式曲轴位置传感器主要由靶轮和霍尔集成电路组成。靶轮安装在曲轴上,与曲轴一起转动,在靶轮上具有 30 对磁极,其中有一对宽磁极用来识别一缸上止点位置信号。霍尔集成电路固定上发动机壳体上,测量端与靶轮保持一定的距离。当靶轮随曲轴转动时,霍尔集成电路就会检测到来自靶轮的信号。曲轴转动一圈,会产生 60 个信号。发动机

ECU通过产生信号的数量就可以识别发动机的转速。

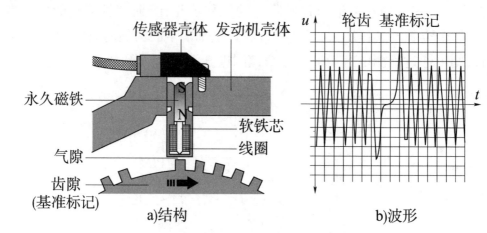

图4-47 磁感应式曲轴位置传感器的结构和原理

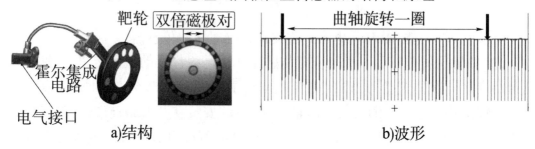

图4-48 霍尔式曲轴位置传感器的结构和原理

（4）温度传感器。温度传感器有冷却液温度传感器、进气温度传感器与排气温度传感器等，这些传感器多为负温度系数的热敏电阻式温度传感器，即热敏电阻的阻值随温度的升高而减小。

①冷却液温度传感器。冷却液温度传感器安装在发动机出水口附近，它的功用是检测发动机冷却液温度。冷却液温度传感器的结构及特性曲线如图4-49所示。冷却液温度传感器由封闭在金属盒内的对温度变化非常敏感的负温度系数热敏电阻（NTC电阻）构成，利用电阻值的变化来检测冷却液的温度。冷却液温度越低，电阻值越大；冷却液温度越高，电阻值越小。将冷却液温度传感器的信号输入到ECU，就可以根据冷却液温度进行喷油量的控制和点火时刻的修正。

②进气温度传感器。对于间接测量进气量以及通过体积流量计量进气量的传感器，由于吸入空气温度的变化会引起空气密度发生变化，从而引起进气质量发生相应变化，因此需要用进气温度传感器检测发动机吸入空气的实际温度，以便准确计量进气质量。进气温度传感器的结构如图4-50所示，进气温度传感器内部结构是一个负温度系数的

进气温度传感器结构

热敏电阻,当进气温度变化时,热敏电阻值发生变化,温度越高,阻值越小。

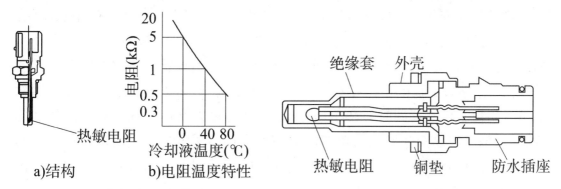

图 4-49　冷却液温度传感器　　　图 4-50　进气温度传感器的结构

（5）节气门位置传感器。节气门体是调节控制吸入发动机的空气的部件,而节气门位置传感器安装在节气门轴上,用来检测节气门开度,以反映发动机的不同工况(怠速、加速、减速等)以及发动机的负荷状态。

对于装备自动变速器的车辆,节气门位置传感器信号还是自动变速器进行自动换挡控制的重要参数。常见的节气门位置传感器有滑动变阻式节气门位置传感器和霍尔式节气门位置传感器等类型。

①滑动变阻式节气门位置传感器。如图 4-51 所示,滑动变阻式节气门位置传感器是电位器式的角度传感器,带触头的滑动臂与节气门轴连接,滑动触头在薄膜电阻上滑动,将节气门的转角转换成与转角成比例的相对电压值,滑动变阻式节气门位置传感器的工作电压为5V。

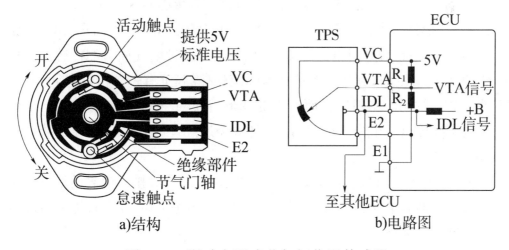

图 4-51　滑动变阻式节气门位置传感器

②霍尔式节气门位置传感器。霍尔式节气门位置传感器由霍尔元件和可绕其转动的磁铁制成的霍尔 IC 构成。磁铁安装在与节气门轴的相同轴上,和节气

门一起转动,当节气门开启时,磁铁也同时转动并改变磁铁的位置。霍尔元件探测因磁铁位置变化所造成磁通量的变化,并根据此变化量从 VTA1 端子和 VTA2 端子输出最终的霍尔效应电压,其线路如图 4-52a)所示,此信号被送至发动机 ECU 作为节气门开度信号,如图 4-52b)所示。此类型传感器不仅能精确地探测节气门开启程度,还采用了无接触方式,简化了构造,所以不易发生故障。霍尔式节气门位置传感器同时有两个信号输出,从而可以增进系统监测故障的准确性,并加强了失效安全保护的功能以提高可靠性。霍尔式节气门位置传感器的导通性不能用万用表检测,其性能好坏可以通过示波器检测信号电压波形来进行判断。

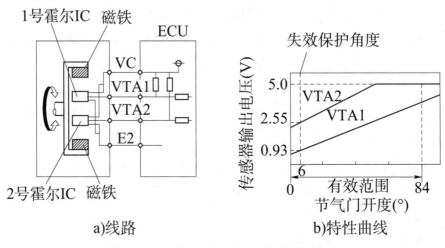

图 4-52 霍尔式节气门位置传感器

(6)高压燃油压力传感器。高压燃油压力传感器如图 4-53 所示,由一个集成式传感器元件、一个带分析电路的印制电路板、一个带电气插口的传感器壳体构成。燃油通过高压接口到达一个传感器隔膜处,隔膜上有一个传感器元件(半导体元件),该元件用于将因压力而产生的变形转换为一个电信号,产生的电信号通过连接导线传至一个分析电路,该电路将经过处理的测量信号通过接口提供给 ECU。

(7)氧传感器。氧传感器安装在排气管上,用来检测排气中氧的浓度。目前使用的氧传感器有氧化锆(ZrO_2)式氧传感器、氧化钛(TiO_2)式氧传感器和宽量程氧传感器 3 种类型。

①氧化锆式氧传感器。氧化锆式氧传感器的结构如图 4-54 所示,其基本元件是氧化锆管,氧化锆管固定在带有安装螺纹的固定套内,在氧化锆管的内、外表面均覆盖着一薄层铂作为电极,传感器内侧通大气,外侧直接与排气管中的废

气接触。在氧化锆管外表面的铂层上,还覆盖着一层多孔的陶瓷涂层,并加有带槽口的防护套管,用来防止废气对铂电极产生腐蚀;在传感器的线束连接器端有金属护套,其上设有小孔,以便使氧化锆管内侧通大气。

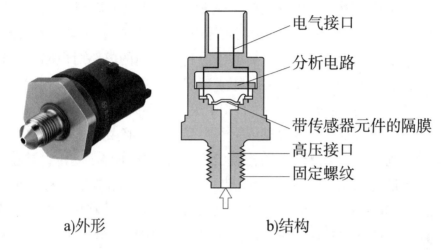

图4-53 高压燃油压力传感器

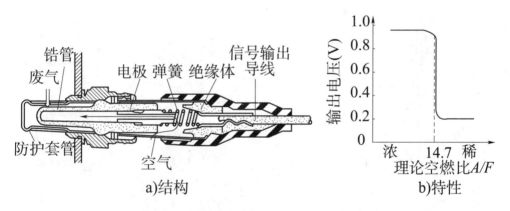

图4-54 氧化锆式氧传感器结构及特性

当混合气的实际空燃比小于理论空燃比,即发动机以较浓的混合气运转时,排气中氧含量少,但CO、HC等较多,这些气体在锆管外表面铂的催化作用下与氧发生反应,将耗尽排气中残余的氧,使锆管外表面氧气浓度变为零,这就使得锆管内、外侧氧浓度差加大,两铂极间电压陡增。因此,氧化锆式氧传感器产生的电压将在理论空燃比时发生突变:当混合气较稀时,输出电压几乎为零;当混合气较浓时,输出电压接近1V。

②氧化钛式氧传感器。氧化钛式氧传感器是利用二氧化钛(TiO_2)材料的电阻值随排气中氧含量的变化而变化的特性制成的,故又称电阻型氧传感器,其结构如图4-55所示。纯二氧化钛在常温下是一种高电阻的半导体,但表面一旦缺

氧,其晶格便出现缺陷,电阻随之减小。由于二氧化钛的电阻也随温度不同而变化,因此,在氧化钛式氧传感器内部也有一个电加热器,以保持氧化钛式氧传感器在发动机工作过程中的温度恒定不变。

当发动机混合气稀,排气中氧含量较多时,传感元件周围的氧离子浓度较大,则阻值低,输出低电压;当发动机的混合气浓,排气中氧含量少时,传感元件周围的氧离子很少,则阻值高,输出高电压。利用适当的电路对电阻变量进行处理,即可转换成电压信号输送给ECU,用来确定实际的空燃比。氧化钛式氧传感器的电阻将在混合气的空燃比 A/F 约为 14.7 时产生突变。

③宽量程氧传感器。宽量程氧传感器在混合气从稀到浓的整个区域均呈线性输出特性。宽量程氧传感器的结构及工作原理如图 4-56 所示,它是在普通型氧传感器的基础上增加了一个单元泵和一个测量室。测量室上有一个扩散通孔,尾气通过扩散通孔进入测量室。单元泵受 ECU 控制,可将尾气中的氧泵入测量室,也可将测量室中的氧泵入排气管。ECU 一直控制着单元泵的工作电流,通过改变测量室中氧的含量,使氧传感器的信号电压始终保持在 450mV。

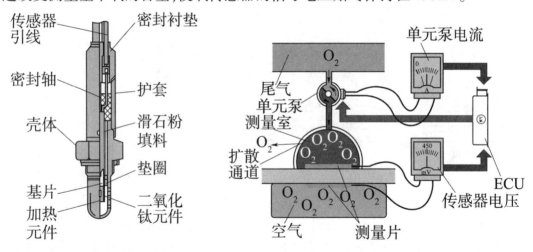

图 4-55　氧化钛式氧传感器结构　　图 4-56　宽量程氧传感器的结构及工作原理

当混合气过浓时,氧传感器电压值超过 450mV,单元泵若仍以原来转速工作,测试室的氧含量较少,此时,ECU 通过控制电路增大单元泵的工作电流,使单元泵旋转速度增加,增加泵氧速度。单元泵泵入测试室中的氧含量增加,使氧传感器电压值恢复到 450mV。

当混合气过稀时,氧传感器电压值低于 450mV,单元泵若仍以原来的转速运转,会泵入较多的氧,测试室中氧的含量较多。为能使氧传感器电压值尽快恢复到 450mV 的电压值,ECU 通过控制电路减小单元泵的工作电流,使泵入测试室的氧含量减少。

2) 电子控制单元

电子控制单元常用 ECU 表示,ECU 的主要功能是根据发动机运转状况和车辆运行状态对发动机进行精确地控制。

ECU 的主要部件是微型电子计算机(简称微机),可实现多功能的高精度集中控制。ECU 的基本结构如图 4-57 所示,主要由输入回路、A/D 转换器(模拟信号/数字信号转换器)、微机和输出回路组成,是对燃油喷射、点火正时、怠速、进气及排放等进行综合控制的发动机管理系统。

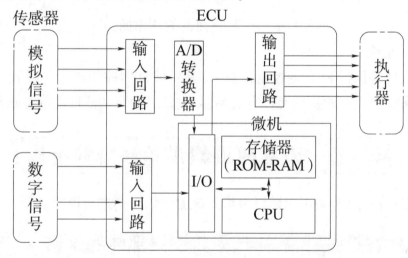

图 4-57 发动机电子控制单元的基本结构

(1) 输入回路。输入回路对各种输入信号进行预处理,一般包括去杂波、把正弦波转换成矩形波及电平转换等。

(2) A/D 转换器。由于微机只能识别数字信号,所以 A/D 转换器将模拟信号转换成数字信号后,才能输至微机中进行处理。

(3) 微机。微机主要由中央处理器(CPU)、存储器、输入/输出装置等组成。微机的功能是根据发动机工作的需要,把各种传感器送来的信号用内存的程序(微机处理的顺序)和数据进行运算处理,并把处理结果(如燃油喷射控制信号、点火控制信号等)送往输出回路。

(4) 输出回路。输出回路是微机与执行元件之间的连接桥梁,其主要功用是将微机的处理结果放大,生成可以驱动执行元件工作的控制信号,输出回路一般采用功率晶体管,根据微机的指令通过功率晶体管的导通与截止来控制执行元件的搭铁回路。控制喷油器的输出回路如图 4-58 所示,当功率晶体管导通时,喷油器通电喷油;当功率晶体管截止时,喷油器断电停油。

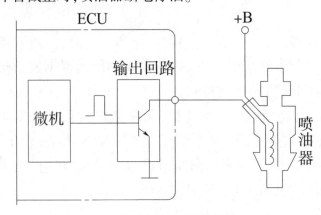

图4-58 控制喷油器的输出回路

3)执行元件

执行元件是执行ECU的控制信息,将其变成具体控制动作的装置。在电控燃油喷射系统中主要的执行元件有喷油器、电动燃油泵和活性炭罐电磁阀等。

第二节 汽油机燃料供给系统的维修

本节以迈腾2.0L乘用车燃料供给系统的维修为例进行说明。

一、空气供给系统和排气系统主要部件的维修

1 实训器材

(1)车辆:迈腾2.0L乘用车。

(2)普通工具:举升机、磁力护裙、转向盘护套、换挡杆手柄套、脚垫和座椅套、组合扳手、螺丝刀、钳子、扭力扳手。

(3)专用工具:VAS 6499软管卡箍钳、VAS 6494扭力螺丝刀、V.A.G 1410扭力扳手、V.A.G 1274/8冷却系统检测仪的转接头、VAS 6340软管夹钳、VAS 6096冷却系统加注装置、VAS 6208车间起重机收集盘、T10007 A折射计、V.A.G 1783扭力扳手、V.A.G 1783/1扭力扳手开口接头。

(4)检测工具:车辆诊断测试器。

(5)其他:塑料楔或木楔、丙酮、软刷、抹布、热螺栓膏。

2 作业准备

(1)汽车进入工位前,将工位清理干净,准备好相关的器材。

(2)将汽车停放在举升机中央位置。

(3)打开电子驻车制动器(图4-59),并将换挡杆置于空挡或驻车挡(P位)位置(图4-60)。

(4)套上转向盘护套、换挡杆手柄套和座椅套,铺设脚垫。

(5)在车内拉动发动机舱盖手柄(图4-61),在车外打开并支撑发动机舱盖。

图4-59　打开电子驻车制动器

图4-60　换入空挡或驻车挡

图4-61　拉动发动机舱盖手柄

(6)粘贴翼子板和前脸磁力护裙。

3 操作步骤

1)空气滤清器滤芯的维修

(1)空气滤清器滤芯的拆卸。

①如图4-62所示,将真空软管从空气滤清器上部件上拔下。

②将固定螺栓(见图4-62箭头)从空气滤清器上部件上拧出,将空气滤清器上部件及其整个空气导管朝一侧抬起。

③取出空气滤清器滤芯和挡雪网。

(2)空气滤清器滤芯的安装。空气滤清器滤芯的安装如图4-63所示。

①检测外壳、空气流量传感器和排水是否脏污,必要时清洁。

②将挡雪网装入空气滤清器下部件中。

③将空气滤清器滤芯居中装入空气滤清器下部件上的定位座中。

④将空气滤清器上部件小心地、不要用大力地插到空气滤清器下部件上,然后用固定螺栓紧固,拧紧力矩为 $1.5N·m$。

(3)清洁空气滤清器壳体。

注意:严重的脏污或潮湿会影响空气质量数值,引起喷油量计算偏小,会导致发动机功率降低;清洁空气滤清器壳体时应注意废弃处理规定。

①检查空气流量传感器和空气导流软管(纯净空气侧)是否有盐分残留、污物和树叶。

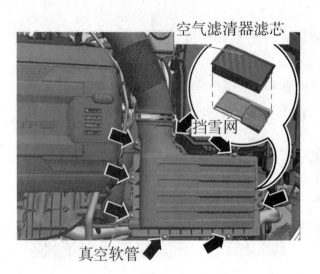
图4-62 空气滤清器滤芯的拆卸

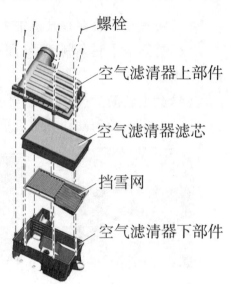
图4-63 空气滤清器滤芯的安装

②检查空气滤清器下部件中的排水软管有无污染和黏结,必要时清洁。

③检查空气滤清器壳体(上部件和下部件)是否有盐分残留、污物或树叶,必要时吸干净。

注意:在用压缩空气吹空气滤清器壳体时,为避免出现功能性故障,必须用干净的抹布盖住发动机主要的空气导流部件。

2)节气门控制单元GX3的维修

(1)节气门控制单元GX3的拆卸。

①拆卸发动机舱盖。沿图4-64箭头所示方向从支撑销上小心地拔下发动机舱盖。

注意:不要大力或单侧拉扯下发动机舱盖。

②拆卸空气滤清器壳体。

a.拧出螺栓,沿图4-65箭头所示方向松开卡止装置,取下盖板。

b.脱开冷却液软管,沿图4-66箭头所示方向松开卡止装置,取下空气导管上部件。

c.如图4-67所示,拔下真空软管,松开软管卡箍,拆下空气导流软管,将空气滤清器壳体向上从橡胶支座处拔出。

③拧出2个螺栓,如图4-68箭头所示。松开并取下空气导管的下部件。

④如图4-69所示,拆卸隔声垫。

第四章 汽油机燃料供给系统的构造与维修

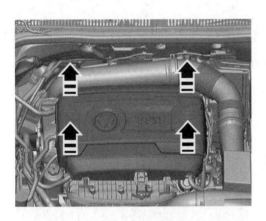

图 4-64　节气门控制单元
GX3 的拆卸（1）

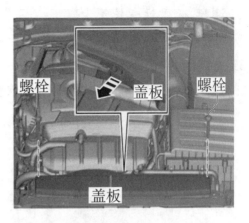

图 4-65　节气门控制单元
GX3 的拆卸（2）

图 4-66　节气门控制单元
GX3 的拆卸（3）

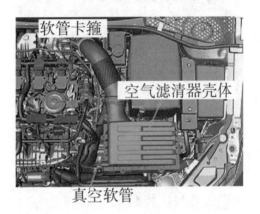

图 4-67　节气门控制单元
GX3 的拆卸（4）

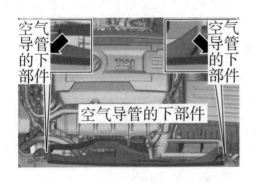

图 4-68　节气门控制单元
GX3 的拆卸（5）

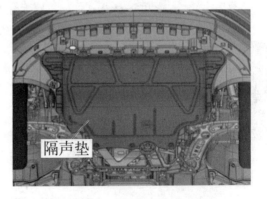

图 4-69　节气门控制单元
GX3 的拆卸（6）

⑤如图 4-70 所示，松开软管卡箍 2，从增压空气冷却器上拔下增压空气软管。

注意：无需注意软管卡箍1。

⑥脱开固定夹，将冷却液管置于一旁；将电气连接插头从增压压力传感器G31上拔出；拧出螺栓，如图4-71箭头所示；松开增压空气软管的软管卡箍，从节气门控制单元GX3上拔出增压空气软管；将空气导流软管向下取出。

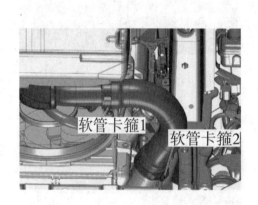

图4-70　节气门控制单元GX3的拆卸(7)　　　图4-71　节气门控制单元GX3的拆卸(8)

⑦从节气门控制单元GX3上拔下电气连接插头；从下面拧出节气门控制单元GX3的固定螺栓，如图4-72箭头所示，然后拔下节气门控制单元GX3。

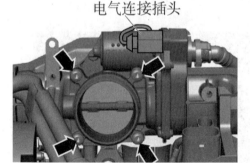

图4-72　节气门控制单元GX3的拆卸(9)

(2) 节气门控制单元GX3的安装。节气门控制单元GX3的安装按照与拆卸相反的顺序进行，并注意下列事项：

①清洁密封圈的密封面。

②更换密封环。

③注意各螺栓螺母的拧紧力矩。

④在更换节气门控制单元GX3后，必须将其与发动机控制单元J623重新进行匹配，为此应使用车辆诊断测试器。

(3) 清洁节气门控制单元GX3。

注意：在清洁时注意不允许划伤节气门壳体；丙酮可能导致人员受伤；丙酮易燃且可能刺激眼睛和皮肤；清洁节气门时切勿使用压缩空气。

①拆卸节气门控制单元 GX3。

②用手打开节气门,然后用塑料楔或木楔,如图 4-73 箭头所示,锁定在打开位置上。

③戴上护目镜,戴上防护手套。

④用常用的丙酮和软刷彻底清洁节气门壳体,尤其是节气门闭合区域内,如图 4-74 箭头所示。

图 4-73　清洁节气门控制单元 GX3(1)

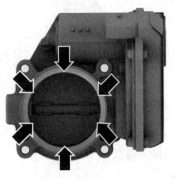
图 4-74　清洁节气门控制单元 GX3(2)

⑤用一块非织造抹布擦净节气门。

⑥使丙酮完全挥发。

⑦安装节气门控制单元 GX3。

⑧删除匹配值,并将发动机控制单元 J623 与节气门控制单元 GX3 进行匹配。

3)带三元催化转换器的前排气管的维修

维修带三元催化转换器的前排气管相关部件分解图,如图 4-75 所示。

(1)带三元催化转换器的前排气管的拆卸。

①拆下蓄电池负极电缆。

注意:断开蓄电池的搭铁连接时,电子零件会有损毁的危险;注意在断开蓄电池的搭铁连接时的安全措施。

②如图 4-76 箭头所示,脱开氧传感器线束固定卡。

③如图 4-77 所示,从支架上脱开后氧传感器 GX7 电气连接插头。

④拆卸隔声垫。

⑤如图 4-78 所示,拧下螺栓 1,然后拆下螺纹卡箍;拧下螺母 1 和螺母 2。

注意:无需注意螺栓 2。

⑥拆卸中部底板饰板。松开两侧底板饰板的内侧并略微向下按压;如图 4-79

所示,松开膨胀铆钉,取下中部底板饰板。

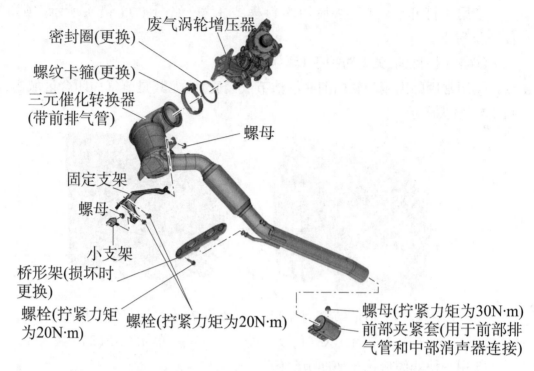

图 4-75 带三元催化转换器的前排气管相关部件分解图

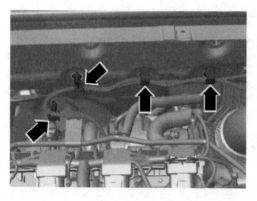

图 4-76 带三元催化转换器的前排气管的拆卸(1)

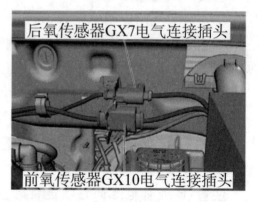

图 4-77 带三元催化转换器的前排气管的拆卸(2)

⑦旋出螺栓,如图 4-80 箭头所示,取下前部桥形架。

⑧如图 4-81 箭头所示,旋出螺栓。

⑨松开夹紧套,如图 4-82 箭头所示,并将夹紧套后移。

⑩将前排气管与三元催化转换器分离,以合适角度取出前排气管。

注意:在取出三元催化转换器时,为防止氧传感器及线束受挤压和磨损,小心地转动三元催化转换器,将其从副车架和车身之间的合适位置小心取出。

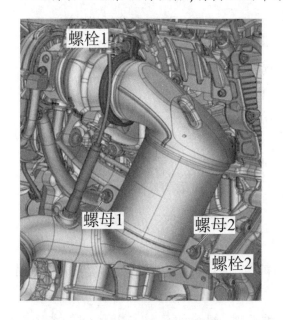

图 4-78 带三元催化转换器的
前排气管的拆卸(3)

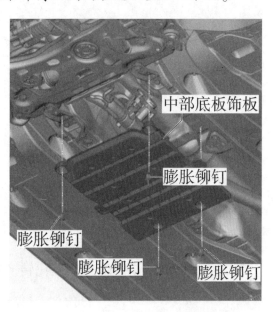

图 4-79 带三元催化转换器的
前排气管的拆卸(4)

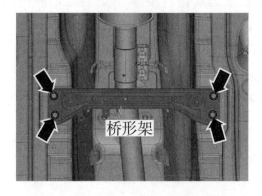

图 4-80 带三元催化转换器的
前排气管的拆卸(5)

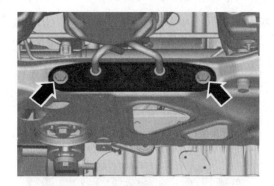

图 4-81 带三元催化转换器的
前排气管的拆卸(6)

⑪用螺丝刀从废气涡轮增压器凹槽中翘出密封圈,如图 4-83 箭头所示。

(2)带三元催化转换器的前排气管的安装。若之前已经拆下三元催化转换器的固定支架,则先安装三元催化转换器的固定支架,以规定力矩拧紧三元催化转换器的固定支架与汽缸体的 2 个螺栓。带三元催化转换器的前排气管的安装按照与拆卸相反的顺序进行,并注意下列事项:

①将新的密封圈安装在废气涡轮增压器的凹槽内(图 4-83),将三元催化转换器凸缘套在固定支架上。

注意：更换密封件和自锁螺母。

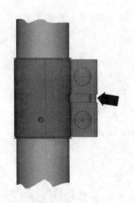

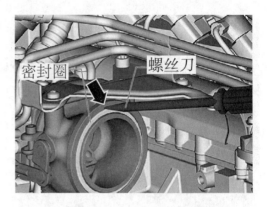

图4-82　带三元催化转换器的前排气管的拆卸(7)

图4-83　带三元催化转换器的前排气管的拆卸(8)

②如图4-78所示，将三元催化转换器前排气管与废气涡轮增压器对准，并用手拧紧螺纹卡箍的螺栓1。

注意：如图4-84箭头所示，安装螺纹卡箍时，螺栓的连接与其他部件之间必须留出足够的距离。

用手拧紧螺母1和螺母2几圈，并保证三元催化转换器和支架必须还可移动；以20N·m的力矩拧紧螺母1和螺母2，以15N·m的力矩拧紧螺栓1。

③将桥形架安装到副车架上，并以20N·m的力矩拧紧螺栓(见图4-81箭头)。

④安装夹紧套(见图4-82箭头)。

注意：确保前部夹紧套处于正确位置，螺栓连接(如图4-85箭头所示)不得超出卡箍的下边缘。

⑤将排气装置调节到无应力状态。

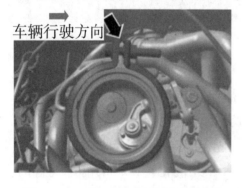

图4-84　带三元催化转换器的前排气管的安装(1)

图4-85　带三元催化转换器的前排气管的安装(2)

二、燃油供给系统主要部件的维修

1 实训器材

（1）车辆：迈腾 2.0L 乘用车。

（2）普通工具：举升机、磁力护裙、转向盘护套、换挡杆手柄套、脚垫和座椅套、组合扳手、螺丝刀、钳子、扭力扳手。

（3）专业工具：VAS 5190 燃油抽吸装置、VAS 5190 燃油抽吸装置的转接头、V.A.G 1594C 测量工具辅助套件、T10468 或 FT 10468T 撬杆、VAS 6213 手动真空泵、VAS 6122 发动机密封塞套件、VAS 6550/3 或 FVS 6550/3N 适配器套件、FT 04006N 连接软管、T10456 套筒扳手接头、V.A.G 1331/6 套筒扳手接头、T10133C 发动机的套装工具、T10133/18 冲击套筒、VAS 6418 超声波清洁仪。

（4）检测工具：车辆诊断测试器、欧姆表、VAS 6550 压力测量仪。

（5）其他：VAS 6418/2 清洁液。

2 作业准备

（1）汽车进入工位前，将工位清理干净，准备好相关的器材。

（2）将汽车停放在举升机中央位置。

（3）打开电子驻车制动器（图 4-59），并将换挡杆置于空挡或驻车挡（P 位）位置（图 4-60）。

（4）套上转向盘护套、换挡杆手柄套和座椅套，铺设脚垫。

（5）在车内拉动发动机舱盖手柄（图 4-61），在车外打开并支撑发动机舱盖。

（6）粘贴翼子板和前脸磁力护裙。

3 操作步骤

1）维修发动机燃油供给系统注意事项

（1）安全措施。在燃油供给系统上进行作业时，应注意以下的安全措施：

①燃油供给系统有压力，可能因喷射出的燃油而造成人身伤害，因此，在打开燃油供给系统前，应戴上护目镜，戴上防护手套，穿着防护服；用干净的抹布围住连接处并小心地松开连接处以降低燃油压力。

②燃油溢出可能有引发火灾的危险。蓄电池已连接时，打开驾驶人侧车门，车门接触开关会激活燃油泵工作，溢出的燃油可能会燃起并引发火灾，在打开燃油供给系统前，应中断燃油泵的供电。

(2) 释放燃油供给系统中的高压。

注意：燃油在极高压力下有引起伤害的风险。电控燃油喷射系统由高压部分(最高压力约为 20MPa)和低压部分(压力约为 0.7MPa)组成。打开高压部分前(例如,当拆下高压油泵、燃油分配管、喷油器、燃油管、燃油压力传感器 G247 时),必须将高压部分中的燃油压力降低到规定值。释放燃油系统中的高压方法以下：

① 打开点火开关,然后选择车辆诊断测试器上的以下菜单选项：

a. 选择"01-发动机电子系统"。

b. 选择"引导功能"。

c. 选择"01-释放燃油系统中的高压"。

燃油压力将下降到规定值。

② 关闭点火开关。

注意：燃油分配管中仍装有燃油,但燃油压力已不是很高了。

③ 释放高压后,必须"立即"打开燃油高压系统,为此,请在打开前用一块洁净的布包裹接头,吸干溢出的燃油。

注意：如果不立即打开燃油高压系统,则压力将因燃油高压系统受热而再次升高;不能打开点火开关,若打开点火开关,会导致压力再次上升。

2) 活性炭罐装置的维修

维修活性炭罐装置相关部件分解图,如图 4-86 所示。

通气管 1 至活性炭罐电磁阀 N80,卡在燃油箱上,按下连接件上的解锁按钮拔出,必须可以听见插塞连接嵌入的声音,通过反拉检查插接器是否牢固;螺栓拧紧力矩为 20N·m;活性炭罐安装在右后轮罩内轮下方;通气管 2 至燃油箱,按下连接件上的解锁按钮拔出,必须可以听见插塞连接嵌入的声音,通过反拉检查插接器是否牢固。

活性炭罐上的连接图,如图 4-87 所示。

(1) 活性炭罐的拆卸。

① 拆下右后车轮。

② 拆卸右后轮罩内板。

③ 将通气管 1 和通气管 2 从活性炭罐上拔出,将通气管从支架上松开,如图 4-88 箭头所示。

④ 拧出螺栓,用螺丝刀沿图 4-89 箭头 B 所示方向将固定卡撬开,并将活性炭罐向外拉,用螺丝刀按压卡钩,将活性炭罐向下沿图中箭头 A 所示方向从支座中拉出。

第四章 汽油机燃料供给系统的构造与维修

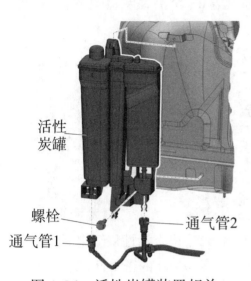

图4-86 活性炭罐装置相关部件分解图

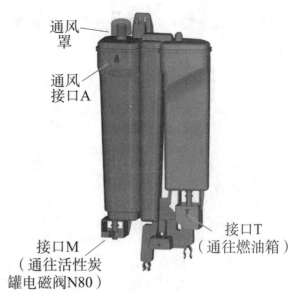

图4-87 活性炭罐上的连接图

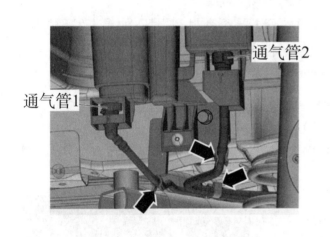

图4-88 活性炭罐的拆卸(1)

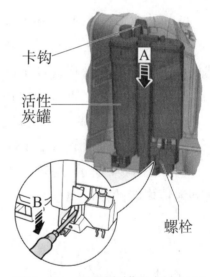

图4-89 活性炭罐的拆卸(2)

(2)活性炭罐的安装。活性炭罐的安装按照与拆卸相反的顺序进行。

注意：如图4-90所示，将定位件卡入车身的孔中。

(3)检查活性炭罐电磁阀N80的密封性。

①如图4-91所示，解锁并拔下通气管1。

②如图4-92所示，将手动真空泵VAS 6213用连

图4-90 活性炭罐的安装

接接头 VAS 6550/3-1 和一条普通的软管与通气管 1（至活性炭罐电磁阀 N80）相连。

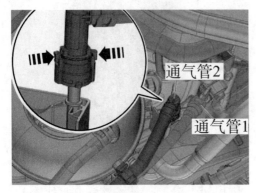

图 4-91　检查活性炭罐电磁阀 N80 的密封性（1）

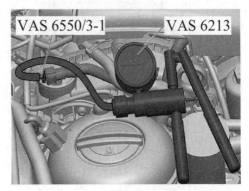

图 4-92　检查活性炭罐电磁阀 N80 的密封性（2）

③如图 4-93 所示，将手动真空泵 VAS 6213 的滑环调节到位置 B（用于"压力"）。

④用手动真空泵 VAS 6213 产生大约 10kPa 压力。

a. 如果不能建立压力，首先检查通气管 1 是否密封和损坏；如果未发现故障，则说明活性炭罐电磁阀 N80 泄漏，更换活性炭罐电磁阀 N80。

b. 如果能够建立压力，说明活性炭罐电磁阀 N80 密封正常。

（4）检测活性炭罐上的通风接口 A。

①解锁并拔下通气管 1（图 4-91）。

②如图 4-94 所示，用转接头套件 VAS 6550/3-2 将手动真空泵 VAS 6213 连接到活性炭罐的接口 M 上。

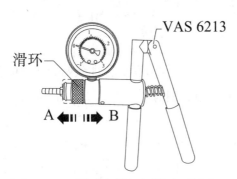

图 4-93　检查活性炭罐电磁阀 N80 的密封性（3）

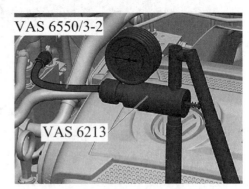

图 4-94　检测活性炭罐上的通风接口 A（1）

③拆卸右后轮罩内板。

④如图4-95所示,拔下通气管2,并用合适的维修工具密封活性炭罐的接口T。

⑤将手动真空泵VAS 6213的滑环调节到位置B(用于"压力")(图4-93)。

⑥按压手动真空泵VAS 6213大约25次。

如果不能建立压力,说明通风接口A正常;如果能够建立压力,说明活性炭罐的通风接口A(图4-87)堵塞,清除通风罩并检测通风接口A是否有污物。

(5)检测活性炭罐和通气管2的密封性。

①解锁并拔下通气管1(图4-91)。

②用转接头套件VAS 6550/3-2将手动真空泵VAS 6213连接到活性炭罐的接口M上(图4-94)。

③拆卸右后轮罩内板。

④拔下通气管2,并用合适的维修工具密封活性炭罐的接口T(图4-95)。

⑤如图4-96所示,清理通风接口A的通风罩,并用发动机密封塞套件VAS 6122中合适的密封塞堵住活性炭罐的通风接口A。

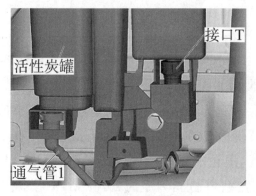

图4-95 检测活性炭罐上的通风接口A(2)

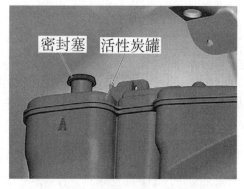

图4-96 检测活性炭罐和通气管2的密封性

⑥将手动真空泵VAS 6213的滑环调节到位置B(用于"压力")(图4-93)。

⑦用手动真空泵VAS 6213产生大约10kPa压力。

如果能够建立压力,说明活性炭罐和通气管2密封正常;如果不能建立压力,说明活性炭罐或通气管2泄漏。

3)高压燃油泵的维修

维修高压燃油泵相关部件分解图,如图4-97所示。

(1)高压燃油泵的拆卸。

注意:高压燃油泵只能在发动机冷态下拆卸。

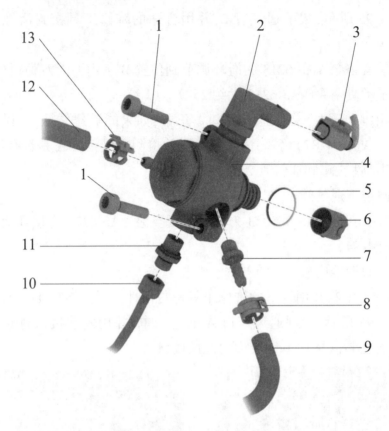

图 4-97 高压燃油泵相关部件分解图

1-高压燃油泵螺栓(更换,均匀拧紧,拧紧力矩为20N·m);2-燃油压力调节阀 N276;3-电气连接插头(用于燃油压力调节阀 N276);4-高压燃油泵;5-O 形圈(如损坏,则予以更换);6-滚轮挺杆(安装位置:滚轮的一面面朝向凸轮轴;拆下高压燃油泵后仍可插在真空泵中);7-燃油管路连接件(拧紧力矩为20N·m);8-弹簧卡箍(更换);9-低压燃油管(至低压喷油器);10-高压燃油管(拧紧力矩为20N·m,至高压喷油器);11-高压燃油管连接件(分离高压燃油管时,固定好接头防止扭转若松开了连接件,则必须将其更换,拧紧力矩为30N·m);12-供油管;13-弹簧卡箍(更换)

① 拆卸发动机舱盖。
② 拆卸空气滤清器壳体。
③ 断开蓄电池负极线。
④ 脱开空气导管上的导线束,松开螺纹卡箍,拧出螺栓,如图4-98箭头所示。
⑤ 松开软管卡箍,如图4-99箭头所示,并拆下增压空气软管,再将增压空气导管拆下。

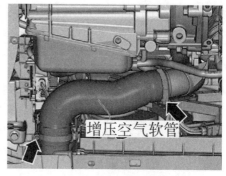

图4-98　高压燃油泵的拆卸（1）　　图4-99　高压燃油泵的拆卸（2）

⑥拧下螺栓，如图4-100箭头所示，脱开高压管固定夹。

⑦用开口宽度为17mm的套筒扳手接头T10456松开燃油分配器上的锁紧螺母，如图4-101箭头所示。

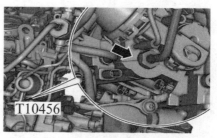

图4-100　高压燃油泵的拆卸（3）　　图4-101　高压燃油泵的拆卸（4）

⑧固定住六角管路连接件A并松开锁紧螺母，如图4-102箭头所示，拆卸高压燃油管。

⑨将电气连接插头从燃油压力调节阀N276上拔下，拆下燃油软管1和燃油软管2，拧出螺栓，如图4-103箭头所示。

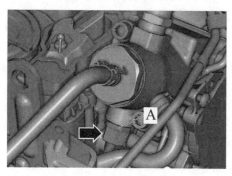
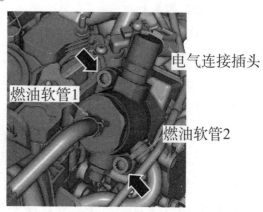

图4-102　高压燃油泵的拆卸（5）　　图4-103　高压燃油泵的拆卸（6）

⑩小心地拉出高压燃油泵(滚子挺杆可能仍插在真空泵中)。

(2)高压燃油泵的安装。高压燃油泵的安装按照与拆卸相反的顺序进行,并注意下列事项:

①装配高压燃油泵时请注意,不能有污物进入到燃油系统中。

②安装高压燃油泵时,燃油系统中不得存在压力。

③检测高压燃油泵的O形圈,损坏时更换,并用干净的发动机机油稍稍浸润。

④如果高压燃油管管接件松动,则必须更换。

⑤如图4-104所示,将滚子挺杆装入真空泵。

注意:插入滚子挺杆前检查有无损坏,必要时更换;安装高压燃油泵时,滚子挺杆必须位于最深的位置;

图4-104 高压燃油泵的安装

⑥尽量转动曲轴,直到滚子挺杆位于最低点。

⑦将高压燃油泵插入真空泵。

⑧用手以交叉方式拧紧螺栓(见图4-103箭头),最后以20N·m力矩交叉拧紧螺栓;插上燃油软管1和燃油软管2,并用弹簧卡箍固定,插上燃油压力调节阀N276的电气连接插头;用发动机机油浸润高压燃油管的球头并安装高压燃油管,用手拧紧锁紧螺母并校准高压燃油管使其无应力。

⑨用开口宽度为17mm的套筒扳手接头T10456拧紧燃油分配器上的锁紧螺母(见图4-101箭头)。

⑩固定住六角管路连接件A并用开口宽度为17mm的套筒扳手接头V.A.G 1331/6拧紧锁紧螺母(见图4-102箭头)。

⑪安装固定夹螺栓(见图4-100箭头),并以5N·m的力矩拧紧。

⑫结束所有工作后,检查燃油系统的密封性。

4)高压喷油器的维修

维修高压喷油器相关部件分解图,如图4-105所示。

(1)高压喷油器的拆卸。

注意:高压喷油器必须在发动机冷态时拆卸。

①拆卸进气歧管。

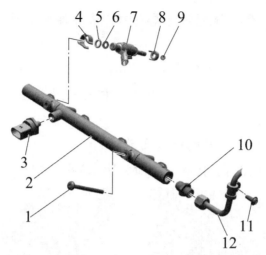

图4-105 高压喷油器相关部件分解图

1-螺栓(拧紧力矩为9N·m);2-高压燃油分配管;3-高压燃油压力传感器G247(用干净的发动机机油浸润锥形体和螺纹,拧紧力矩为27N·m);4-支撑环(拆卸后更换);5-O形圈(拆卸后更换);6-隔离环(拆卸后更换);7-高压喷油器(注意正确的安装位置);8-密封垫圈;9-燃烧室密封环(拆卸高压喷油器后更换);10-管接头(用于高压燃油分配管上的高压管,拆卸后更换,用干净的发动机机油浸润螺纹,拧紧在高压燃油分配管上时固定住,拧紧力矩为40N·m);11-螺栓(拧紧力矩为5N·m);12-高压燃油管(用干净的发动机机油浸润球体,拧紧力矩为27N·m)

②拆卸高压燃油分配管。

a. 如图4-106所示,剪断扎带(安装时用新扎带)。

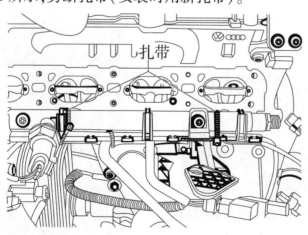

图4-106 高压喷油器的拆卸(1)

b. 脱开高压燃油压力传感器G247上的电气连接插头,拧出螺栓,如图4-107

箭头所示。脱开高压燃油分配管上导线槽,从高压喷油器上拔下高压燃油分配管。

注意:如果高压喷油器仍插在高压燃油分配管内,脱开相关的电气连接插头,小心地将高压喷油器从高压燃油分配管中拔出;如果高压喷油器仍插在汽缸盖内,拆卸高压喷油器。

③用干净的抹布盖住敞开的进气通道。

④凸耳和汽缸盖内的孔(图4-108箭头所示)必须相互对着。

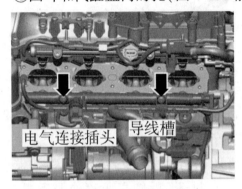

图4-107 高压喷油器的拆卸(2)　　图4-108 高压喷油器的拆卸(3)

(2)高压喷油器的安装。

注意:高压喷油器必须能轻轻装入;必要时需要等待,直至燃烧室密封环足够紧地压在一起;注意汽缸盖内高压喷油器的安装位置是否正确;如果无法用手装入高压喷油器时,应将冲击套筒T10133/18推到高压喷油器上方,如图4-109所示。

如图4-110所示,压入高压喷油器时,在冲击轴套上敲几下。

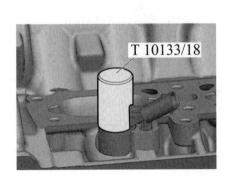 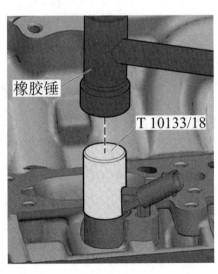

图4-109 高压喷油器的安装(1)　　图4-110 高压喷油器的安装(2)

①将支撑环插到高压喷油器上。

②在高压喷油器O形圈上涂敷发动机机油。

③将高压燃油分配管装到高压喷油器上并均匀地压入。

④安装高压燃油分配管。

注意：在安装时将所有的电缆扎带重新扎在相同的位置。

⑤安装进气歧管。

（3）清洗高压喷油器。

①清洁。

a. 关闭机壳右侧的超声波清洁仪VAS 6418的排放旋塞，如图4-111箭头所示。

b. 在超声波装置中加注2120mL静置过的水和清洁液VAS 6418/2。

②清洁液混合比。2100mL静置过的水和20mL清洁液VAS 6418/2。

③清洗高压喷油器步骤。

a. 拆卸高压喷油器。

b. 如图4-112所示，将喷油模块定位板VAS 6418/1置于清洁仪上。

注意：在使用超声波清洁仪VAS 6418前请务必注意用户手册中的安全提示；如果清洁液高于支撑板底部1~4mm，即达到理想液位，液位过低将会损坏超声波清洁仪VAS 6418。

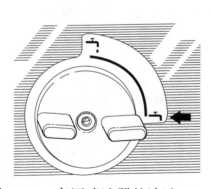

图4-111　高压喷油器的清洗（1）　　图4-112　高压喷油器的清洗（2）

c. 将高压喷油器插入喷射模块固定板VAS 6418/1的导向件内，直至限位位置。

d. 如图4-113所示，按压 开/关 按钮C，打开清洁仪。

e. 再旋转开关A，将清洗时间设置为30min。

f. 再旋转开关B，将温度设置为50℃。

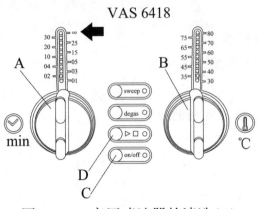

图 4-113　高压喷油器的清洗(3)

g. 按压按钮 ▶D，启动清洗功能。

注意：此时，温控清洗被起动。在升温时，周期性地接通超声波驱使清洗液滚动。在达到预设温度后，超声波将持续接通。清洗时间至少持续 30min 并且只在温度最低为 50℃ 时才开始。

h. 清洁高压喷油器后，更换燃烧室密封环（特氟龙密封环）。

i. 安装高压喷油器。

三、电子控制系统主要部件的维修

1　实训器材

(1) 车辆：迈腾 2.0L 乘用车。

(2) 普通工具：举升机、磁力护裙、转向盘护套、换挡杆手柄套、脚垫和座椅套、组合扳手、螺丝刀、钳子、扭力扳手。

(3) 专用工具：T10118 装配工具、T40218 开口宽度 27mm 的套筒扳手接头、VAS 6394/2 转接器、VAS 5570 测试适配器、V.A.G 1331 扭力扳手、3337 氧传感器环形扳手套件。

(4) 检测工具：VAS 6394 压力传感器测试仪、车辆诊断测试器。

(5) 其他：热螺配膏。

2　作业准备

(1) 汽车进入工位前，将工位清理干净，准备好相关的器材。

(2) 将汽车停放在举升机中央位置。

(3) 打开电子驻车制动器（图 4-59），并将换挡杆置于空挡或驻车挡（P 位）位置（图 4-60）。

(4) 套上转向盘护套、换挡杆手柄套和座椅套，铺设脚垫。

(5) 在车内拉动发动机舱盖手柄（图 4-61），在车外打开并支撑发动机舱盖。

(6) 粘贴翼子板和前脸磁力护裙。

3　操作步骤

1) 进气管传感器 GX9 的维修

进气管传感器 GX9 包括进气温度传感器 G42 和进气管压力传感器 G71。

(1) 进气管传感器 GX9 的拆卸。

①拆卸发动机舱盖。

②脱开电气连接插头,旋出螺栓,松开卡子,如图 4-114 箭头所示,从进气歧管上拔下进气管传感器 GX9。

(2) 进气管传感器 GX9 的安装。进气管传感器 GX9 的安装按照与拆卸相反的顺序进行。

注意:更换新的密封圈;螺栓的拧紧力矩为 2.5N·m。

2) 低压的燃油压力传感器 G410 的维修

(1) 低压的燃油压力传感器 G410 的拆卸。

①拆卸发动机舱盖。

②如图 4-115 所示,脱开电气连接插头,拔出防松夹,将低压的燃油压力传感器 G410 从燃油分配器中拔出。

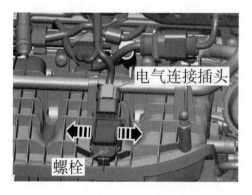

图 4-114 进气管传感器 GX9 的拆卸

图 4-115 低压的燃油压力传感器 G410 的拆卸(1)

③如图 4-116 所示,将低压的燃油压力传感器 G410 从转接头上拧下。

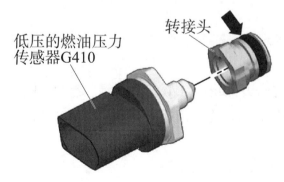

图 4-116 低压的燃油压力传感器 G410 的拆卸(2)

(2) 低压的燃油压力传感器 G410 的安装。

①更换 O 形圈(见图 4-116 箭头)。

②将转接头与低压的燃油压力传感器 G410 拧在一起,拧紧力矩为 15 N·m。

③将低压的燃油压力传感器 G410 小心地推入到燃油分配器中直到极限位置。

④将防松夹推入凹槽(图 4-115)。

⑤插上电气连接插头。

3) 燃油压力传感器 G247 的维修

如果燃油压力传感器 G247 失灵,则燃油压力调节阀 N276 关闭,电动燃油泵完全受控并以当前燃油压力运行发动机,发动机转矩将急剧下降。

(1) 燃油压力传感器 G247 的拆卸。

①拆卸发动机舱盖。

②断开蓄电池负极线。

③拧出螺栓,如图 4-117 箭头所示,将冷却液管置于一旁。

④拆卸空气滤清器壳体。

⑤拧出左、右螺栓(见图 4-88 箭头),松开并取下空气导管的下部件。

⑥拆卸隔声垫。

⑦脱开固定夹,将冷却液管置于一旁;将电气连接插头从增压压力传感器 G31 上拔出;拧出螺栓(见图 4-71 箭头);松开增压空气软管的软管卡箍,从节气门控制单元 GX3 上拔出增压空气软管。

⑧松开软管卡箍 2(图 4-70),脱开增压空气软管并连同整个空气管一起拆下。

⑨如图 4-118 所示,旋出螺母和螺栓,然后拆卸进气歧管支承,拆卸进气歧管支承的橡胶支座。

⑩如图 4-119 所示,用安装工具 T10118 将燃油压力传感器 G247 的插头松开。

⑪拔下发电机的插头,如图 4-120 箭头所示,套筒扳手接头可能会勾住插头。

⑫用开口宽度为 27mm 的套筒扳手接头 T40218 松开并拧出燃油压力传感器 G247。

(2) 燃油压力传感器 G247 的安装。

①用干净的发动机机油浸润燃油压力传感器 G247 的密封锥体和螺纹。

②其余的安装以拆卸相反的顺序进行。燃油压力传感器 G247 的拧紧力矩

为 27N·m。

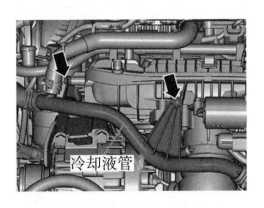

图 4-117　燃油压力传感器 G247 的拆卸（1）

图 4-118　燃油压力传感器 G247 的拆卸（2）

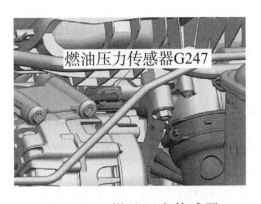

图 4-119　燃油压力传感器 G247 的拆卸（3）

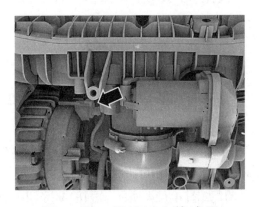

图 4-120　燃油压力传感器 G247 的拆卸（4）

（3）检查燃油压力传感器 G247。

①拆下发动机舱盖。

②拆下燃油压力传感器 G247。

③插上发电机连接插头（见图 4-120 箭头）。

④如图 4-121 所示，拧入代替燃油压力传感器 G247 的转接器 VAS 6394/2，然后按燃油压力传感器 G247 所规定的力矩（27N·m）将其拧紧。

⑤如图 4-122 所示，打开数字压力计 VAS 6394/1 的塞子，将之前拆下的燃油压力传感器 G247 拧入，然后以 27N·m 的力矩将其拧紧。

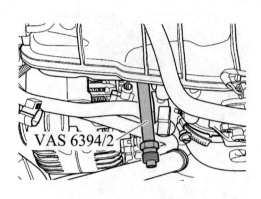

图 4-121 检查燃油压力传感器 G247(1)

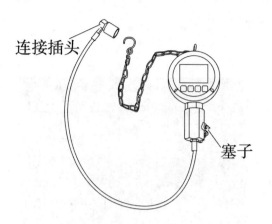

图 4-122 检查燃油压力传感器 G247(2)

⑥如图 4-123 所示,用测试仪器转接器/DSO(3 针)VAS 5570 将燃油压力传感器 G247 和连接插头连接起来。

注意:对于以下步骤,必须起动发动机。因此,安装进气软管和空气滤清器壳体。

⑦连接车辆诊断测试仪。

⑧打开点火开关。

⑨在自诊断程序中选择"发动机电子系统"。

⑩选择"测定值"。

⑪从列表中选择"燃油压力"。显示区显示由燃油压力传感器 G247 向发动机控制单元传输的实际值。

⑫如图 4-124 所示,短按 A 按钮一次,即可打开数字压力计 VAS 6394/1。

注意:当按下按钮 A 约 2s 时,照明将开启 20s;数字压力计 VAS 6394/1 应显示 0MPa;若并非如此,则短按按钮 C 压力归零。

⑬将数字压力计 VAS 6394/1 连接到转接器 VAS 6394/2(图 4-123)。

⑭起动发动机。

⑮将数字压力计 VAS 6394/1 上显示的压力与车辆诊断测试仪上显示的实际值进行比较,允许 0.5MPa 的最大压力偏差。如果偏差大于 0.5MPa,则测试一个新的燃油压力传感器 G247。将新的燃油压力传感器 G247 拧入数字压力计 VAS 6394/1,用新燃油压力传感器 G247 重复该测试,然后对比两个测量值。

a. 如果测量值仍不一致,检查燃油压力传感器 G247 和发动机控制单元之间的导线布线。

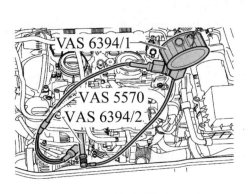 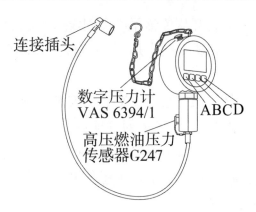

图4-123　检查燃油压力传感器G247（3）　　　图4-124　检查燃油压力传感器G247（4）

b. 若此次测定值一致，安装新的燃油压力传感器G247，燃油压力传感器G247的拧紧力矩为27N·m。

4）氧传感器的维修

氧传感器在车上的布置，如图4-125所示。

图4-125　氧传感器在车上的布置

（1）前氧传感器GX10的维修。

①前氧传感器GX10的拆卸。

a. 脱开前氧传感器GX10的5芯电气连接插头（图4-77）。

b. 脱开氧传感器线束固定卡子(见图4-76箭头)。

c. 如图4-126所示,用氧传感器环形扳手套件3337中的一个工具将前氧传感器GX10拧出。

②前氧传感器GX10的安装。前氧传感器GX10的安装按照与拆卸相反的顺序进行,并注意下列事项:

a. 新的氧传感器的螺纹抹上一层装配膏,油膏不得抹入氧传感器的槽口中。

b. 在使用旧的氧传感器时仅可用热螺栓装配膏涂敷螺纹,油膏不得抹入氧传感器的槽口中。

c. 安装时氧传感器的导线连接必须重新固定到原来的位置,必须避免导线连接接触排气管。

d. 前氧传感器GX10的拧紧力矩为55N·m。

(2)后氧传感器GX7的维修。

①后氧传感器GX7的拆卸。

a. 脱开后氧传感器GX7的4芯电气连接插头(图4-77)。

b. 脱开氧传感器线束固定卡子(见图4-76箭头)。

c. 如图4-127所示,用氧传感器环形扳手套件3337中的一个工具将氧传感器1拧出。

图4-126　前氧传感器GX10的拆卸　　图4-127　后氧传感器GX7的拆卸

②后氧传感器GX7的安装。后氧传感器GX7的安装按照与拆卸相反的顺序进行,并注意下列事项:

a. 新的氧传感器的螺纹抹上一层装配膏,油膏不得抹入氧传感器的槽口中。

b. 在使用旧的氧传感器时仅可用热螺栓装配膏涂敷螺纹,油膏不得抹入氧传感器的槽口中。

c. 安装时氧传感器的导线连接必须重新固定到原来的位置,必须避免导线连接接触排气管。

d. 后氧传感器 GX7 的拧紧力矩为 55N·m。

5) 发动机控制单元 J623 的维修

(1) 发动机控制单元 J623 的拆卸。

① 打开点火开关,然后选择车辆诊断测试器上的以下菜单选项:

a. 选择"01-发动机电子系统"。

b. 选择"引导功能"。

c. 选择"01-更换发动机控制单元"。

② 关闭点火开关,然后拔下点火钥匙。

注意:若发动机控制单元 J623 接触到蓄电池正极,将损坏发动机控制单元 J623。鉴于此,从托架拆卸发动机控制单元 J623 前,务必断开蓄电池。

③ 沿图 4-128 箭头所示 A 方向松开支架上的卡子,然后将发动机控制单元 J623 按图中箭头 B 方向拆下。

④ 解锁锁止卡并拔下发动机控制单元 J623 的连接插头。

(2) 发动机控制单元 J623 的安装。发动机控制单元 J623 的安装按照与拆卸相反的顺序进行,并注意下列事项:

① 将发动机控制单元 J623 的下缘插入支架,如图 4-129 箭头 A 所示,然后将发动机控制单元 J623 上缘卡入支架。

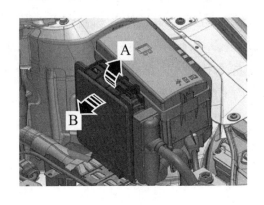

图 4-128　发动机控制单元 J623 的拆卸

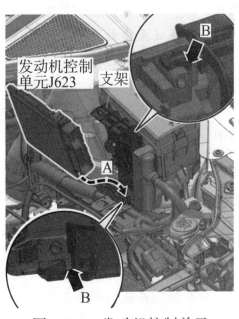

图 4-129　发动机控制单元 J623 的安装

注意：确保发动机控制单元 J623 的凸耳卡入支架（图中箭头 B 所示）顶部和底部的槽口中。

②连接蓄电池。

③安装新的发动机控制单元后，必须打开点火开关，然后选择车辆诊断测试器上的以下菜单选项：

a. 选择"01-发动机电子系统"。

b. 选择"引导功能"。

c. 选择"01-更换发动机控制单元"。

小结

1. 汽油机燃料供给系统的功用是根据发动机各种工况的不同要求，配制一定数量和浓度的可燃混合气并将其供入汽缸，使之在压缩终了时点火、燃烧而膨胀做功，最后将燃烧后的废气排入大气中。

2. 汽油的主要性能指标有蒸发性、抗爆性和热值。

3. 空气供给系统的作用是为发动机可燃混合气的形成提供必要的空气，并计量和控制燃油燃烧时所需要的空气量。

4. 进气增压控制系统可分为可变进气增压控制系统和废气涡轮增压控制系统两种。

5. 排气系统主要由排气歧管、排气消声器和三元催化转换器等组成。

6. 燃油供给系统的作用是供给发动机燃烧过程所需的清洁的燃油。按照供油管路压力的不同，可分为低压燃油供给系统和高压燃油供给系统两部分。

7. 电子控制系统的功用是根据发动机运转状况和车辆运行状况确定汽油最佳喷射量和最佳点火提前角。此外，还可进行怠速控制、排放控制和故障自诊断等。电子控制系统由传感器、电子控制单元（ECU）、执行元件3部分组成。

复习思考题

一、简答题

1. 汽油机采用电控燃油喷射系统有哪些优点？

2. 空气供给系统由哪些部件构成？它们的作用是什么？

3. 可变进气系统作用和原理是什么？

4. 燃料供给系统由哪些部件构成？各部件的作用是什么？

5. 燃油压力调节器的作用是什么？

6. 电控汽油机中使用的温度传感器有哪几种？基本工作原理是什么？

二、选择题

1. 以下是燃油喷射发动机执行器的是（　　）。
   A. 曲轴位置传感器　　　　　B. 节气门位置传感器
   C. 空气流量传感器　　　　　D. 活性炭罐电磁阀

2. 对喷油量起决定性作用的是（　　）。
   A. 空气流量传感器　　　　　B. 冷却液温度传感器
   C. 氧传感器　　　　　　　　D. 节气门位置传感器

3. 在多点电控汽油喷射系统中，喷油器的喷油量主要取决于喷油器的（　　）。
   A. 针阀升程　　　　　　　　B. 喷孔大小
   C. 内外压力差　　　　　　　D. 针阀开启的持续时间

4. 负温度系数的热敏电阻其阻值随温度的升高而（　　）。
   A. 升高　　　B. 降低　　　C. 不受影响　　　D. 先高后低

三、判断题

1. 目前大多数电动燃油泵是装在燃油箱内部的。（　　）

2. 电动油泵中的止回阀能起到一种保护作用，当油压过高时能自动减压。（　　）

3. 燃油压力调节器作用是使燃油分配管内压力保持不变，不受节气门开度的影响。（　　）

4. 空气流量传感器的作用是测量发动机的进气量，ECU根据空气流量传感器的信号确定基本喷油量。（　　）

5. 进气歧管绝对压力传感器与空气流量传感器的作用是相当的，所以一般车上这两种传感器只装一种。（　　）

第五章 润滑系统的构造与维修

学习目标

1. 掌握润滑系统的功用、组成和工作原理;
2. 掌握机油的分类方法和选用原则;
3. 掌握常见机油泵的结构特点和工作原理;
4. 掌握机油集滤器的作用与工作原理;
5. 掌握机油滤清器的作用与工作原理;
6. 了解机油散热器的作用与工作原理;
7. 掌握检查机油液面高度的方法;
8. 了解曲轴箱强制通风工作原理;
9. 了解润滑系统维修的基本方法。

第一节 润滑系统的结构和工作原理

一、润滑系统的功用及组成

1 润滑系统的功用

当发动机工作时,各运动部件都必须用发动机润滑油(俗称机油)来润滑。润滑系统的功用就是将机油输送到发动机各个需要润滑的部位,以达到提高发动机工作可靠性和耐久性的目的。润滑系统除了最基本的润滑作用外,还具有冷却、清洁、缓冲、密封和防锈等功能。

2 润滑方式

由于发动机各运动部件的工作条件的不同,对润滑的强度的要求也不同,因此对不同的运动部件应采用不同的润滑方式。润滑系统的润滑方式可分压力润滑、飞溅润滑和润滑脂润滑 3 种方式。

(1)压力润滑。压力润滑是利用机油泵建立起一定的压力后通过油道将润滑油供入运动部件摩擦表面的间隙中,形成油膜以保证润滑的润滑方式。此种润滑方式润滑可靠,但结构较为复杂,主要用于曲轴主轴承、连杆轴承及凸轮轴轴承等负荷较大的摩擦表面的润滑。

(2)飞溅润滑。飞溅润滑是利用发动机工作时运转零件撞击机油溅起来的油滴或油雾润滑运动部件摩擦表面的润滑方式。该润滑方式结构简单,但可靠性较差,主要用于负荷较轻的汽缸壁面和配气机构的凸轮、挺柱、气门杆和摇臂等零件的工作表面。

(3)润滑脂润滑。润滑脂润滑是通过定期加注润滑脂来润滑零件工作表面的方式。此种润滑方式主要用于发动机上一些辅助装置和比较分散的部位(如水泵及发电机轴承等)。

3 润滑系统的组成

如图5-1所示,润滑系统主要由机油泵、机油滤清器、集滤器、油道等组成,另外包括机油压力开关、机油指示灯(在仪表板上)和机油冷却器等。

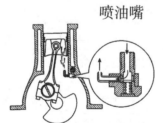

一些发动机在汽缸体下端还设有喷油嘴,加强活塞的润滑和冷却

润滑系统组成

图5-1 润滑系统的组成

图5-2和图5-3分别为润滑系统示意图和框图。机油泵由发动机驱动,将油底壳内的机油经集滤器、机油滤清器输送到各润滑部位,润滑结束后的机油流回到油底壳。经过汽缸体、汽缸盖上的油道,输送到曲轴轴颈、连杆轴颈、凸轮轴轴颈的机油,使轴浮在滑动轴承(轴瓦)上旋转。旋转的曲轴曲柄飞溅起来的机油,

在汽缸壁等金属表面形成油膜,以减小摩擦。

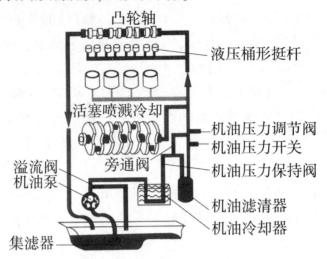

图 5-2　润滑系统示意图

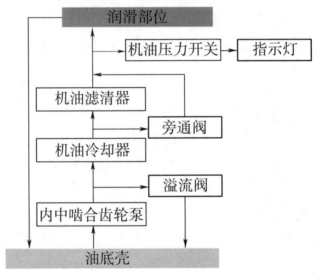

图 5-3　润滑系统框图

旁通阀是保证在机油滤清器堵塞时,使机油直接流向各个润滑部位。

溢流阀用来调节最高机油压力。当系统压力过大时,溢流阀打开,使部分机油流回油底壳。

二、机油

1　机油的功用

机油除了最基本的润滑作用外,还具有冷却、清洗、缓冲、密封和防锈等功能。

第五章 润滑系统的构造与维修

2 机油的分类

国际上广泛采用 SAE(美国工程师学会)黏度等级分类法和 API(美国石油学会)使用性能分类法对机油进行分类。

SAE 按照不同的黏度等级,将机油分为冬季机油和夏季机油两类。冬季机油有六个等级:0W、5W、10W、15W、20W 和 25W,符号 W 代表冬季,W 前边的数字表示该级机油适用的最低温度,数字越小,其低温黏度越小,低温流动性越好,适用的最低气温越低;夏季机油不用字母表示,直接标注数字,共有五个等级:20、30、40、50 和 60,数字越大,其黏度越大,适用的最高气温越高。

如果使用上述单级机油,需要根据季节和气温的变化经常更换机油,目前普遍使用多级机油(也称合成机油、冬夏通用型机油),如 SAE 5W-30 机油,在低温下使用时黏度与 SAE 5W 一样,在高温下使用时黏度又与 30 相同,因此可以冬夏通用,可根据车辆所在地气温选择适当黏度的机油。

API 根据机油的性能及其适合使用的场合,将机油分为 S 系列和 C 系列两类。S 系列为汽油机机油,目前国内有 SE、SF、SG、SH、SJ、SL、SM 和 SN 八个等级。S 系列代表汽油机机油,后面的英文字母为其等级区别,从"SA"一直到"SN"(SA 到 SD 机油已过期作废),每递增一个字母,机油的性能都会优于前一种,机油中会有更多用来保护发动机的添加剂。字母越靠后,质量等级越高。C 系列为柴油机机油,目前国内有 CC、CD、CF、CF-2、CF-4、CG-4、CH-4、CI-4 和 CJ-4 九个等级。后面的字母顺序越靠后,所代表的等级越高。

3 机油的更换周期

机油在使用过程中,由于受高温氧化及燃烧物混入等原因影响,将劣化变质,使润滑性能下降。因此,机油应适时更换,机油滤清器也应同时更换。

机油的更换周期,因车型和行驶环境的不同而不同(表 5-1)。如果汽车经常频繁起动、短距离或在多尘地区行驶,机油的更换周期应相应缩短。

常见发动机的机油更换周期 表 5-1

发动机型号	机油更换周期	
	行驶里程(km)	月数(个)
卡罗拉(1.6L)乘用车发动机	5000	6
科鲁兹(1.6L)乘用车发动机	5000	6
威朗(1.5L)乘用车发动机	5000	6

续上表

发动机型号	机油更换周期	
	行驶里程(km)	月数(个)
新宝来乘用车发动机	10000	12
迈腾(2.0L)乘用车发动机	10000	12

注：行驶里程和月数，以先达到者为准。

4 环保和安全注意事项

1）环境保护

(1)机油会对水形成污染，不允许排入地表水域和下水道。作业时，只能在防渗的地面上进行。

(2)机油是易燃品，必须远离火源存放和作业。

(3)废机油要单独盛装，并妥善保管和回收利用。

(4)沾上机油的抹布或物品，不得作为生活垃圾处理。

2）安全措施

(1)机油对人皮肤有损害，作业时应戴上防护手套和穿防护服。

(2)沾上机油的衣服或鞋，必须立即更换。

(3)皮肤上撒上机油，立即用水和肥皂清洗，勿用汽油或溶剂作为清洁品。

(4)眼睛接触到机油，用水认真冲洗，然后尽快去医院治疗。

三、润滑系统主要部件的构造

1 机油泵

机油泵一般安装在汽缸体的下部，由发动机曲轴直接驱动，将机油输送到发动机各运动部件接触面。机油泵有以下几种常见的结构形式。

(1)外啮合齿轮式机油泵。如图5-4所示，两个互相啮合的齿轮高速旋转，在进油口处，由于两个轮齿逐渐脱离啮合而使进油腔容积增大，腔内产生一定的真空，机油经进油口被吸入进油腔，随后被齿轮带到出油腔。在出油腔处，齿轮逐渐进入啮合而使出油腔的容积减小，使机油压力升高，机油经出油口被压入发动机内的润滑油道中。外啮合齿轮式机油泵由于驱动阻力最小，因此工作效率也较高。

溢流阀(又称安全阀或限压阀)安装在机油泵壳体上，控制润滑系统的最高油压。当油压达到规定值时，溢流阀便自动开启，使多余的机油流回油底壳。

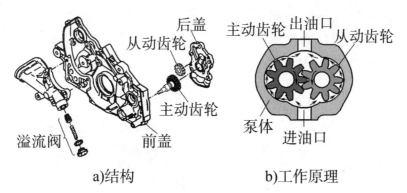

a) 结构　　　　　　　　b) 工作原理

图 5-4　外啮合齿轮式机油泵

(2) 内啮合齿轮式机油泵。内啮合齿轮式机油泵工作原理与外啮合齿轮式机油泵基本相同。内啮合齿轮泵的内齿轮为主动齿轮,套在曲轴前端,通过花键由曲轴直接驱动;外齿轮是从动齿轮,装在机油泵体内,泵体固定在机体前端,如图 5-5 所示。机油通过月牙形隔板左、右的间隙进行输送。由于这种机油泵内、外齿轮之间有多余空间,因此工作效率较低。

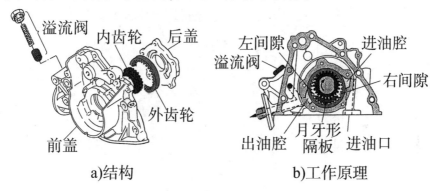

a) 结构　　　　　　　　b) 工作原理

图 5-5　内啮合齿轮式机油泵

(3) 转子式机油泵。转子式机油泵的内转子为主动转子,内、外转子之间有一定的偏心距。内转子的凸齿比外转子的凹齿少 1 个齿,使得两转子之间存在转速差,旋转时两转子之间的工作腔容积不断变化,容积变大时吸油,变小时压油。图 5-6 中①~⑩:内、外转子之间的间隙由小→大→小,完成进油到出油的过程。转子式机油泵供油压力高、噪声比较小。

(4) 流量可变叶片式机油泵。流量可变叶片式机油泵可以根据润滑系统的需要改变体积流量,流量调节功能主要由滑阀的移动来实现,其结构如图 5-7 所示。

流量可变叶片式机油泵的核心部分是滑阀,滑阀可沿泵的轴线移动,其工作过程如图 5-8 所示。处于输送设置时,滑阀位于偏离泵轴线中心的位置,通过这种方式可使进油口体积流量显著增加并使压力侧体积流量显著减小,这样可以提高泵功率。滑阀朝泵轴线方向移动时,体积流量变化减小直至几乎不再产生任何体积流量变化,泵功率也会随之减小,直至最后调节至最小输送功率。

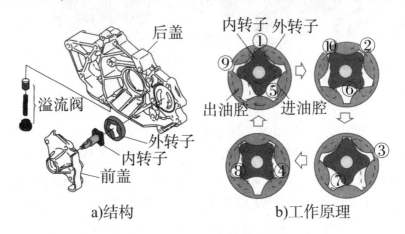

图 5-6　转子式机油泵

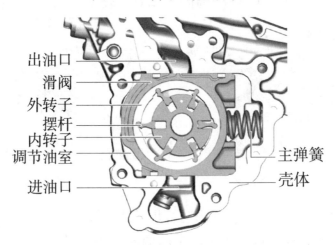

图 5-7　流量可变叶片式机油泵的结构

滑阀的位置取决于调节油室内的机油压力,该压力可使滑阀克服弹簧力移动。如果该压力较小,滑阀就会偏离中心且提高输送功率;如果该压力较大,滑阀就会逐渐压向中心且降低输送功率,通过这种方式可以实现纯液压/机械体积流量调节,确保油室内的压力与主机油通道内的压力相同。在此过程中,可调节足够的工作压力,该压力由机油泵内作用于滑阀的主弹簧弹力决定。

2　机油集滤器

机油集滤器装在机油泵之前的吸油口端,多采用滤网式机油集滤器,防止大粒度杂质进入机油泵。汽车发动机使用的集滤器形式有浮式和固定式两种。

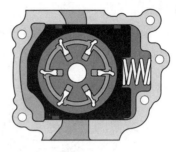

a) 最大输送功率　　　　b) 最小输送功率

图 5-8　流量可变叶片式机油泵的工作过程

(1) 浮式集滤器。浮式集滤器(图 5-9)工作时漂浮于机油油面上,以保证机油泵总是吸入最上层较清洁的机油,但油面上的泡沫易被吸入,造成机油压力降低,润滑可靠性变差。

当机油泵工作时,机油从罩的边缘被吸入,经过滤网滤除较大的杂质后进入机油泵。如果滤网堵塞时,滤网上部产生真空,从而克服滤网弹性将滤网吸起,滤网中心处的环口离开罩,润滑油便不经过滤网而从环口直接被吸入机油泵,保证润滑不致中断。

(2) 固定式集滤器。固定式集滤器(图 5-10)装在机油油面下面,吸入的机油清洁度比浮式集滤器稍差,但可防止泡沫吸入,润滑可靠,结构简单,使用广泛。

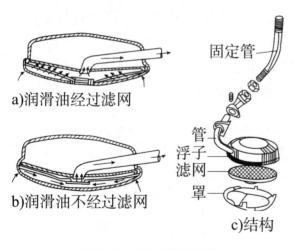

图 5-9　浮式集滤器　　　　图 5-10　固定式集滤器

3　机油滤清器

机油滤清器的作用是滤除掉机油中的金属粉末、机油氧化物和燃烧物等。

为了防止机油滤清器堵塞失效,机油必须定期更换,一般在更换机油的同时也更换机油滤清器。

如图5-11所示,当机油滤清器没有及时更换或其他原因造成滤芯堵塞时,油压升高使旁通阀开启,机油将不通过滤芯直接进入汽缸体油道。

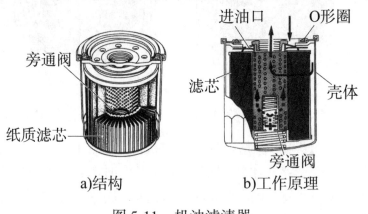

机油滤清器结构

图5-11 机油滤清器

4 机油散热器

在高性能大功率的发动机上,由于热负荷大,必须装设机油散热器,以对润滑油进行强制冷却。机油散热器布置在润滑油路中,有风冷式和水冷式两种形式。

（1）风冷式机油散热器。风冷式机油散热器(图5-12)一般安装在发动机冷却系统散热器前面,利用冷却风扇的风力使机油冷却。

（2）水冷式机油散热器。水冷式机油散热器又称机油冷却器(图5-13),当机油温度较高时,靠冷却液降温;而起动暖车期间油温较低时,则从冷却液吸热迅速提高机油温度。

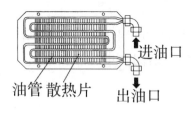

图5-12 风冷式机油散热器

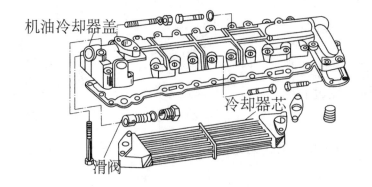

图5-13 水冷式机油散热器

5 机油尺

油底壳内保持一定量的机油,是润滑系统正常工作的前提,因此,要经常检查机油的液面高度。机油的液面是通过观察拔出的机油尺来检查的,如图5-14所示。

将汽车停放在平坦的地面上,起动发动机预热3~5min(冷却液温度达到60~70℃),停止发动机运转2~3min后拔出机油尺,如果机油处于上限(MAX或F标记)、下限(MIN或L标记)之间(图5-15),说明不缺少机油。

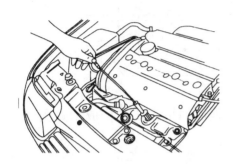

图5-14 机油尺的位置

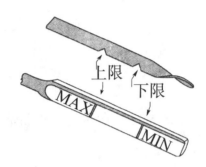

图5-15 检查机油液面高度

四、曲轴箱强制通风系统

发动机工作时,不可避免地会有一定量的混合气与废气从燃烧室窜入曲轴箱。因此,曲轴箱内的润滑油在高温废气中的热量、水分以及燃油等的影响下,将被稀释和发生变质。同时,曲轴箱窜入的气体直接排入大气,将导致HC等排放污染物的增加。曲轴箱强制通风(Positive Crankcase Ventilation,PCV)系统的作用就是将窜入曲轴箱内的气体导入发动机进气系统,使之重新回到燃烧室参加燃烧,从而降低发动机的排放污染。

1 自然吸气式曲轴箱强制通风系统

自然吸气式曲轴箱强制通风系统的构成如图5-16所示,主要由PCV阀、PCV软管和平衡管等组成,发动机工作时,利用进气歧管内的真空将窜入曲轴箱的气体经PCV阀和PCV软管吸入进气歧管,随着新鲜空气一起进入汽缸参加燃烧。采用PCV装置的发动机曲轴箱是密封的,为防止曲轴箱内产生负压或压力过高,设有平衡管。

PCV阀是一个止回阀,其结构如图5-17所示。由于止回阀进气歧管侧为锥形,所以随止回阀位置的不同可改变PCV阀的开度,从而实现对吸入窜气量的自动调节。发动机工况不同,进气歧管真空度也不同。当作用在止回阀上的吸力与PCV阀弹簧的弹力平衡时,止回阀的位置不变。在怠速、小负荷或减速时,进气歧管内的真空度较大,PCV阀开度减小;在大负荷或加速时,PCV阀开度则增大。

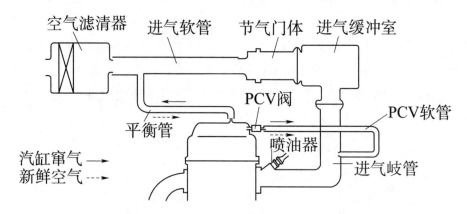

图5-16 自然吸气式曲轴箱强制通风系统的构成示意图

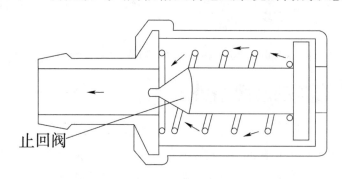

图5-17 PCV阀的结构示意图

2 增压发动机曲轴箱通风系统

增压发动机曲轴箱强制通风分为废气涡轮增压器工作和废气涡轮增压器不工作两种模式,如图5-18所示。在增压器不工作、自然吸气模式下,由于节气门后方能够提供真空,因此其通风路径为:泄漏气体→孔板(油气分离)→调压阀→节流止回阀→汽缸盖和汽缸盖罩内的通道→进气门;在增压器工作后,节气门后方不再有真空,而增压器前方的进气管内由于空气流速较快会产生较小的真空,其通风路径为:泄漏气体→孔板(油气分离)→调压阀→节流止回阀→增压空气进气管路通道→废气涡轮增压器→节气门→进气集气管→进气门。

为了保证曲轴箱内压力的相对稳定,发动机上多采用调压阀对曲轴箱内的压力进行调节,其结构和工作原理如图5-19所示。调压阀的塑料壳体内有一个隔膜,该隔膜一方面承受待调真空度的压力和一个弹簧的作用力,另一方面承受大气压力,此隔膜与一个带有球阀的阀盘固定连接在一起。根据隔膜位置,将波动较大的进气装置压力降低到几乎恒定的曲轴箱内压力。

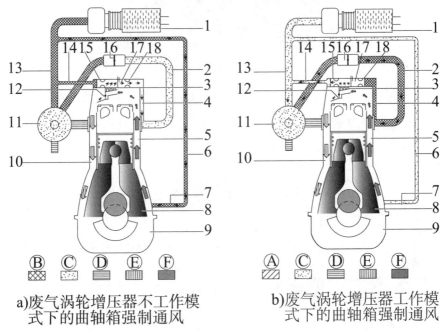

a)废气涡轮增压器不工作模式下的曲轴箱强制通风

b)废气涡轮增压器工作模式下的曲轴箱强制通风

图 5-18 增压发动机曲轴箱强制通风系统

A-增压压力;B-大气压力;C-真空压力;D-废气;E-机油;F-泄漏气体;1-空气滤清器;2-进气集气管;3-孔板;4-汽缸盖和汽缸盖罩内的通道;5-机油回流通道;6-清洁空气管路;7-止回阀;8-曲轴空间;9-油底壳;10-机油回流通道;11-废气涡轮增压器;12-机油回流止回阀;13-增压空气进气管路;14-增压空气进气管路通道;15-节流止回阀;16-节气门;17-调压阀;18-节流止回阀

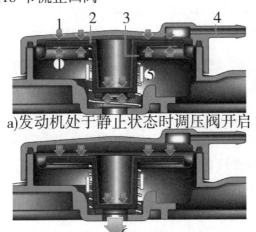

a)发动机处于静止状态时调压阀开启

b)发动机处于怠速或滑行模式时调压阀关闭

图 5-19

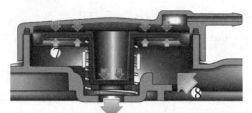

c)发动机承受负荷时调压阀处于调节模式

图 5-19 调压阀的结构和工作原理

1-大气压力;2-成型隔膜;3-压力弹簧;4-与大气压力相通;5-压力弹簧的弹簧力;6-进气系统的真空压力;7-曲轴箱内的有效真空压力;8-来自曲轴箱的泄漏气体

第二节 润滑系统的维修

本节以科鲁兹(1.6L)乘用车发动机润滑系统的维修为例进行说明。

一、机油压力的测试

1 实训器材

(1)车辆:科鲁兹(1.6L)乘用车。

(2)普通工具:举升机、磁力护裙、转向盘护套、换挡杆手柄套、脚垫和座椅套、组合扳手、螺丝刀、钳子、扭力扳手、干净的抹布。

(3)专用工具:EN-232 机油压力检查适配器。

(4)检测工具:EN-498-B 机油压力表。

(5)其他:发动机机油 SAE 5W-30。

2 作业准备

(1)汽车进入工位前,将工位清理干净,准备好相关的器材。

(2)将汽车停驻在举升机中央位置。

(3)拉紧驻车制动器操纵杆,并将换挡杆置于空挡或驻车挡(P 位)位置。

(4)套上转向盘护套、换挡杆手柄套和座椅套,铺设脚垫。

(5)在车内拉动发动机舱盖手柄,在车外打开并支撑发动机舱盖。

(6)粘贴翼子板和前脸磁力护裙。

3 操作步骤

1)拆卸程序

(1)打开发动机舱盖。

(2)断开蓄电池负极电缆。

(3)断开加热型氧传感器线束插头。

(4)拆下机油尺套管。

(5)如图 5-20 所示,拆下线束托架螺栓和线束托架。

(6)拆下 2 个排气歧管隔热罩螺栓。

(7)拆下排气歧管隔热罩。

(8)如图 5-21 所示,拆下封闭螺栓。

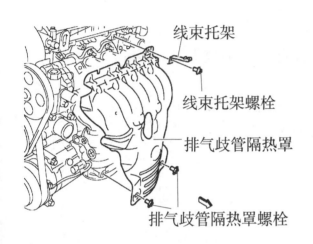

图 5-20　机油压力的测试(1)　　图 5-21　机油压力的测试(2)

(9)清洁螺纹。

2)测量程序

(1)如图 5-22 所示,安装 EN-498-B 机油压力表。

(2)安装 EN-232 机油压力检查适配器。

(3)起动发动机。

(4)检查机油压力。发动机怠速时,机油压力必须最小为 130kPa,且机油温度必须大于或等于 80℃。

3)安装程序

(1)关闭发动机。

(2)拆下 EN-232 机油压力检查适配器。

(3)拆下 EN-498-B 机油压力表。

(4)将新的封闭螺栓安装在汽缸盖内(图 5-21)。

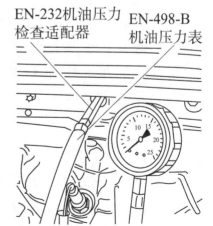

图 5-22　机油压力的测试(3)

(5)紧固封闭螺栓,拧紧力矩:15N·m。注意,所有紧固件应遵守《紧固件告诫》。《紧固件告诫》内容为:请在正确的位置使用正确的紧固件;替换紧固件的零件号必须正确;除非另有说明,否则不得在紧固件或紧固件连接表面上使用油漆、润滑剂或防蚀剂,这些涂层会影响紧固件的拧紧力矩和夹紧力并会损坏紧固件;安装紧固件时,务必使用正确的紧固顺序和紧固力矩,以避免损坏零件和系统;使用直接装入塑料的紧固件时,务必小心不要剥去配套的塑料零件;只能使用手动工具,切勿使用任何冲击工具或电动工具;紧固件应该手动紧固,完全就位且不能脱落。

(6)安装排气歧管隔热罩(图5-20)。

(7)安装2个排气歧管隔热罩螺栓(图5-20),拧紧力矩:8N·m。

注意:所有紧固件应遵守《紧固件告诫》。

(8)安装线束托架和线束托架螺栓(图5-20),拧紧力矩:15N·m。

注意:所有紧固件应遵守《紧固件告诫》。

(9)安装机油尺套管。

(10)连接加热型氧传感器线束插头。

(11)连接蓄电池负极电缆。

(12)关闭发动机舱盖。

(13)检查机油油位。

二、机油和机油滤清器的更换

1 实训器材

(1)车辆:科鲁兹(1.6L)乘用车。

(2)普通工具:举升机、磁力护裙、转向盘护套、换挡杆手柄套、脚垫和座椅套、组合扳手、螺丝刀、钳子、扭力扳手、干净的抹布、接液盆。

(3)其他:机油SAE 5W-30,4.5L。

2 作业准备

(1)汽车进入工位前,将工位清理干净,准备好相关的器材。

(2)将汽车停驻在举升机中央位置。

(3)拉紧驻车制动器操纵杆,并将换挡杆置于空挡或驻车挡(P位)位置。

(4)套上转向盘护套、换挡杆手柄套和座椅套,铺设脚垫。

(5)在车内拉动发动机舱盖手柄,在车外打开并支撑发动机舱盖。

(6)粘贴翼子板和前脸磁力护裙。

3 操作步骤

1)拆卸程序

(1)打开发动机舱盖。

(2)将一个接液盆置于下面。

(3)如图5-23所示,拆下机油滤清器盖。

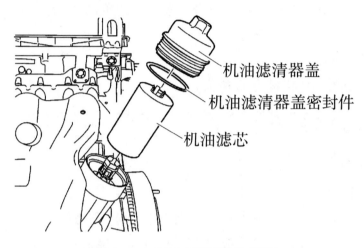

图5-23 机油滤清器的拆卸

(4)拆下机油滤清器盖密封件。

注意:本发动机使用专用高性能机油滤清器,使用任何其他滤清器都可能导致滤清器失效或发动机严重损坏。

(5)拆下并正确报废机油滤芯。

(6)举升和顶起车辆。

(7)拆下机油放油螺塞。

(8)将机油排到接液盆中。

2)安装程序

(1)清洁放油螺塞螺纹和油底壳放油螺塞孔的螺纹。

(2)将一个新的密封件安装到放油螺塞上。

(3)将放油螺塞安装到油底壳上并紧固至14N·m。

注意:所有紧固件应遵守《紧固件告诫》。

(4)降下车辆。

(5)安装新的机油滤芯(图5-23)。

注意:给密封圈涂上新机油。

(6)安装新的机油滤清器盖密封件(图5-23)。

注意:过度拧紧机油滤清器盖可能导致机油滤清器盖受损,从而导致漏油。

(7)安装机油滤清器盖(图5-23),并紧固至25N·m。

注意:使用任何非推荐黏度的机油都可能造成发动机损坏,必须使用具有规定黏度等级的机油;起动发动机并使其运转,直到机油压力控制指示灯熄灭;检查机油油位。

(8)加注新机油。机油规格为SAE 5W-30,更换机油(包括滤清器)容量为4.5L。

(9)关闭发动机舱盖。

(10)重新设置GM机油寿命系统。

三、油底壳的维修

1 实训器材

(1)车辆:科鲁兹(1.6L)乘用车。

(2)普通工具:举升机、磁力护裙、转向盘护套、换挡杆手柄套、脚垫和座椅套、组合扳手、螺丝刀、钳子、扭力扳手、干净的抹布、接液盆。

(3)其他:机油SAE 5W-30、油底壳密封胶。

2 作业准备

(1)汽车进入工位前,将工位清理干净,准备好相关的器材。

(2)将汽车停驻在举升机中央位置。

(3)拉紧驻车制动器操纵杆,并将换挡杆置于空挡或驻车挡(P位)位置。

(4)套上转向盘护套、换挡杆手柄套和座椅套,铺设脚垫。

(5)在车内拉动发动机舱盖手柄,在车外打开并支撑发动机舱盖。

(6)粘贴翼子板和前脸磁力护裙。

3 操作步骤

1)拆卸程序

(1)将车辆举升至合适高度。

(2)将接液盆置于下面。

(3)拆下机油放油螺塞。

(4)收集机油。

(5)安装新密封圈和放油螺塞,拧紧力矩:14N·m。

注意：所有紧固件应遵守《紧固件告诫》

（6）完全降下车辆。

（7）拆下机油尺套管。

①打开发动机舱盖。

②拆下机油尺。

注意：如果机油油位处于最高位置，在取出机油尺套管时，一些机油可能会溢出。

③将接液盆置于下面。

④如图5-24所示，拆下机油尺套管螺栓。

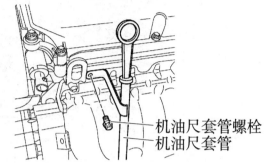

图5-24　油底壳的拆卸（1）

⑤拆下机油尺套管和机油尺密封件。

（8）将车辆举升至最大高度。

（9）如图5-25所示，拆下前舱防溅罩。

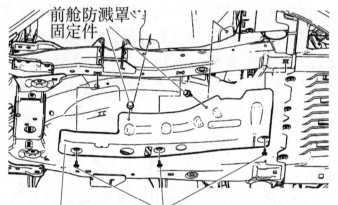

图5-25　油底壳的拆卸（2）

（10）如图5-26所示，拆下前排气管。

（11）如图5-27所示，将2个油底壳螺栓从油底壳和变速器上拆下。

注意：用合适的工具沿着周边均匀地拆下油底壳。

（12）如图5-28所示，拆下15个油底壳螺栓，使用螺丝刀或其他合适的工具拆下油底壳。

（13）如图5-29所示，为了防止损坏机油滤网，确保机油滤网留在油底壳中。若机油滤网触碰到汽缸体，将其推入油底壳中。

(14)拆下油底壳。

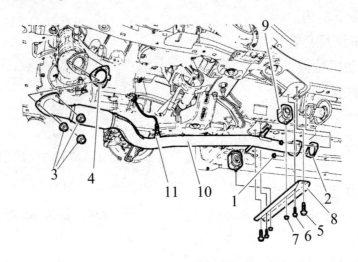

图5-26 油底壳的拆卸(3)

1-前排气管至排气消声器螺母(数量:2,拧紧力矩为17N·m);2-前排气管至排气消声器衬垫;3-三元催化转化器至前排气管螺母(数量:3,拧紧力矩为22N·m);4-三元催化转化器至前排气管衬垫;5-传动系统和前副车架支座螺栓M10(数量:2,拧紧力矩为60N·m);6-排气管前吊架托架螺栓M8(数量:2,拧紧力矩为22N·m);7-排气管前吊架隔振垫螺母(数量:2,拧紧力矩为17N·m);8-排气管前吊架托架;9-排气消声器隔振垫(数量:2);10-前排气管;11-加热氧传感器(拧紧力矩为42N·m)

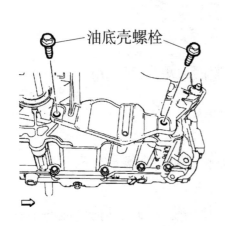

图5-27 油底壳的拆卸(4)

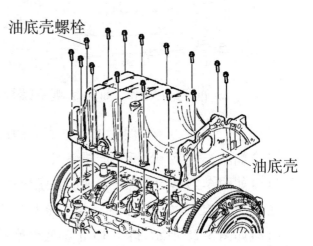

图5-28 油底壳的拆卸(5)

2)油底壳的清洁和检查

(1)如图5-30所示,拆下2个油底壳挡板螺栓和油底壳挡板。

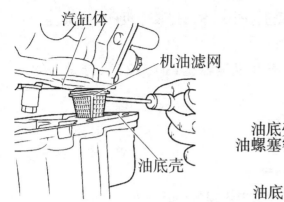

图 5-29　油底壳的拆卸(6)　　图 5-30　油底壳的清洁和检查

(2) 拆下机油泵滤网。

(3) 清洁油底壳,除去所有油泥和机油沉淀物。

(4) 拆下油底壳放油螺塞和油底壳放油螺塞密封件。

(5) 检查油底壳放油螺塞的螺纹。

(6) 检查油底壳的油底壳油道和变速器安装点附近是否开裂。

(7) 检查油底壳是否因碰撞或飞石而开裂。

(8) 检查油底壳挡板和机油泵滤网。

(9) 必要时修理或更换油底壳。

3) 安装程序

(1) 清洁密封面。

(2) 将约 3.5mm 厚的油底壳密封胶涂抹在连接处,如图 5-31 箭头所示。

注意：装配时间(包括拧紧力矩检查)不得超过 10min。

(3) 如图 5-32 所示,涂上一层约 3.5mm 厚的油底壳密封胶。

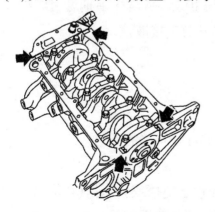 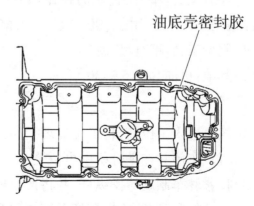

图 5-31　油底壳的安装(1)　　图 5-32　油底壳的安装(2)

(4)将15个油底壳螺栓安装到油底壳上(图5-28),拧紧力矩:10N·m。

注意:所有紧固件应遵守《紧固件告诫》。

(5)将2个油底壳螺栓安装到油底壳和变速器上(图5-27),拧紧力矩:58N·m。

注意:所有紧固件应遵守《紧固件告诫》。

(6)安装前排气管(图5-26)。

注意:安装新螺栓,切勿重复使用旧螺栓。

(7)安装前舱防溅罩(图5-25),螺栓拧紧力矩:3N·m。

(8)完全降下车辆。

(9)安装机油尺套管。

①安装机油尺导管(图5-24)。

②安装新的机油尺套管衬垫。

③安装机油尺套管螺栓(图5-24),拧紧力矩:15N·m。

注意:所有紧固件应遵守《紧固件告诫》。

④安装机油尺。

⑤关闭发动机舱盖。

(10)加注收集的机油。

四、发动机前盖和机油泵的维修

1 实训器材

(1)车辆:科鲁兹(1.6L)乘用车。

(2)普通工具:举升机、磁力护裙、转向盘护套、换挡杆手柄套、脚垫和座椅套、组合扳手、螺丝刀、钳子、扭力扳手、干净的抹布、接液盆。

(3)测量工具:钢直尺、塞尺。

(4)其他:机油 SAE 5W-30。

2 作业准备

(1)汽车进入工位前,将工位清理干净,准备好相关的器材。

(2)将汽车停驻在举升机中央位置。

(3)拉紧驻车制动器操纵杆,并将换挡杆置于空挡或驻车挡(P位)位置。

(4)套上转向盘护套、换挡杆手柄套和座椅套,铺设脚垫。

(5)在车内拉动发动机舱盖手柄,在车外打开并支撑发动机舱盖。

(6)粘贴翼子板和前脸磁力护裙。

3 操作步骤

1)拆卸程序

(1)打开发动机舱盖。

(2)断开蓄电池负极电缆。

(3)拆下排气歧管。

(4)排空冷却系统中的冷却液。

(5)拆卸空调压缩机。

(6)拆下发电机。

(7)拆下正时带后盖。

(8)拆下油底壳。

(9)将散热器出口软管从水泵上拆下。

(10)如图5-33所示,拆下机油散热器进口管螺栓。

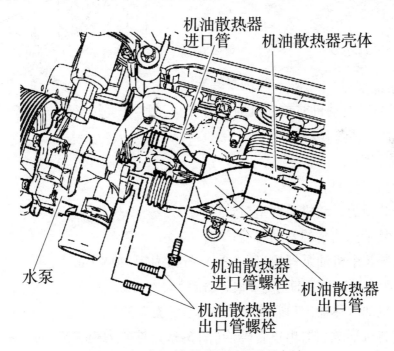

图5-33 发动机前盖和机油泵的拆卸(1)

(11)将机油散热器进口管推入机油散热器壳体中。

(12)从水泵上拆下2个机油散热器出口管螺栓。

(13)将机油散热器出口管按入机油散热器壳体中。

(14)如图5-34所示,拆下8个机油泵螺栓。

注意：机油泵螺栓长度是不同的。

(15) 拆下带机油泵的发动机前盖。

(16) 拆下发动机盖衬垫。

注意：不要损坏密封表面。

(17) 清洁密封面。

2) 机油泵的清洁和检查

(1) 将外转子和内转子一起拆下。

(2) 目视检查部件。

(3) 安装外转子和内转子。

(4) 如图5-35所示，检查转子的轴向间隙，允许的测量值为0.02~0.058mm。

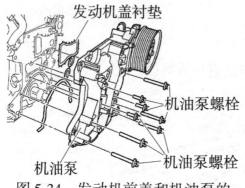

图5-34　发动机前盖和机油泵的拆卸(2)

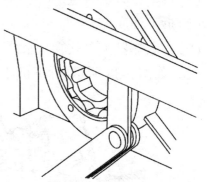

图5-35　转子轴向间隙的检查

3) 安装程序

(1) 清洁密封面。

(2) 安装新的发动机盖衬垫(图5-34)。

(3) 安装带机油泵的发动机盖。

(4) 安装8个机油泵螺栓(图5-34)，拧紧力矩：20N·m。

注意：所有紧固件应遵守《紧固件告诫》。

(5) 将机油散热器出口管安装到水泵上(图5-33)。

(6) 安装机油散热器出口管螺栓(图5-33)，拧紧力矩：8N·m。

注意：所有紧固件应遵守《紧固件告诫》。

(7) 将机油散热器进口管安装到水泵上(图5-33)。

(8) 安装机油散热器进口管螺栓(图5-33)，拧紧力矩：8N·m。

注意：所有紧固件应遵守《紧固件告诫》。

(9) 将散热器出口软管安装到水泵上。

(10) 安装油底壳。

(11) 安装正时带后盖。

(12) 安装发电机。

(13) 安装空调压缩机。

(14) 安装排气歧管。

(15) 连接蓄电池负极电缆。

(16) 加注冷却液。

(17) 关闭发动机舱盖。

小结

1. 润滑系统的功用就是将机油输送到发动机各个需要润滑的部位,以达到提高发动机工作可靠性和耐久性的目的。

2. 润滑系统的润滑方式可分压力润滑、飞溅润滑和润滑脂润滑3种方式。

3. 润滑系统主要由机油泵、机油滤清器、集滤器、油道等组成,另外包括机油压力开关、机油指示灯(在仪表板上)、机油冷却器等。

4. 机油的分类。国际上广泛采用SAE(美国工程师学会)黏度等级分类法和API(美国石油学会)使用性能分类法对机油进行分类。

5. 机油泵作用是将机油输送到发动机各运动部件接触面。机油泵常见的结构形式有外啮合齿轮式机油泵、内啮合齿轮式机油泵、转子式机油泵和流量可变叶片式机油泵。

6. 汽车发动机使用的集滤器有浮式集滤器和固定式集滤器。

7. 机油滤清器的作用是滤除掉机油中的金属粉末、机油氧化物和燃烧物等。

8. 机油的液面高度可通过观察拔出的机油尺来检查。

9. 曲轴箱强制通风是利用发动机进气管道的真空作用,使流入曲轴箱内气体被吸入汽缸。

复习思考题

一、简答题

1. 润滑系统的基本组成有哪些？各有何功用？

2. 机油的选择原则是什么？

3. 转子式机油泵是如何工作的？

4. 如何检查机油液面高度？

5. 自然吸气式曲轴箱强制通风系统的组成和作用是什么？

二、选择题

1. 通常润滑系统的滤清器上装有旁通阀，当滤清器堵塞时，旁通阀打开（　　）。

   A. 使机油不经滤芯，直接流回到油底壳　　　B. 使机油流回机油泵

   C. 使机油直接流入主油道

2. 由于主轴承及连杆轴承间隙量的增加，会发生（　　）情况。

   A. 润滑油油压升高　B. 润滑油油压降低　C. 窜气减少　D. 窜气增加

3. （　　）用来控制润滑系统的最高机油压力。

   A. 溢流阀　　　　B. 集滤器　　　　C. 机油泵　　　D. 油底壳

三、判断题

1. 润滑系统的功用主要是减少零件的摩擦与磨损。　　　　　　　　（　　）

2. 溢流阀的主要功用是控制机油压力。　　　　　　　　　　　　　（　　）

3. 旁通阀的主要功用是控制机油压力。　　　　　　　　　　　　　（　　）

4. 集滤器装在机油泵之前，防止直径较小的杂质进入机油泵。　　　（　　）

5. 在热负荷较大的发动机上，除利用油底壳对发动机润滑油散热外，还专门设有机油散热器。　　　　　　　　　　　　　　　　　　　　　（　　）

6. 主轴承及连杆轴承间隙过大，则机油压力会增高。　　　　　　　（　　）

第六章

冷却系统的构造与维修

学习目标

1. 掌握冷却系统的功用、组成和工作原理；
2. 掌握冷却液的作用和选用原则；
3. 掌握水泵的结构特点和工作原理；
4. 掌握散热器的作用和工作原理；
5. 掌握膨胀水箱的作用和工作原理；
6. 掌握节温器的作用和工作原理；
7. 了解电动风扇的作用和工作原理；
8. 了解冷却系统维修的基本方法。

第一节 冷却系统的结构和工作原理

一、冷却系统功用和组成

发动机冷却系统的功用就是使工作中的发动机得到适度的冷却，从而保持发动机在最适宜的温度范围内工作。另外，冷却系统还为空调暖风系统提供热源。

现代汽车多采用封闭式强制循环水冷却系统，即用水泵强制使冷却液在冷却系统中循环流动，使发动机中高温零部件的热量先传给冷却液，然后散发到大气中。

水冷却系统一般由水泵、散热器、节温器、冷却风扇、风扇控制机构、水套、膨胀水箱、温度指示器及报警灯等组成，如图6-1所示。

发动机工作时，水泵将冷却液压入发动机汽缸体水套，然后流入汽缸盖水套吸收机体的热量。此后冷却液分两路循环（图6-2），一路为大循环，即冷却液流经散热器冷却后,进入装在机体水泵进口处的节温器,再流向水泵进水口;另一路为小循环,即冷却液直接进入节温器后,进入水泵进水口,不经散热器冷却。当冷却液的温度低于85℃时,进行小循环;当冷却液高于85℃时,部分冷却液进行大循环;当冷却液温度达到(102±3)℃时,冷却液全都参加大循环,即全部流经散热器,而小循环是常开的,这样可使冷却系统的温度提高到一个较高的水平,改善发动机的热效率,同时可以确保冷却系统始终有冷却液在循环,保持发动机在最佳温度下工作。

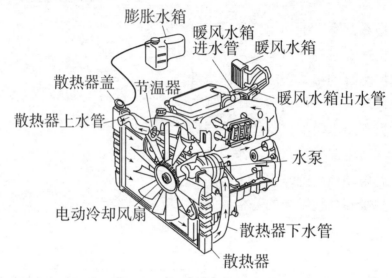

图6-1 发动机水冷却系统

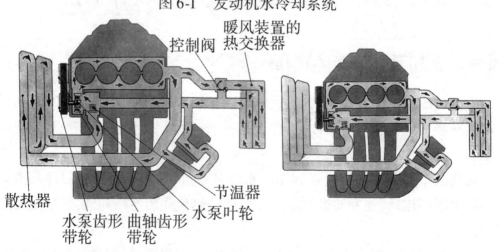

a)冷却系统的大循环　　　　b)冷却系统的小循环

图6-2 冷却系统的循环示意图

为了提高燃油雾化程度,利用冷却液的热量对进入进气歧管内的混合气进行预热,车上的空调暖风装置利用冷却液带出的热量来达到取暖目的。当需要取暖时,打开暖气控制阀,从汽缸体水套流出的部分冷却液可流入暖风热交换器供暖,随后流回水泵。

二、冷却液

冷却液是发动机冷却系统中的工作介质,汽车常用的冷却液有水冷却液及加有防冻剂的防冻冷却液。

1 水冷却液

水冷却液是指直接用水作为冷却液,它具有取用简便和经济的优点。但是,水沸点低、易蒸发,需经常添加。水冷却液最好选用软水,即含盐分少的水,如雨水、雪水、自来水等。否则,水易在水套内形成水垢,从而降低汽缸盖和汽缸体的传热性能,使发动机过热。水在严寒冬季易结冰,过夜必须放水,否则会因为结冰时体积膨胀,造成胀裂汽缸体、汽缸盖的严重事故。

2 防冻冷却液

防冻冷却液主要由防冻剂与水按一定比例混合而成,最常用的防冻剂是乙二醇,乙二醇可降低冰点和提高沸点。冷却液中水与乙二醇的比例不同,其冰点也不同(表6-1)。

冷却液的冰点与乙二醇质量分数的关系　　　　表6-1

冷却液冰点(℃)	乙二醇的质量分数(%)	水的质量分数(%)
-10	26.4	73.6
-20	36.2	63.8
-30	45.6	54.4
-40	52.3	47.7
-50	58.0	42.0
-60	63.1	36.9

有些汽车使用的防冻冷却液中还加添有添加剂,添加剂具有防止冷却液腐蚀、沉积(水垢)、形成泡沫和过热的作用。

乙二醇型防冻冷却液有不同的牌号,应按汽车使用说明书的规定要求选用和定期更换防冻冷却液(表6-2)。

注意:不同牌号的防冻冷却液不可混用。

常见发动机冷却液更换周期 表6-2

发动机型号	冷却液牌号	容量(L)	更换周期
卡罗拉(1.6L)乘用车发动机	Toyota Super Long Life Coolant（丰田高级长效冷却液）或类似的优质乙二烯乙醇型冷却液	5.6（手动变速器车型）或5.5（自动变速器车型）	第一次行驶1600000km，然后每行驶80000km更换一次
科鲁兹(1.6L)乘用车发动机	DEX-COOL®	6.5	每240000km或5年
威朗(1.5L)乘用车发动机	Calted ELC	4.4	每240000km或5年

注：行驶里程和年数，以先达到者为准。

3 环保和安全注意事项

1) 环境保护

(1) 冷却液是一种污染液，属于对水有轻微污染的物质，因此不允许将冷却液排入地表水域和下水道，作业时，只能在防渗的地面上进行。

(2) 废弃的冷却液必须单独盛装，并妥善保管和回收利用。

(3) 沾上冷却液的抹布或物品，不得作为生活垃圾处理。

2) 安全措施

(1) 冷却液对人皮肤有损害，作业时应穿戴个人防护装备。

(2) 沾上冷却液的衣服或鞋，必须立即脱下并更换。

(3) 皮肤接触到冷却液，立即用水和肥皂清洗并彻底冲洗。

(4) 眼睛接触到冷却液，应翻开眼皮并用流水冲洗眼睛几分钟。

(5) 吸入冷却液，应立即漱口并喝下大量清水，然后尽快去医院治疗。

三、冷却系统主要部件的构造

1 水泵

水泵具有对冷却液加压、强制冷却液在冷却系统中循环流动的作用。现代

第六章 冷却系统的构造与维修

汽车通常采用离心式水泵。水泵一般在机体外安装,与风扇同轴驱动;也有装在机体内(内藏式)单独驱动的。

离心式水泵主要由泵壳、叶轮、泵盖、水泵轴、支承轴承、水封等组成,如图 6-3a)所示。

如图 6-3b)所示,当叶轮旋转时,水泵中的冷却液被叶轮带动一起旋转,并在离心力作用下向叶轮边缘甩出,经与叶轮成切线方向的出水管压送到发动机的水套内。与此同时,叶轮中心处造成一定的真空而将冷却液从进水管吸入,如此连续的作用,使冷却液在冷却系统中不断地循环。

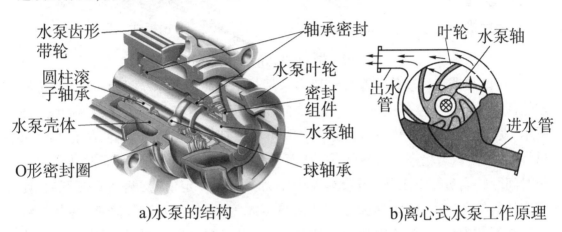

a)水泵的结构　　　　b)离心式水泵工作原理

图 6-3　水泵的结构和工作原理

2 散热器

散热器具有使水套中出来的热的冷却液得到迅速冷却,以保持发动机的正常冷却液温度的功用。散热器的主要组成为上储水室、下储水室、散热器芯(包括冷却管和散热片)和散热器盖等,如图 6-4 所示。

(1)上储水室和下储水室。上储水室顶部有加水口,平时用散热器盖盖住,并装有进水软管与发动机上出水管相连。下储水室有出水管,用软管与水泵进水口相连。一般在下储水室中还装有放水阀。由发动机出水管流出的温度较高的热的冷却液进入上储水室,经散热器冷却管散热冷却后流入下储水室,由散热器出水管流出后被吸入水泵。

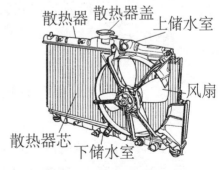

图 6-4　散热器的组成

(2)散热器芯。常见散热器芯结构形式如图 6-5 所示。散热器芯由许多扁圆形的冷却管和散热片组成。冷却管焊接在上、下储水室之间,作为冷却液的通道。空气吹过管的外表面,从而使管内流动的冷却液得到冷却。冷却管周围布置了很多散热片,用来增加散热面积,同时增加整个散热器的强度和刚度。

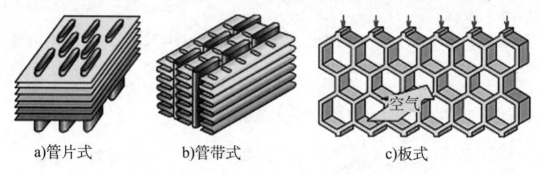

图 6-5　散热器芯的结构形式

(3) 散热器盖。现代汽车发动机多采用封闭式水冷却系统,这种冷却系统的散热器盖装有一个空气阀和一个蒸汽阀,对冷却系统有密封加压作用。如图 6-6 所示,发动机处于正常热态时,阀门关闭,可将冷却系统与大气隔开,防止蒸汽逸出,使系统内压力稍高于大气压力,从而可提高冷却液的沸点,保证发动机在较长时间及较高负荷下工作;当散热器中压力升高到一定值时,蒸汽阀便开启,使蒸汽从通气孔排出,以防热膨胀压坏散热器芯管;当冷却液温度降低,冷却系统中蒸汽凝结为水,散热器内形成一定真空时,空气阀开启,空气从通气孔进入冷却系统,避免压力差将散热器芯管压瘪。

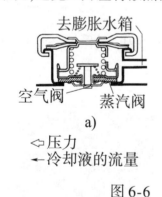
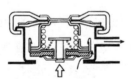

散热器盖结构

图 6-6　具有空气阀—蒸汽阀的散热器盖

3　膨胀水箱

加注防锈、防冻液的汽车发动机常采用膨胀水箱(图 6-7)。发动机工作使冷却液温度升高并膨胀,使散热器内压力上升。当压力达到规定值以上时,让一部分冷却液流回膨胀水箱以保持散热器内压力。停车时,冷却液温度降低,散热器内压力下降,膨胀水箱内的冷却液受大气压的作用流回散热器。

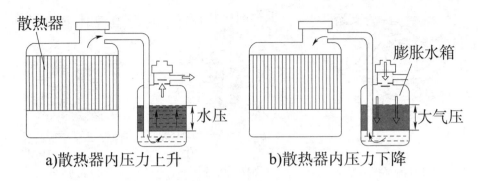

图 6-7 膨胀水箱

膨胀水箱多用半透明材料（如塑料）制成，透过箱体可直接观察到冷却液的液面高度，无须打开散热器盖，冷却液的液面高度应在 MAX 与 MIN 之间，如图 6-8 所示。

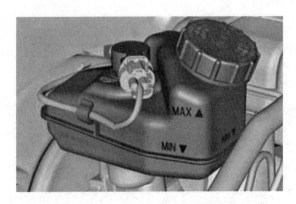

图 6-8 检查冷却液的液面高度

4 节温器

节温器安装在冷却液循环的通路中，根据发动机负荷的大小和冷却液温度的高低自动改变冷却液的循环流动路线，以达到调节冷却系统冷却强度的目的。

汽车发动机广泛采用蜡式节温器，如图 6-9a）所示。节温器推杆的一端固定于支架的中心处，另一端插入橡胶管的中心孔中。橡胶管与节温器外壳之间形成的腔体内装有精制石蜡。常温时，石蜡呈固态，阀门压在阀座上，这时阀门关闭了冷却液通往散热器的通路，来自发动机缸盖出水口的冷却液经水泵又流回汽缸体水套中进行小循环，如图 6-9b）所示。当发动机冷却液温度升高时，石蜡逐渐变成液态，体积随之增大，迫使橡胶管收缩，从而对推杆上端头产生向上的推力。由于推杆上端固定，故推杆对橡胶管、感应体产生向下的反推力，阀门开启。当发动机冷却液温度达到规定温度以上时，阀门全开，来自汽缸盖出水口的冷却液流向散热器，进行大循环，如图 6-9c）所示。

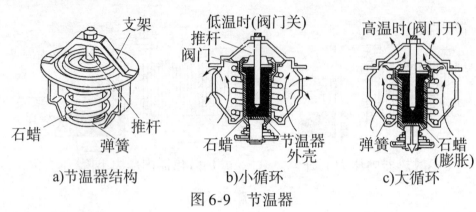

图 6-9 节温器

5 冷却风扇

冷却风扇的功用是提高流经散热器的空气流速和流量,以增强散热器的散热能力并冷却发动机附件。

如图 6-10 所示,冷却风扇多安装在发动机与散热器之间,这样,当风扇转动时,对空气产生轴向吸力,空气流从前到后通过散热器芯,从而使散热器芯中的冷却液加速冷却。

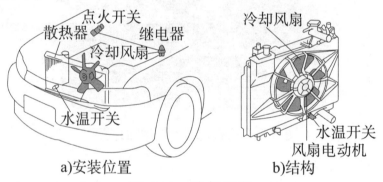

图 6-10 冷却风扇

风扇的风量与风扇的直径、转速、叶片形状、叶片安装角度以及叶片数目有关。目前,车用水冷发动机大多数采用轴流式风扇,如图 6-11 所示。

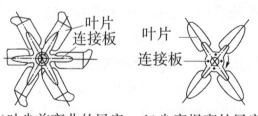

图 6-11 风扇形式

风扇的驱动形式图 6-12 所示。

a)机械驱动式　　　b)硅油驱动式　　　c)电动式

图 6-12　风扇的驱动形式

(1)机械驱动式。机械驱动式风扇由曲轴传动带轮直接通过传动带驱动风扇,风扇的转速与曲轴转速同步。

(2)硅油驱动式。硅油驱动式风扇是指通过硅油风扇离合器来驱动风扇,根据散热器后面的空气的温度,依靠感温器对硅油风扇离合器的分离和接合进行自动控制。当气体温度处在较低状况时,硅油就不会流动,此时,硅油风扇离合器处在分离状态,风扇不转或转速很慢;当运行温度处在较高位置时,硅油的黏度就会促使硅油风扇离合器接合,在这种工况下,风扇就和水泵轴一起旋转,从而可以起到调节发动机冷却强度的作用。

(3)电动式。乘用车大多采用电动冷却风扇(图 6-13)。电动冷却风扇一般由电动冷却风扇温度传感器(水温开关)、风扇和电动机等组成。根据冷却液温度变化,使风扇断续工作,从而提高了整车的经济性能。另外,电动冷却风扇省去了风扇传动带轮同发电机轴的传动带的连接,风扇叶片尺寸和散热器等布置自由度大,具有能耗低、噪声小等优点。

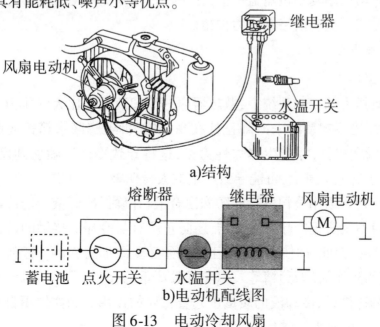

图 6-13　电动冷却风扇

第二节　冷却系统的维修

本节以科鲁兹(1.6L)乘用车发动机冷却系统的维修为例进行说明。

一、冷却液的排放、加注及冷却系统泄漏的测试

1 实训器材

(1)车辆:科鲁兹(1.6L)乘用车。

(2)普通工具:举升机、磁力护裙、转向盘护套、换挡杆手柄套、脚垫和座椅套、组合扳手、螺丝刀、钳子、扭力扳手、冷却液回收盆、漏斗。

(3)专用工具:EN-471 适配器、EN-6327-A 冷却系统测试适配器。

(4)检测工具:冷却液系统测试仪。

(5)其他:科鲁兹(1.6L)乘用车专用冷却液。

2 作业准备

(1)汽车进入工位前,将工位清理干净,准备好相关的器材。

(2)将汽车停驻在举升机中央位置。

(3)拉紧驻车制动器操纵杆,并将换挡杆置于空挡或驻车挡(P位)位置。

(4)套上转向盘护套、换挡杆手柄套和座椅套,铺设脚垫。

(5)在车内拉动发动机舱盖手柄,在车外打开并支撑发动机舱盖。

(6)粘贴翼子板和前格栅磁力护裙。

3 操作步骤

1)注意事项

(1)在有压力的冷却系统中,散热器内的冷却液温度比大气压力下冷却液的沸点高很多。当冷却系统未冷却且处在高压时,拆下膨胀水箱盖或散热器盖将导致冷却液瞬间沸腾,并产生爆炸性力量,这将导致冷却液喷射到发动机、翼子板和拆下盖子的人员身上,可能导致严重的人身伤害。

(2)仅能使用通用公司发行的防冻混合液,并确保冷却液与防冻液浓度比为1:1。防冻液不仅防止冷却系统冻结,还防止所有与冷却液接触的部件锈蚀与形成水垢沉淀物。因此,即使在热带地区,也务必要添加防冻液。任何时候都不推荐使用可燃的防冻剂(如酒精等),以免导致严重的火灾。

(3)除防冻液外,冷却液的质量也起着重要的作用。例如饮用自来水通常能满足该要求,再生海水的质量不适用。

(4)如果使用未经批准的防冻液,则可能会损坏发动机。

(5)如果已更换散热器、汽缸盖或汽缸盖密封件,则不能再使用旧的冷却液。

2)冷却液的排放

(1)拧开冷却液膨胀水箱盖,打开冷却系统。

(2)如图6-14所示,拆下散热器上的排放螺塞以排放冷却液。

3)冷却液的加注

(1)带空调的车辆应关闭空调。

(2)排放冷却液后,安装并拧紧散热器上的排放螺塞。

(3)如图6-15所示,拆下散热器上的通风螺塞。

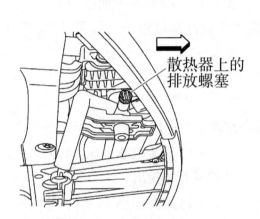 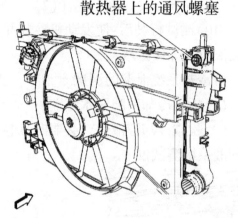

图6-14　冷却液的排放　　　图6-15　冷却液的加注(1)

(4)加注冷却液至膨胀水箱上排气喷嘴的底线。当冷却液停止下降时,加注冷却液至管口下方的底线,如图6-16黑色箭头所示。

(5)起动发动机。

注意:在发动机起动后,立即加注冷却液至管口下方的底线(见图6-16黑色箭头所示)并拧紧膨胀水箱盖;拆下加热器芯(位于乘客室)后,必须立即踩下加速踏板3次,从而使发动机的转速不超过2500r/min。

(6)预热发动机。在发动机转速高达2500r/min时,预热发动机,直到散热器风扇设置开关接通。

注意:拆下加热器芯(位于乘客室)后,让发动机以2000～2500r/min的转速运转2min,以确保冷却系统完全通风。

(7)通风冷却系统。踩下加速踏板3次,从而使发动机的转速不超过2500r/min。

(8)关闭发动机,并使发动机冷却。

(9)必要时,检查冷却液液位并校正冷却液至焊接区域,如图6-17所示。

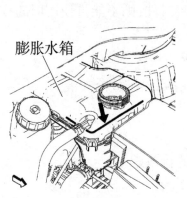

图6-16　冷却液的加注(2) 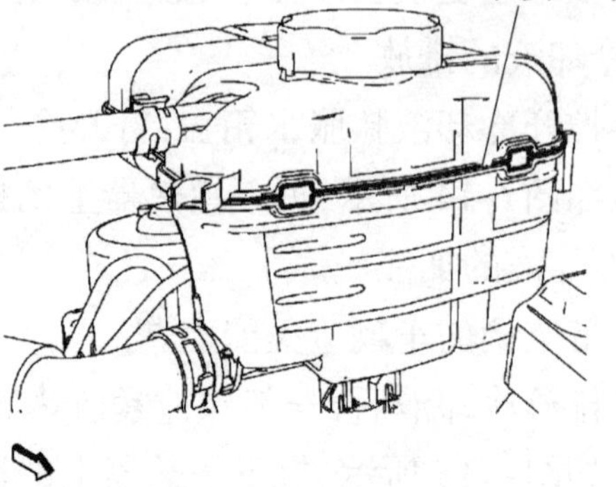　　图6-17　冷却液的加注(3)

(10)测试行驶后,使发动机冷却并再次检查冷却液液位。如果必要,调整冷却液液位至焊接区域。

4)冷却系统泄漏的测试

(1)拆下冷却液膨胀水箱盖。

(2)检查冷却液液位。必要时,加满冷却液至"COLD(冷态)"标记处。

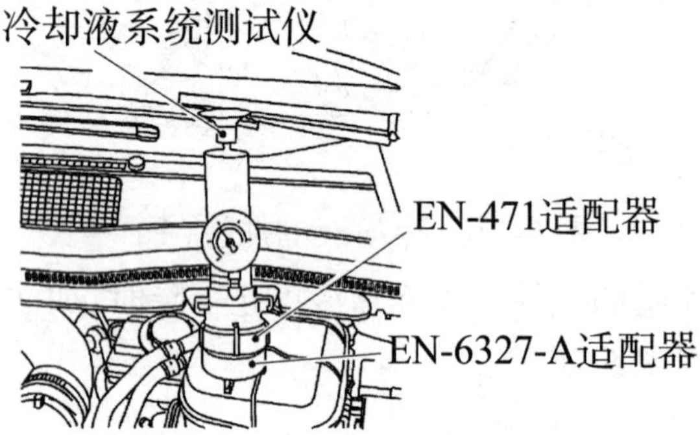

(3)朝蓄电池方向,将冷却液膨胀水箱从托架拉出。

(4)如图6-18所示,将带EN-471适配器和EN-6327-A适配器的冷却液系统测试仪连接至冷却液膨胀水箱。

(5)向冷却系统施加约100kPa的压力。

图6-18　冷却系统泄漏的测试

(6)检查冷却系统是否泄漏。

(7)拆下冷却系统测试仪。卸去冷却系统的压力,拆下带有EN-471适配器的冷却系统测试仪。

(8)连接冷却液膨胀水箱盖。

(9)将冷却液膨胀水箱滑到托架上。

二、节温器的维修

1　实训器材

(1)车辆:科鲁兹(1.6L)乘用车。

(2)普通工具:举升机、磁力护裙、转向盘护套、换挡杆手柄套、脚垫和座椅套、组合扳手、螺丝刀、钳子、扭力扳手、冷却液回收盆、漏斗。

(3) 检测工具:故障诊断仪。

(4) 其他:科鲁兹(1.6L)乘用车专用冷却液。

2 作业准备

(1) 汽车进入工位前,将工位清理干净,准备好相关的器材。

(2) 将汽车停驻在举升机中央位置。

(3) 拉紧驻车制动器操纵杆,并将换挡杆置于空挡或驻车挡(P位)位置。

(4) 套上转向盘护套、换挡杆手柄套和座椅套,铺设脚垫。

(5) 在车内拉动发动机舱盖手柄,在车外打开并支撑发动机舱盖。

(6) 粘贴翼子板和前脸磁力护裙。

3 操作步骤

1) 节温器的拆卸

(1) 举升和顶起车辆。

(2) 将冷却液回收盆置于车辆下方。

(3) 排空冷却系统。

(4) 如图 6-19 所示,松开散热器进口软管卡箍。

(5) 将散热器进口软管从节温器上拆下。

(6) 如图 6-20 所示,拆下 4 个节温器螺栓。

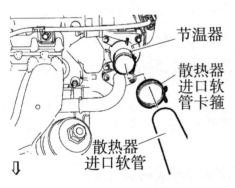

图 6-19 节温器的拆卸(1)

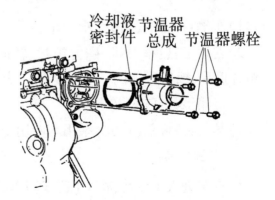

图 6-20 节温器的拆卸(2)

(7) 拆下节温器总成。

(8) 拆下发动机冷却液密封件。

2) 节温器的诊断

(1) 对冷却系统进行压力测试,并检查散热器盖是否泄漏。

(2)修理任何泄漏部位。发动机使用90℃节温器,环境温度应在给出的规定范围(13～38℃)内。

(3)将采暖通风与空调(HVAC)控制装置设置在"OFF"(关闭)位置。

(4)在检查发动机温度前,使冷态发动机在20～22℃下怠速运转15～20min。

(5)用故障诊断仪检查怠速时的发动机冷却液温度。

(6)发动机冷却液温度(ECT)应为90～105℃。如果温度不在范围之内,视情况修理冷却系统部件或更换节温器。

3)节温器的安装

(1)清洁发动机冷却液密封件的密封面。

(2)安装冷却液密封件(图6-20)。

(3)安装节温器总成(图6-20)。

(4)安装4个节温器螺栓(图6-20),拧紧力矩:8N·m。

注意: 所有紧固件应遵守《紧固件告诫》。

(5)用散热器进口软管卡箍将散热器进口软管安装至节温器上(图6-19)。

(6)降下车辆。

(7)加注冷却液。

三、水泵的维修

1 实训器材

(1)车辆:科鲁兹(1.6L)乘用车。

(2)普通工具:举升机、磁力护裙、转向盘护套、换挡杆手柄套、脚垫和座椅套、组合扳手、螺丝刀、钳子、扭力扳手、冷却液回收盆、漏斗。

(3)专用工具:EN6349销。

(4)其他:科鲁兹(1.6L)乘用车专用冷却液。

2 作业准备

(1)汽车进入工位前,将工位清理干净,准备好相关的器材。

(2)将汽车停驻在举升机中央位置。

(3)拉紧驻车制动器操纵杆,并将换挡杆置于空挡或驻车挡(P位)位置。

(4)套上转向盘护套、换挡杆手柄套和座椅套,铺设脚垫。

(5)在车内拉动发动机舱盖手柄,在车外打开并支撑发动机舱盖。

(6)粘贴翼子板和前格栅磁力护裙。

3 操作步骤

1）水泵的拆卸

（1）排空冷却系统。

（2）拆下水泵传动带轮。

①拆下空气滤清器壳体。

②如图6-21所示，拆下3个水泵传动带轮螺栓。

注意：反向支承曲轴扭转减振器螺栓。

③拆下传动带。

a. 如图6-22所示，逆时针转动偏心轮以释放传动带张紧器上的张力，并用EN6349销锁止。

拆卸水泵

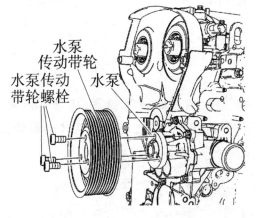

图6-21 水泵的拆卸（1）

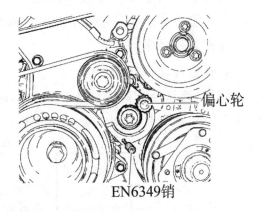

图6-22 水泵的拆卸（2）

b. 如图6-23所示，拆下传动带。

④拆下3个水泵传动带轮螺栓（图6-21）。

⑤将水泵传动带轮从水泵上拆下（图6-21）。

（3）如图6-24所示，拆下5个水泵螺栓。

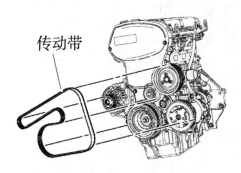

图6-23 水泵的拆卸（3）

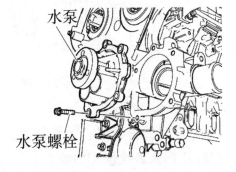

图6-24 水泵的拆卸（4）

(4)拆下水泵。

(5)拆下并报废水泵密封圈。

2)水泵的安装

(1)清洁5个水泵螺栓的螺纹。

(2)清洁水泵密封面。

(3)插入新的水泵密封圈。

(4)安装水泵(图6-24)。

(5)安装5个水泵螺栓(图6-24),并紧固至8N·m。

注意:所有紧固件应遵守《紧固件告诫》。

(6)安装水泵传动带轮。

①将水泵传动带轮安装至水泵上(图6-21)。

②安装3个水泵传动带轮螺栓(图6-21)。

③安装传动带。

a. 安装传动带(图6-23)。

注意:确保传动带被定位在发电机传动带轮、曲轴扭转减振器、传动带张紧器和水泵传动带轮上,传动带必须位于图6-25所示两个凸缘之间的水泵传动带轮上。

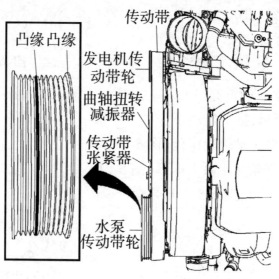

图6-25 水泵的安装

b. 检查传动带的位置。

c. 通过逆时针转动偏心轮来释放张紧器上的张力(图6-22)。

注意:让张紧器缓慢滑回原位。

d. 拆下EN6349销(图6-22)。

e. 顺时针转动偏心轮(图 6-22)以向张紧器施加张力。

④将 3 个水泵传动带轮螺栓(图 6-21)紧固至 20N·m。

注意:反向支承曲轴扭转减振器螺栓。

⑤安装空气滤清器壳体。

(7)重新加注冷却液。

四、散热器的维修

1 实训器材

(1)车辆:科鲁兹(1.6L)乘用车。

(2)普通工具:举升机、磁力护裙、转向盘护套、换挡杆手柄套、脚垫和座椅套、组合扳手、螺丝刀、钳子、扭力扳手、冷却液回收盆、漏斗。

(3)专用工具:EN-471 适配器、EN-6327-A 冷却系统测试适配器。

(4)检测工具:冷却液系统测试仪。

(5)其他:科鲁兹(1.6L)乘用车专用冷却液。

2 作业准备

(1)汽车进入工位前,将工位清理干净,准备好相关的器材。

(2)将汽车停驻在举升机中央位置。

(3)拉紧驻车制动器操纵杆,并将换挡杆置于空挡或驻车挡(P 位)位置。

(4)套上转向盘护套、换挡杆手柄套和座椅套,铺设脚垫。

(5)在车内拉动发动机舱盖手柄,在车外打开并支撑发动机舱盖。

(6)粘贴翼子板和前格栅磁力护裙。

3 操作步骤

1)散热器的拆卸

(1)断开蓄电池负极电缆。

(2)拆下前保险杠蒙皮。

(3)排空冷却系统。

(4)拆下前进气管导流器。

(5)如图 6-26 所示,拆下前进气管螺栓。

(6)拆下前进气管。

(7)拆下散热器格栅固定框。

(8)如图 6-27 所示,断开空调压力传感器线束,并松开卡夹。

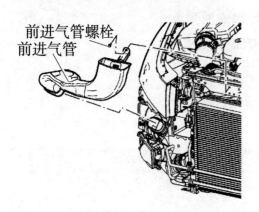
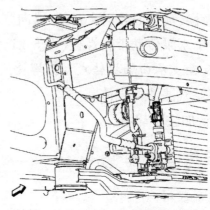

图6-26　散热器的拆卸(1)　　　　图6-27　散热器的拆卸(2)

(9)如图6-28所示,从增压空气冷却器上拆下2个护板。

(10)将散热器出口软管和散热器进口软管从散热器上断开。

(11)将变速器油散热器进口管(如装备)从散热器上拆下。

(12)将变速器油散热器出口管(如装备)从散热器上拆下。

(13)如图6-29所示,拆下2个散热器上托架螺栓和2个散热器上托架。

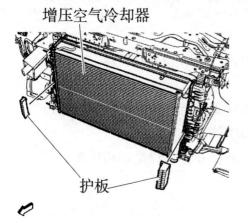

图6-28　散热器的拆卸(3)　　　　图6-29　散热器的拆卸(4)

(14)如图6-30所示,从2个下托架上拆下散热器。

(15)按压固定夹,使风扇护罩从散热器上松开。

(16)旋转散热器以获取更大的拆卸空间。

(17)提升散热器远离车辆。

2)散热器的安装

(1)安装散热器。

(2)旋转散热器以获取更大的安装空间。

(3)将散热器安装至2个下托架上(图6-30)。

(4)确保风扇护罩正确卡入固定夹中(图6-30)。

(5)安装2个散热器上托架(图6-29)。

(6)安装2个散热器上托架螺栓,拧紧力矩:22N·m(图6-29)。

注意:所有紧固件应遵守《紧固件告诫》。

(7)将散热器出口软管和散热器进口软管连接至散热器。

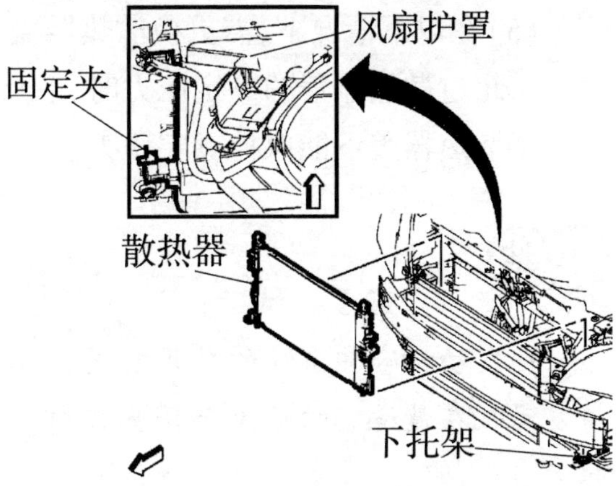

(8)将变速器油散热器进口管(如装备)安装至散热器。

(9)将变速器油散热器出口管(如装备)安装至散热器。

(10)将2个护板安装至增压空气冷却器上(图6-28)。

(11)连接并卡紧空调压力传感器线束(图6-27)。

(12)安装散热器格栅固定框。

(13)安装前进气管(图6-26)。

(14)安装前进气管螺栓(图6-26)。

(15)安装前进气管导流器。

(16)安装前保险杠蒙皮。

(17)连接蓄电池负极电缆。

(18)加注冷却液并对冷却系统放气。

图6-30 散热器的拆卸(5)

3)散热器盖的测试

注意:为避免烫伤,在发动机和散热器未冷却前,不得拆下散热器盖。如果散热器盖拆下得太早,可能会喷出滚烫的高压冷却液和蒸汽。

(1)拆下散热器盖。

(2)用水冲洗散热器盖接合面。

(3)将带EN-471适配器和EN-6327-A适配器的冷却液系统测试仪连接至冷却液膨胀水箱(图6-18)。对冷却液膨胀水箱加压,以便对散热器盖进行测试。

(4)测试散热器的相关参数是否正常。

①当冷却系统压力测试仪超过散热器盖的额定压力时,压力应释放。

②冷却系统保持额定压力至少10s。

③记录压力损失率。

(5)在以下情况下,需更换散热器盖:
①超过散热器盖的额定压力时,散热器盖没有释放压力。
②散热器盖不能保持额定压力。

小结

1. 发动机冷却系统的功用就是使工作中的发动机得到适度的冷却,从而保持发动机在最适宜的温度范围内工作。另外,冷却系统还为空调暖风系统提供热源。

2. 水冷却系统一般由水泵、散热器、节温器、冷却风扇、风扇控制机构、水套、膨胀水箱、温度指示器及报警灯等组成。

3. 冷却液是发动机冷却系统中的工作介质,汽车常用的冷却液有水冷却液及加有防冻剂的防冻冷却液。

4. 水泵具有对冷却液加压、强制冷却液在冷却系统中循环流动的作用。离心式水泵主要由泵壳、叶轮、泵盖、水泵轴、支承轴承、水封等组成。

5. 散热器具有使水套中出来的热的冷却液得到迅速冷却,以保持发动机正常冷却液温度的功用。散热器的主要由上储水室、下储水室、散热器芯(包括冷却管和散热片)和散热器盖等组成。

6. 节温器安装在冷却液循环的通路中,根据发动机负荷的大小和冷却液温度的高低自动改变冷却液的循环流动路线,以达到调节冷却系统冷却强度的目的。

7. 冷却风扇的功用是提高流经散热器的空气流速和流量,以增强散热器的散热能力并冷却发动机附件。

复习思考题

一、简答题

1. 冷却系统的功用是什么?冷却液是如何循环的?
2. 水泵的功用是什么?
3. 散热器的功用和组成是什么?
4. 节温器有何功用?工作原理是什么?
5. 冷却风扇的功用是什么?

第六章 冷却系统的构造与维修

二、选择题

1. 在发动机上拆除原有的节温器,则发动机工作时冷却液(　　)。
   A. 只进行大循环　　　　B. 只进行小循环
   C. 大、小循环都存在　　D. 水道被堵塞

2. 在水冷却系统中,冷却液的大小循环路线由(　　)控制。
   A. 风扇　　B. 水泵　　C. 节温器　　D. 膨胀水箱

3. 散热器盖的蒸汽阀弹簧过软,会使(　　)。
   A. 散热器内气压过低　　B. 散热器芯管容易被压坏
   C. 散热器内气压过高　　D. 冷却液不易沸腾

4. 关于节温器,下列(　　)说法是正确的。
   A. 任何时候都是打开的
   B. 任何时候都是关闭的
   C. 随温度的增加,打开的程度越来越大
   D. 打开以使冷却液流向变速器

5. 下列(　　)不是冷却系统的作用。
   A. 保持发动机温度尽可能低
   B. 从发动机带走多余的热量
   C. 使温度尽快达到工作范围
   D. 使发动机在最好的工作温度下最高效地工作

6. 水泵一般采用的是(　　)泵。
   A. 容积式　　B. 离心式　　C. 偏心式　　D. 柱塞式

7. 当发动机足够热时,汽车节温器(　　)。
   A. 关闭　　　　　　　　B. 打开
   C. 堵塞散热器　　　　　D. 通知散热器关闭

8. 下列(　　)不是散热器的一部分。
   A. 上储水室　　B. 下储水室　　C. 散热芯　　D. 水泵

三、判断题

1. 冷却系统的功用是对发动机冷却,保证发动机在最适宜的温度下工作。(　　)
2. 节温器的功用是控制冷却风扇的工作。(　　)
3. 散热器的功用是帮助冷却液散热。(　　)

4. 膨胀水箱的功用是储存冷却液。 (   )
5. 水泵的功用是对冷却液加压,使冷却液在冷却系统内循环流动。 (   )
6. 风扇传动带松会导致发动机过热。 (   )

参考文献

[1] 关文达.汽车构造[M].4版.北京:机械工业出版社,2016.
[2] 黄靖雄.汽车学Ⅰ(汽车发动机篇)[M].台北:全华图书股份有限公司,1995.
[3] 王雷.汽车发动机构造与检修[M].北京:人民交通出版社股份有限公司,2019.
[4] 唐晓丹.汽车构造[M].2版.北京:人民交通出版社股份有限公司,2019.
[5] 胡胜.汽车发动机构造与维修[M].北京:机械工业出版社,2019.
[6] 刁秀明.汽车发动机电控系统检修[M].北京:机械工业出版社,2020.